아이의 경이감을 되찾는 홈&언스쿨링

야성과 자유의 부름

Ainsley Arment 저 · 황기우 역

THE CALL OF THE WILD AND FREE

박영story

늦은 밤까지
이불 속에서 몰래 책 읽는 나에게
손전등을 안겨주고

꿈을 꾸기 전
미래를 예견하고
날개를 활짝 펴도록
한 걸음 물러서

내 야성을 사랑하고
내 손을 자유롭게 놓아 준

당신은 소중한 사람입니다.

역자 서문

전례 없는 코로나 팬데믹이 우리 일상을 점유하면서 가정 교육이 세계적으로 확산하는 추세다. 지난 2년간 미국에서는 홈스쿨링 가정이 거의 3배 이상 급증했으며 한국에서도 가정교육은 이제 특이한 사례가 아닌 선택지가 되었다. 이는 특정 국가나 특정 지역을 막론하고 공통으로 일어나는 현상이며 학습 중심축이 학교가 아닌 가정으로 이동하는 점이 눈길을 끈다. 이런 흐름 속에서 가정교육에 미묘한 변화가 보인다. 홈스쿨링은 학교 교실의 복제 방식에서 벗어나 비구조화를, 그리고 언스쿨링은 자유로운 방식에서 탈피하여 구조화를 지향한다. 이런 추세라면 그 접점이 어디일지 궁금해진다. 순수 이데올로기에서 벗어나 유연한 노선을 걷는 과정에서 "라이프스타일로서의 가정교육"이 뉴 노멀로 등장했다.

최근 아인슬리 아멘트(Ainsley Armment)가 쓴 『야성과 자유의 부름(The Call of the Wild and Free; 2019, 2021)』은 이런 추세를 반영한 책이다. 저자는 이 책을 통해서 유년기의 회복과 야성, 자유, 경이감을 강조한다. 야성은 문명의 이면에 있는 원시성, 황야, 대자연이며 외적 힘에 굴복하지 않고 자기 본성대로 살아가려는 자기 의지다. 길들어져 가축화되지 않으려는 존재에 내재하는 본성이다. 아이들은 길들어지지 않는 저마다 내면의 야성을 가지고 태어난다. 내면의 야성은 행동을 통해서 혹은 예술과 상상력, 세계에 대한 경탄과 함께 세계에 대한 독특한 인식을 통해서 세상에 드러난다. 그러므로 조상의 흔적인 유년기의 경험은 아이들의 야성에 더없이 중요하다.

우리는 부모의 구속과 잔소리에서 벗어난 날, 해방된 노예처럼 마음껏 뛰놀았던 즐거운 기억이 있다. 당시 온 세상은 우리 것이었다. 무엇이든 할 수 있다는 자신감이 하늘을 찔렀다. 자유는 남에게 구속받거나 무엇에 얽매이지 않고 자기 뜻에 따라 행동하는 것이다. 아이는 본래 자유로운 존재이고 자유로운 영혼이며 스스로 행하는 학습자들이다. 아이는 자유를 먹고 산다. 우리가 숨을 쉴 때 산소가 필요하듯 아이가 생각하기 위해서는 자유가 필요하다. 자유가 없다면 아이는 생각할 수 없고 창조할 수도 없다.

우리는 길을 가다 뭔가를 보고 흠칫 놀라 이상히 여기는 감정을 느낄 때가 간혹 있다. 바로 경이감이다. 경이감은 인간의 타고난 그 무엇보다 먼저 인간의 내면에 존재하는 어떤 것이다. 플라톤은 경이감을 철학의 출발로 보았고 토마스 아퀴나스는 알고 싶어 하는 욕구라고 말했다. 어린아이들은 처음 보는 것이면 무엇이든지 신기해하고 놀라고 알고 싶어 한다. 생후 6개월 된 아기가 작은 손을 겨우 펴야 닿을 수 있는 장난감을 붙잡으려 용쓰는 행동을 막을 사람은 없다. 경이감은 생득적이며 아이의 내적 동기를 일으켜 배움으로 연결한다. 아이는 동기가 부여되지 않아도 외부의 힘으로 자극하지 않아도 강요하지 않아도 스스로 배울 수 있다. 경이감은 동기의 원동력이며 자연은 아이들이 경이감을 느끼고 호기심을 유발하는 최초의 창이다.

유년기의 야성, 자유, 경이감은 모두 신의 선물로서 교육의 출발점이다. 아이가 되려면 꼭 보존해야 하는 소중한 보물이다. 아이는 내면이 자유로워야 내면의 야성을 드러내어 경이감을 느낄 수 있다. 자유는 내면의 야성과 경이감에 불꽃을 일으키는 촉매제다. 유년기에 중요한 야성, 자유, 경이감은 아이들이 진정한 완전함을 경험하는 유일한 방법이다. 아이들은 야성을 표현하고 경이감을 느끼는 자유를 누릴 때 자기 의지, 자기 결정, 자기 선택에 따른 삶, 길들어지지 않은 삶을 살며 진정한 자아를 발견한다. 하지만 이것은 모두 학교 교육과 부모들이 죽이는 공통점이 있다. 학교는 인간의 본성을 부정적으로 보고 교정하여 길들이려고 애쓴다. 부모들은 슈퍼차일드를 만들겠다는 강박증이 앞서 외부 자극을 과도하게 주입함으로써 아이의 자발성과 경이감을 없애는 우를 범한다.

인간을 길들이기 위해서는 인간의 본성을 억압하는 일이 필수적이다. 우리 안에 갇힌 곰, 서커스 공연장의 코끼리, 새장 속의 새, 양계장 케이지 안의 닭을 보라. 모두 야성을 잃고 자유의지가 꺾여 길들어져 감정조차 느끼지 못하는 처참한 형상이다. 마치 자아를 상실한 우리 아이들의 군상을 보는 듯하다. 유년기의 야성, 자유, 경이감의 탈환은 우리 시대의 계시록이다. 지금까지 교육을 바꾸지 않으면 아이들의 미래는 없을 것이다. 유년기를 잃어버린 아이들의 삶은 상상만 해도 끔찍하다. 야성이 길들어지고 자유를 박탈하고 경이감을 상실한 삶이라면 카를 융이 말한 대로 "우리 아이는 진품으로 태어나 복제품으로 죽게 될 것이다."

유년기와 청소년기를 병적으로 간주하는 시대다. 오늘도 많은 아이가 학교의 통제, 질서, 순응, 경쟁, 시험 등을 견뎌내지 못하고 적응의 임계점으로 내몰리고 있다. 기껏 한철에 불과한 짧은 유년기가 허망하지 않도록 머리를 맞대고 다음 질문에 대답할 시점이다.

아이들이 유년기를 건너뛰면 무슨 일이 일어나는가?
아이들은 어떻게 야성, 자유, 경이감을 잃어버리게 되었는가?
아이들이 자연에서 멀어지면 정신적, 신체적으로 어떤 고통을 겪는가?
우리는 유년기를 회복하기 위해서 무엇을 할 수 있는가?

이 책은 이런 답을 찾는 데 훌륭한 안내자의 역할을 한다. 저자는 "아이들을 해방하여 원래 속했던 야생지로 돌려보내라. 아이는 타고난 학습자다. 유년기의 아이들에게는 상상력, 놀이, 신비감, 순수함 등이 필요하다. 유년기에 놀라운 것들을 경험하게 하라. 자연에서 마음껏 뛰놀게 하라. 푸른 하늘과 생명이 자라는 대지, 나무와 꽃, 새들의 지저귐, 들판을 벗 삼아 자연 속을 누비며 우주와 생명의 신비를 찾아 체험하는 환경을 구축하라."라고 촉구한다. 온전한 유년기의 회복만이 진정한 성인으로 성장한다는 저자의 주장은 유년기를 단축하여 더 많은 것을 쟁여 넣기에 급급했던 많은 사람의 공감을 사고 있다.

이 책은 홈스쿨링이나 언스쿨링을 고려하거나 현재 실행 중인 가정의 부모들을 위해서 꼭 추천하고 싶은 책이다. 가정교육을 처음 접하려는 부모들에게는 실용적인 정보, 조언, 통찰력을 제공하는 입문서가 될 수 있다. 또한 가정교육의 실행과정에서 하루에도 몇 번씩 불안, 좌절, 자포자기 사이를 오가며 비상구를 찾는 부모들에게는 영감과 힘을 주는 잠언서가 될 수 있다. 한마디로 홈 & 언스쿨링의 충실한 길잡이로서 가장 최근에 업데이트된 고성능 내비게이션이다. 아이가 유년기의 모험, 야성, 자유, 경이감을 되찾아 새로운 홈 & 언스쿨링로 가는 방법을 간결하게 제시한 점은 이 책의 또 다른 매력이다.

이 책을 번역하는 데 많은 분의 도움을 받았다. 바쁜 시간을 내서 초고를 읽고 오류를 바로잡아 준 조창호 박사와 언스쿨링 연구소 연구원들께 감사드린다. 다양한 가정교육의 맘 카페에서 정보를 공유하고 서로 고민하고 협력하며 더 나은 새로운 교육모델을 창조하기 위해 고군분투하는 회원님께 감사드린다. 특히 거친 원고를 교정하느라 애쓰신 박송이 과장님과 어려운 여건 속에서도 책을 출판하도록 배려해주신 박영스토리 관계자님들께 감사의 말씀을 전해드린다.

2022년 3월

역자 황기우

저자 서문

전 세계가 유행병으로 고통받고 있는 어려운 시기에 이 책의 서문을 씁니다. 학교는 문을 닫았습니다. 부모와 아이들은 집 안에 갇혀 불안해하며 전전긍긍합니다.

부모와 교육자는 최선을 다하고 있으나 온라인 학습효과는 기대하기 어렵습니다. 아이들은 전자기기의 게임에 빠져 배움에 어려움을 겪습니다. 배움에서 즐거움이 사라지고 있습니다. 이 위기의 대응 방식은 아이들을 보호하려는 가족들에게 상처가 되고 있습니다.

만약 당신이 이 책을 집었다면 당신도 나처럼 더 나은 방법을 소망할 것입니다.

남과 다른 길을 가려면 용기가 필요합니다. 이는 사람들이 덜 다니는 길을 선택하는 일입니다. 글로벌 위기 속에서 불필요해 보이는 가치를 고수하는 일입니다. 불안과 무관심의 극치 속에서 진실과 지혜를 찾는 일입니다. 폐허 속에서 아름다움을 추구하는 일입니다.

전대미문의 극심한 혼돈이 우리를 에워싼 상황에서 단조로운 일상에서 벗어나려는 열망은 어리석게 보입니다. 진실과 아름다움과 같은 이상을 잊고 그냥 정해진 프로그램을 따르는 것이 더 편안하게 느껴집니다. 하지만 절차에 따라 하는 시늉만 하게 되면 우리 아이들은 지혜와 경이감, 아름다움과 호기심, 자연과 이야기 등 유년기의 보물을 모두 잃게 됩니다.

어쩌면 우리가 변화무쌍한 이 멋진 신세계에서 단순한 생존을 넘어 번성할 수 있다는 생각은 상식 밖일지 모릅니다. 어쩌면 이런 수많은 고난 가운데 다른 방법이 있다는 생각은 터무니없을지 모릅니다.

하지만 우리는 잿더미에서 탈출할 방법을 찾을 수 있습니다. 이 모든 것이 끝나게 되면 우리는 기본으로 돌아갈 수 있습니다. 단순하고, 성스럽고, 경이로운 삶으로 다시 돌아갈 수 있습니다.

배움은 마음가짐, 태도, 삶의 방식입니다. 창문을 열어젖히고 창의성과 호기심의 문을 활짝 여십시오. 이 혼란한 시기에 아이와 부모 모두 같은 열정으로 마음을 추스르고 책을 펴십시오. 인내심을 가지십시오. 현실을 바로 보십시오. 편안한 마음으로 지내십시오. 밖으로 나가십시오.

어느 때보다도 우리에게는 우리를 평온하게 할 야생의 평화가 필요합니다. 우리는 웃음과 배움의 자유가 필요합니다. 우리는 혼자가 아니라는 것을 상기시킬 이야기가 필요합니다. 우리를 생존하게 할 경이의 르네상스가 필요합니다. 우리는 이 거칠고 자유로운 여행을 계속할 공동체가 필요합니다.

집 밖이나 우리 마음속에 거센 폭풍우가 몰아쳐도 우리는 여전히 매일 작은 기적을 경험할 수 있습니다.

EB 화이트의 조언처럼 우리는 항상 경이로움을 찾을 수 있습니다,

플라톤의 말처럼 우리는 아이들은 놀이를 통해 가장 잘 배운다는 진리를 믿을 수 있습니다.

아인슈타인의 권고처럼 우리는 우리의 신성한 호기심을 잃지 않겠노라고 다짐할 수 있습니다.

CS 루이스의 깨우침처럼 우리는 우리가 혼자가 아니라는 사실을 알기 위해 책을 읽을 수 있습니다.

우리는 지구가 치유할 수 없는 슬픔은 없다는 것을 알 수 있습니다.

우리가 거의 통제할 수 없는 상황에서 계속 나아가도록 강권하는 사랑과 가치를 생각하십시오.

사랑하는 엄마들이여, 지금은 불확실한 시기입니다. 하지만 아이들을 바라보면 희망이 떠오릅니다. 우리는 아이들이 다시 어린아이가 되는 것을 볼 수 있습니다. 우리는 어느 때보다도 더 긴밀한 관계를 유지하는 우리 자신을 발견할 수 있습니다. 우리는 속도를 늦추는 삶이 우리 모두에게 필요한 것을 알 수 있습니다.

부디 그날이 오기를 소망합니다.

2021년 1월

아인슬리 아멘트

차례

매너 The Manner

방법 The Method

야성과 자유의 부름

The MISSION
사명

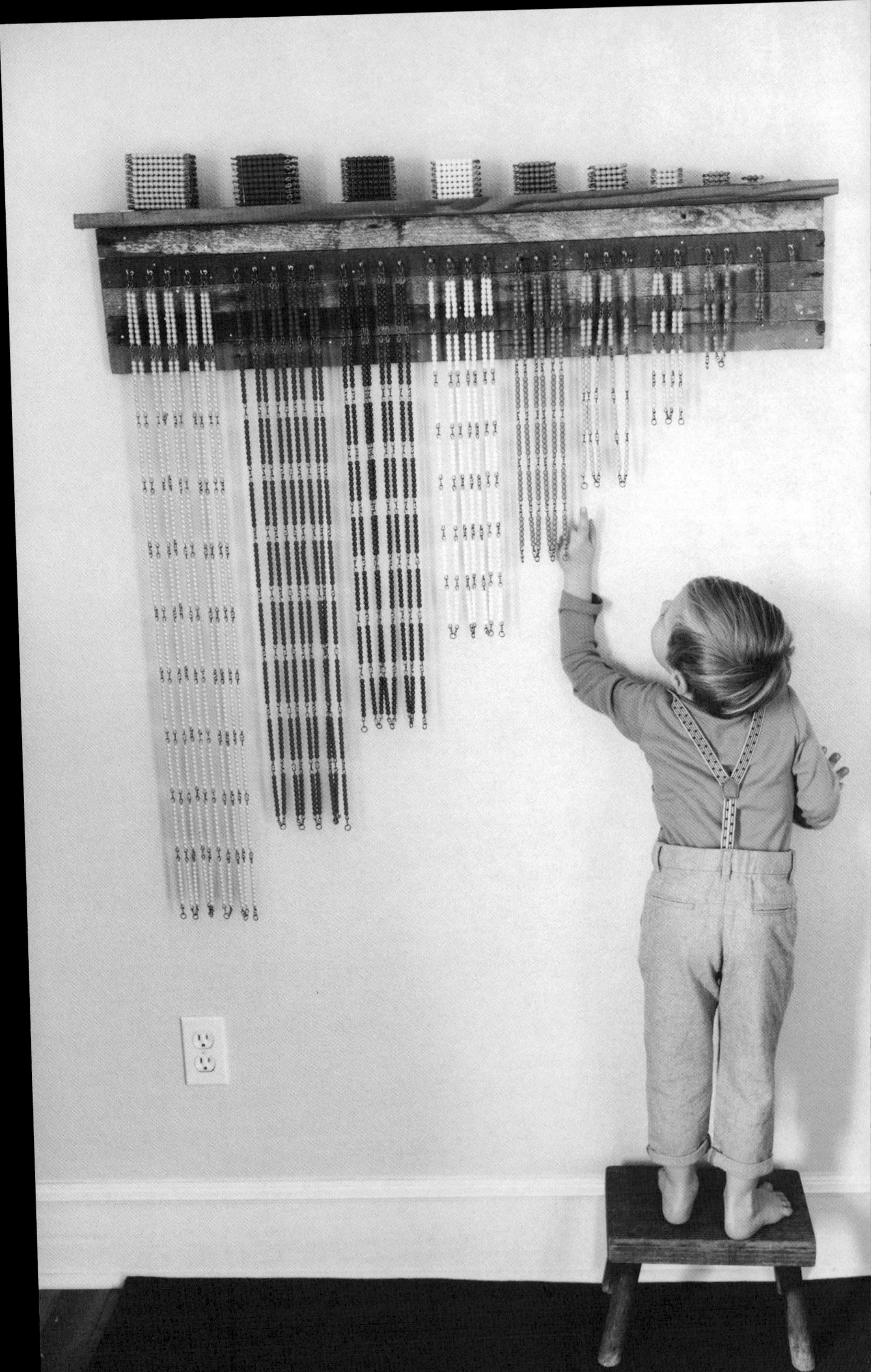

1 아이의 눈빛이 달라졌다

9년 전 5살 난 내 아들이 난생처음 등교하던 날 아이를 버스에 태웠다. 모든 엄마가 그러듯이 나는 버스 뒤를 따라갔다.

버스가 다음 정거장으로 떠날 때 내 작은 아이의 금발 머리가 버스 의자 위로 넘실거렸다. 나는 거의 모든 정거장을 뒤따라가며 버스에 오르는 아이들과 차창 밖의 내 아이의 얼굴을 바라보았다. 아이가 학교 건물 안으로 들어갈 때 학교 주차장에서 한참 서성거렸다.

내 아이의 유년기가 사라진 것을 깨닫고 눈물을 펑펑 쏟았다.

안다, 나는 안다. 활기 넘치는 아이라면 누구나 자라면서 통과해야 하는 과정이다. 성인으로 가는 통과의례다. 학교는 아이들이 응당 가야 할 곳이다. 학교는 아이들에게 훌륭한 교육을 제공하고 자신감, 독립심, 사회성을 길러 성공적인 삶을 준비시키는 곳이다.

나도 그랬다. 아마 당신도 그랬을 것이다. 그래서 이 점에 동의했다. 어쨌든 나는 다른 것을 알지 못했다. 내 아들 와이어트

(Wyatt)는 학교생활을 잘했다. 친구를 사귀고, 좋은 성적을 받았다. 선생님에게 강한 인상을 주고 이달의 우수 학생상을 받아 집 앞마당에 현수막을 내걸었다.

나는 현장학습, 생일 초대, 학년말 행사에 빠짐없이 참석했다. 내 아들이 집에 있는 날 우리는 모험하고 바깥에서 놀고 책을 읽으며 대부분의 시간을 함께 보냈다. 아이는 둥글게 모여 앉아 책을 읽는 법을 배웠다. 학년말이 되자, 우리 모자는 자부심을 느꼈다. 내 아들은 잘 해냈다. 썩 잘 해냈다. 반나절 유치원은 나쁘지 않다고 생각했다. 학교는 그렇게 끝났다.

다음 해 우리는 처음부터 다시 시작했다. 이번에는 하루 7시간씩 생활하는 종일반이었다. 얼마 지나지 않아 내 큰아이에게 이상한 변화가 감지되었다. 나를 대하는 태도가 조금씩 달라졌다. 거리감이 느껴졌다. 와이어트는 자신에 대한 다른 아이들의 시선에 신경을 쓰기 시작했다. 아이다운 순수성이 사라지고 있었다.

내 아이의 눈빛이 달라졌다.

내 아들은 항상 유년기를 소중히 여겼다. 어른이 되려고 서두르지 않았다. 상처받고 고통받는 사람들에게 공감했다. 거친 말에 애를 먹고 사람들의 부정적인 태도를 쉽게 구분했다.

내가 차단할 수 없는 급격한 동료들의 합류, 내 예측을 뛰어넘는 압박감, 내 아이를 나만큼 알거나 사랑하지 않는 사람들과 배우는 제도교육으로 휩쓸려 갈 즈음 내 아이는 옛날의 그가 아닌 다른 누군가가 되어 가고 있었다.

내 아이가 그리웠다. 버스는 오전 8시에 도착하고 오후 4시에 집 앞에 내려 주었다. 저녁 전에 놀 시간이 거의 없었다. 한 시간쯤 숙제를 한 후 잠자리에 들었다.

나보다 낯선 사람이 내 아들과 더 많은 시간을 보내는 모습이 좋아 보이지 않았다.

내 아이에게 유년기를 선물하고 싶었다. 아이와 함께 유년기를 경험하고 싶었다.

유년기의 상실

간단히 말하겠다. 유년기는 사라졌다. 비디오 게임, 스포츠 리그, 방과후 학교 프로그램, 돌봄센터, 전자기기, 동료들의 압력, 넷플릭스, '영재반', 특별활동, 숙제, 격주로 왕래하는 별거 가정, 부모 못지않게 바쁜 일정 등 유년기는 사라지고 있다.

사람들은 이것이 진보라고 말한다. 아이들이 성인처럼 행동해야 할 지점까지 새로운 종으로 진화한 사실은 아이들이 성인과 같은 책임을 지고 성인과 같은 압력을 해소해야 한다는 의미다.

이는 어느 정도 사실이다. 과학은 어린아이의 마음에 관한 많은 것을 가르쳐 주었다. 아이들의 마음을 연결하는 수억 개의 뉴런이 있고, 작동 기억은 지능의 핵심 요소이며, 5살 이후에는 미묘한 외국어 발음의 판독 능력이 사라지기 시작한다는 것을 알게 해주었다.

우리는 미성숙한 뇌는 특별한 능력이 있으며 어린 시기는 매우 유연해서 폭넓은 경험, 언어, 상호작용을 즐길 수 있다는 것을 배웠다.

이 외에도 더 많은 것들을 배웠다. 하지만 아이가 그처럼 많은 것을 할 수 있는 능력은 뇌가 항상 최대로 작동한다는 뜻이 아니다.

실제로 2004년 미국심리학회의 한 연구는 학교에 다니는 동안 아이들이 받는 평균 스트레스는 성인을 능가하는 사실을 밝혀냈다. 다른 연구는 아이들이 스트레스를 받는 상황에서는 배울 수 없는 사실을 보고했다.[1]

이는 진보가 아니다. 가당찮은 말이다.

어린아이의 마음에 관한 지식은 우리를 신경쇠약으로 내몰았다. 지식을 자연학습의 보완으로 사용하여 가정에서 최상책을 구하기보다 그것을 모든 기회를 추구하는 방법으로 이용했다. 이리하여 아이를 최고의 유아 학교와 사립학교에 보내고 먼저 글을 깨치고 수학은 3학년 정도 앞서고 영재반에 들어가 특별 프로그램을 이수하는 확실한 수단으로 삼았다.

분명히 이 모든 것은 부모의 자부심을 높여 주기에 충분하다. 하지만 그것을 추구하는 이유는 우리 아이들에게 최고의 유년기를 보장해 주고 싶은 더 깊고 더 순수한 소망에서 비롯한다. 우리는 삶에 유익하든 아이가 나이가 들어 무한정 선택할 수 있든 우리에게 없는 것을 아이들에게 주기 원한다. 그래서 우리는 아이에게 "좋은" 부모라는 선물을 주고 싶어 한다.

하지만 우리는 아이들에게 최고의 것, 즉 교육, 경험, 안전, 다양한 기기, 옷, 장난감 등을 주기 위해 그들의 영혼을 무한 경쟁의 삶과 맞바꾸었다.

우리는 아이들에게 모든 것을 주는 데 몰두하여 중요한 것들이 사라지는 것을 잊고 있다.

"'자유 방목의 아이들'을 그냥 아이들이라고 불렀던 때를 기억하라."

– 에린 케니(ERIN KENNY)

"조기에 시작하라"는 사고방식은 "늦게 시작해도 괜찮다"로 바뀌었다. 즉 아이들의 뇌 발달뿐 아니라 몸, 마음, 영혼 등 전인 발달을 위해서는 사회성 발달, 관계 형성, 스트레스를 낮추는 환경을 먼저 조성해야 한다는 인식이 우세하게 되었다.

홈스쿨링의 개척자, 존 홀트(John Holt)는 다음과 같이 말했다. "아이 교육에서 빨리 출발하는 아이가 더 멀리 간다는 통념이 지배적이다. 하지만 이는 단지 통념일 뿐 검증된 이론은 아니다. 학습곡선이 가파를수록 더 높이 오른다는 가정도 역시 증명된 사실이 아니다. 조금 달리 생각하면 학습곡선이 완만한 아이가 더 높거나 훨씬 더 높이 뛰어오르는 결과를 확인할 수 있다."[2]

아이들에게는 우리의 지성이 아닌 우리의 시간이 필요하다. 아이들은 우리의 완벽한 언어능력이 아닌 사랑을 먹고 꽃피운다. 아이들에게는 지적인 숙달이 아닌 자애로움이 필요하다. 아이들에게 쉴 새 없이 주어지는 사실 점검과 시험을 없애고 자기 생각을 탐구할 시간을 주면 아이들은 실제로 배우게 된다.

플루타르크(Plutarch)는 "교육은 물통을 채우는 것이 아닌 불을 밝히는 것이다."라고 말했다. 어떻게 지금까지도 옛 성현과 스승들이 알았던 진리를 기억하지 못하는가?

유년기의 경이감을 탈환하자

유년기는 단순한 성인기의 준비가 아니다. 유년기는 소중히 여기고, 보호하고, 보존해야 할 시기다. 아이들은 앞으로 수많은 직업, 훈육, 힘든 시기를 맞게 될 것이다. 아이들에게 유년기는 단 한 번 있을 뿐이다. 유년기를 마법으로 만들자.

유년기의 마법은 최고의 장난감, 기기를 가지고 떠나는 휴가가 아니다. 실제로 그것과 정반대다. 매우 단순하다. 유년기의 마법은 자유다. 탐구하고 발견하고 노는 자유.

아이들을 강과 숲, 산과 바다로 데리고 가자. 연거푸 수 시간씩 백일몽을 꾸게 하자. 지루함을 경험하면서 상상력, 놀이, 경이로움의 비옥한 모판을 만들게 하자. 개울에서 헤엄치고 들판을 달리고 더러워지고 늦은 밤까지 기다려 별을 보고 맨손으로 개구리를 잡게 하자.

아이들에게 아직 성인기를 강요하지 말자.

교육자, 역사가, 작가인 수잔 와이즈 바우어(Susan Wise Bauer)는 다음과 같이 썼다. “아이들은 성인의 축소판이 아니다. 아이들에게 성인 수준의 압박에 대처하는 방법을 가르치는 것은 좋은 양육도 좋은 교육도 아니다.”[3]

우리 모두에게는 유년기에서 탈환해야 할 것들이 있다. 우리가 홀대했던 방식, 놓쳤거나 실패했던 일들, 깎아내린 말들, 혹은 상처를 남긴 경험들. 또한 아이들에게 보완하기를 바라는 것들이 있다. 이는 사람마다 각각 다르지만 나는 야성+자유의 순간이 바로 그것이라고 믿는다. 나는 기꺼이 내기를 걸 용의가 있다.

나는 소녀였을 때 집 뒤 강가에서 혼자 카누를 탔던 일을 기억한다. 들판을 내달리면서 미국 인디언 소녀인 포카혼타스인 척 행동했던 일을 기억한다. 우리 이웃집 뒤 언덕에서 썰매를 타고 끝까지 미끄러져 내려갔던 일을 기억한다. 할머니 댁을 방문하여 햇볕이 쨍쨍 내리쬐는 뉴저지의 오션시티에서 놀았던 일을 기억한다. 숲속에서 보냈던 수많은 일을 기억한다. 나는 가문비나무와 전나무로 둘러싸인 바로 우리 집 뒤 언덕에서 과연 내가 누군지 곰곰이 생각하곤 했다.

지금의 유년기는 대부분 현대 사회에서 부모가 집안 살림을 위해 더 많은 시간을 일하게 되면서부터 아이에게 도움을 주고 성공적인 인생에 필요한 모든 것을 제대로 뒷바라지하지 못한다는 두려움을 불식하기 위해 설계되었다. 눈만 뜨면 매일 새로운 장난감과 앱이 출시되고 아이들이 더 많이 알고 더 많이 배우면 더 똑똑해진다는 교육과정이 홍수를 이룬다. 유년기에 풍성했던 것은 이제 모두 상품으로 변했다. 기술이 선도하는 미래를 위해서 혹은 나쁘게 말하면 부모의 목적을 위해서 거래하거나 팔리는 공산품이 되었다.

하지만 경이감, 호기심, 혹은 배움의 욕망은 결코 아이들에게 줄 수 없는 것들이다. 아이들은 이런 본성을 가지고 태어난 학습자들이다. 경이로움은 모든 아이의 생득권이며 세계를 탐색하고 탐구하려는 타고난 성향이다. 경이로움은 아름다움, 새로운 발견, 상상력에서 출발한다. 아이들은 끊임없는 경이로움의 상태에서 살고 있다. 그들은 항상 배우고 탐구하고 새로운 것을 발견한다.

아이들은 영원히 필요하게 될 모든 경이로움을 가지고 태어난 존재들이다. 그것을 빼앗는 것은 우리가 할 일이 아니다.

유년기를 구하자

출렁거리는 아이의 멋진 금발 머리를 보면서 버스의 뒤를 쫓던 일이 엊그제 같은데 벌써 거의 10년이 지났다. 내가 사람들에게 이 이야기를 들려주면 아마 어린아이를 학교에 보내는 데 그냥 어려움이 있었을 것으로 가볍게 생각할 것이다. 아니면 내가 매우 예민한 부모라고 생각할 것이다. 걱정이 많은 사람. 응석받이로 아이를 기르는 극성스러운 엄마.

내 아이가 처음 유치원에 등교하던 날, 만감이 교차하면서 내 아이가 너무 자랑스러워 가슴이 뛰었다. 부모로서 나는 결코 내 아이가 새로운 경험에서 멀어지기를 원하지 않았다. 사실 와이어트는 갓 3살이 되었을 때 이틀짜리 유치원과 예년에 종일반 유치원에 다닌 적이 있다.

"경이감은 지혜의 시작이다."

– 소크라테스(SOCRATES)

아니다, 놓아주기는 어렵지 않았다. 그러나 아이에게서 소중한 것을 빼앗았다. '성숙함'을 위해서 나는 무심코 아이의 유년기를 바로 코앞에서 훔쳤다.

그러고 나서야 나는 내 아이에게 그것을 돌려주어야 할 유일한 사람임을 알게 되었다.

2 모성 회복

전 세계의 모든 어머니의 마음속에서 단순한 삶과 양육방식의 열망이 파도처럼 일고 있다. 우리는 유년기의 구조를 원한다. 지난 수십 년 동안 사라진 것의 탈환을 원한다.

자연에서 보내는 시간.

유년기 시간.

탐구 시간.

자기 속도에 맞춰 배우는 시간.

자기 관심을 추구하는 시간.

하지만 유년기의 탈환뿐 아니라 모성 회복도 아울러 요구한다. 즉 사회가 표준이라고 말하거나 기대하는 것이 아닌 우리 본성을 믿고 우리 아이에게 최상의 것을 베푸는 모성.[1]

이것을 교육에 도입하면 사회규범의 일탈로 생각할 위험성이 클 것이다. 표준화된 평가 잣대를 없애면 어머니로서 타고난 본성에 따라 적응해야 한다. 우리가 그것에 맞게 훈련하면 실제로 놀라운 일이 일어난다. 아이들은 평가해야 할 상품이 아니라 해방해야 할 영혼이라는 사실을 믿어야 한다. 집 안에는 아이들을 가르치는 데 필요한 것들이 모두 있다는 사실을 믿어야 한다.

간단히 말해 교육을 다시 집으로 가져와야 한다.

우리는 우리 아이에게 최고의 교사다. 모든 교과를 꿰뚫어서가 아니다. 교육학 박사이기 때문이 아니다. 최고의 아이디어나 최고의 학습 계획안을 수립하기 때문이 아니다. 탁월한 수업 설계자이고 최고의 과학실험을 수행하거나 이 모든 것에 통달했기 때문이 아니다. 특별히 창의성이 뛰어나거나 아름다운 교실을 만들거나 최고의 자료를 제작하기 때문이 아니다.

물론 인내심이 무한하기 때문도 아니다.

우리는 아이를 모범적으로 가르칠 수 있는 까닭에 최고의 교사다. 우리는 아이들에게 스스로 행함으로써 지식을 추구하는 모범을 보여줄 수 있다. 삶과 교육을 통해서 때로는 새로운 방식으로 이 아름다운 배움의 여정에 동반하는 길잡이가 될 수 있다.

우리는 아이들에게 어려운 교과를 돌파하고, 관계를 돈독히 하며, 하루도 빠짐없이 실제 세계와 상호작용하는 방법을 보여줄 수 있다. 안아 주고 입맞춤하거나 귀담아들어 줄 수 있다. 무슨 일이 일어나든 아이들에게 모든 것을 이야기할 수 있다. 도움이 필요하거나 단지 아이들이 휴식이 필요하거나 우리가 아이들에게서 휴식이 필요할 때, 아이들에게 외부의 도움을 제공할 수 있다(그런 일은 일어날 수 있으며 항상 환영한다).

우리는 아이를 지켜보고 연구하면서 아이의 별나고 기이한 행동을 잘 알 수 있다. 아이를 감동하게 하는 것, 실망하게 하는 것, 불을 밝히는 것을 발견할 수 있다. 아이를 가장 잘 아는 사람인 까닭에 누구도 할 수 없는 그런 사랑과 믿음을 우리 아이들에게 줄 수 있다.

아버지에게 보내는 쪽지

의심의 여지없이 아버지는 홈스쿨러다. 홈스쿨을 전업으로 하든, 단지 배우자와 아버지로서 보조자의 역할을 하든, 우리는 아버지들에게 갈채를 보낸다. 홈스쿨링 대디는 수고에 걸맞는 인정이나 격려를 제대로 받지 못한다. 정서적, 심리적, 경제적 희생을 생각해 보면 내 남편은 수년간 아이들을 보살핀 교육의 공로를 한 번도 말하지 않았다. 나는 그 점에 무척 감사한다.

그래서 이런 라이프스타일은 여성들과 엄마들만의 몫이 아니다. 야성+자유 공동체는 아이들을 집에서 기르고 가르치는 이런 중요한 일에 헌신하는 모든 엄마와 아빠에게 보내는 메시지이다. 그러나 엄마인 내 마음은 항상 여성들이 선구적인 사상의 지도자가 되는 공간을 만드는 데 있었다.

야성+자유는 엄마들이 자신의 타고난 재능을 아이 양육에 활용하고 마음과 정성을 다해 깊은 열정을 가지고 운영하는 공동체다. 실제로 홈스쿨링의 94%는 여성들일지라도[2] 대부분 콘퍼런스의 강연자 중 68%는 남성이다.[3] 이런 수치가 홈스쿨링의 방향을 결정하지 않지만 홈스쿨링의 현실을 잘 보여준다.

야성+자유 공동체를 설립했을 때 나는 가족에게 제공하는 여성들의 재능과 헌신이 아닌 우리 이야기로 맺어진 자매애의 힘을 강조하는 공동체를 원했다. 이는 야성+자유의 조직체가 이런 방정식을 완전히 뒤집고 모든 홈스쿨링 맘이 단순한 교육 전문가가 아닌 존경을 받는 대변자가 되기를 촉구하는 이유다.

이 글을 읽는 아버지라면 당신의 모든 것에 감사한다. 우리를 지원하고 헌신하고 아이들과 마음을 함께 나눈 점에 감사한다. 당신은 다가올 세대를 위해 세상을 변화시키는 변화의 창조자들이다.

주변의 기대에서 벗어나라

나는 좋은 엄마의 조건은 다음과 같다고 믿었다. 3개월짜리 아기가 요람 속에서 깨지 않고 밤잠을 잘 자도록 재우며 낮에 두 번 낮잠을 재우고 보채거나 칭얼대지 않고 우유 한 병을 남김없이 먹이는 엄마. 나는 내 3살짜리 아이는 알파벳 노래를 부르고 20까지 수를 세고 퍼즐을 맞추고 유치원에 보내 놓아도 분리불안증을 보이지 않을 수 있어야 한다고 생각했다.

나는 시어즈(Sears) 박사부터 스팍(Spock) 박사까지 그리고 그들 사이에 있는 모든 사람의 육아 책을 모조리 읽었다. 어떤 유명한 책은 아이들은 부모의 일정에 따라야 하며 아무리 마음이 아프더라도 그것과 반대로 해서는 안 된다고 주장했다. 아이들의 놀이 약속을 정하면서 엄마들 사이에서는 아이가 밤새 잘 잤는지, 돌봄 시간표가 어떤 것인지, 스스로 잠이 들었는지 등 서로 물어보는 것이 일반화되었다.

오, 이 압박감.

나는 어느 날 아기가 내 가슴을 파고드는 흐느낌으로 슬피 우는 소리를 들으며 아기방 문밖에서 태아 자세로 몸을 웅크린 채 누웠던 모습을 지금도 생생히 기억한다. 나는 책에서 이 방법이 좋다고 했기 때문에 모성의 본성이 하지 말라고 하는 것이면 모두 다 했다.

처음에는 이런 식으로 시작하지 않았다. 그런 기대는 시간이 지나면서 전문가, 유행, 사회압력의 영향으로 내 의식에 변화가 일어나기 시작했다. 내가 처음 엄마가 되었을 때 나는 내 사랑과 엄마의 본성은 모두 필요한 것이고 내가 옳다고 믿었다.

음, 저 귀여운 아기용품.

오, 아기가 얼마나 사랑스러운지. 나는 아기를 내 전부로 생각하고 사랑했다. 내 몸, 마음, 영혼을 바쳐 아기를 사랑했다. 아기 얼굴을 보지 못하면

죽을 것 같았다. 진정으로 아기를 사랑하는 '교육'은 필요 없었다. 결코 이전에 엄마인 적은 없었지만 모든 것이 나에게 자연스러웠다.

그런 첫 몇 주는 힘들지만 아름다웠다. 나는 내 젖꼭지가 갈라져 피가 날 때까지 아기를 보살펴 주었다. 아기가 배앓이로 고통스러워 비명을 지를 때 밤새 내내 아기와 함께 울었다. 아기가 자면 나도 잤다. 아기가 울면 그냥 놔두라는 일반적인 조언에도 불구하고 아기를 꼭 안아주었다. 어떤 때에는 아기가 편안히 쉬도록 안아 주고 다른 때에는 그냥 아기의 얼굴만 바라보았다.

나는 내 직감을 따랐다. 아기에게 온갖 마음을 다 주었다. 우리의 영혼은 단단한 유대감으로 똘똘 뭉쳤다. 우리는 떨어질 수 없으며 완벽하게 만족했다.

하지만 바로 그때 문제가 생겼다.

아기는 밤에 깨지 않고 자야 하는가? 낮잠은 얼마나 자야 하는가? 아기는 스스로 자야 하는가? 오, 아기가 자도록 젖을 물려야 하는가? 아기는 밤에 몇 번 일어나야 하는가?

나는 내가 하는 일을 의심하기 시작했다. 나 혼자 있을 때 어디선가 목소리가 들렸다.

너는 응석받이로 키우고 있어.

아기는 결코 혼자서 그렇게 하는 법을 배우지 못해.

우는 것은 아기에게 좋은 거야.

나는 강한 편이어서 남의 말을 믿지 않았으나 시간이 지나면서 내 자신감은 흔들리기 시작했다. 내 직감이 의심스러웠다. 엄마가 되는 것은 내가 바라는 모든 것이었고 나는 실패하고 있었다.

우리에게는 어느 단계이든 문제가 있다. 엄마들은 스스로 도울 수 없다. 일부는 판단을 구한다. 하지만 나는 엄마들이 자기 아기가 정상이라는 점을 혼자가 아닌 다른 사람과 공유하기를 원한다는 사실을 알게 되었다.

소아과 의사인 내 친구는 두 딸을 두고 있다. 두 아이 모두 18개월이 되어서도 걷지 못했다. 내 친구는 걱정하지 말라며 자신을 위로했다. 아이들은 건강했다. 비정상인 아이는 없었다. 하지만 놀이모임에서 엄마들의 시선을 피하기는 어려웠다. 걸음마 아기들이 모두 주변을 달리는데 자기 딸은 아직도 기고 있었다. 자신의 전문성에도 불구하고 내 친구도 역시 자신을 의심하기 시작했다.

비교는 기쁨을 빼앗는 도둑이지만 엄마의 자신감도 빼앗는 도둑이다.

유아기에 강한 모성의 기쁨을 느꼈다면 학령기 교육은 학교 교육이 아닌 대안 교육에서 찾도록 노력하라. 사회 전체는 고사하고 친구들이나 이웃들도 당신의 결정을 의심하기 때문에 매우 당황스러울 것이다.

하지만 아이의 욕구를 존중하고 유년기를 보존하며 아이가 되고자 하는 사람이 될 기회를 아이들에게 주는 것이야말로 이보다 더 엄마 마음에 더 자연스러운 것은 없다. 우리 목소리가 다른 방식의 설득에 넘어가게 해서는 안 된다.

홈스쿨링을 선택한 엄마들이 실제로 자신의 본성을 신뢰하고 따르게 되면 문화 규범, 사회관습, 전통적인 학교 교육에 저항하는 생각이 들 수 있다.

아이의 양육은 힘들고 실수와 실패, 후회와 재시도 등 우여곡절의 연속이다. 하지만 어렵더라도 홈스쿨링은 진정한 양육의 연장일 뿐이다. 안심하라. 완벽한 학교, 교실, 교사, 엄마, 홈스쿨링, 그런 것은 없다. 하지만 우리는 할 수 있는 한 매일매일 최선을 다할 수 있다. 그것이면 충분하다.

다른 누군가의 기준에 따르는 좋은 엄마의 노력을 중단하고 아이가 필요로 하는 엄마가 되는 길을 향해 출발하자.

"아이다운 삶은 한철에 그친다. 아이들의 웃음소리가 멀리 퍼지고, 그들의 상상력이 하늘을 날고, 그들의 발이 물웅덩이에서 동동대고, 그들의 손이 기쁨으로 손뼉을 치게 하자. 아이들은 금세 자라 그들의 젊음과 열정에서 벗어나 성인의 삶과 일상에 적응한다."

-L. R. 노스트(L. R. KNOST)

내 아이의 전문가가 되자

홈스쿨링 맘의 역할은 정시제 교사, 정시제 돌보미, 정시제 수학자, 정시제 동식물 연구자, 정시제 과학자, 정시제 상담자, 정시제 코치다. 이 역할은 지금 막 시작됐다. 이런 일을 하려는 우리에게 홈스쿨링은 '모호한 시즌'이나 인생에서 정말 하고 싶은 것의 대체 시스템이 아니다. 소명이다. 지금 우리 인생에서 당장 할 수 있는 가장 중요한 일이다.

작가이며 홈스쿨링의 베테랑인 줄리 보가트(Julie Bogart)가 말한 것처럼 "우리는 단순히 부엌데기가 아니다. 단순히 남자를 위해 집을 지키는 집순이가 아니다. 우리는 매일 아침 일어나 차를 몰고 학교로 향하는 모든 학교 교사처럼 가치 있는 교육을 직업으로 선택한 정규 교사다. 우리도 똑같은 일을 한다. 홈스쿨링은 직업이다."

그러므로 홈스쿨링을 직업으로 간주하라. 단순히 아이의 홈스쿨링에 그치지 마라. 아이의 전문가가 되라.

우리 아이를 우리보다 더 잘 아는 사람은 없다. 우리는 아이가 태어날 때부터 아기의 버릇을 지켜보며 행동하고 반응하는 방식, 행동하는 이유 등 아기를 연구하기 시작했다. 우리가 아기를 병원에서 집으로 데려와 무엇을 할지 몰랐을 때도 아기 연구에 열중했다. 우리는 매일매일 우리 본성에 따랐다.

앞으로 무엇을 해야 할지 준비된 것은 없었다. 출생과 수유에서 배앓이와 잠자지 못하는 밤까지 교육은 금방 경험의 형태로 찾아와 우리 앞에 나타났다.

우리는 아기를 달래기 위해 무엇을 할지 알았다. 고통스러운 울음소리와 배고픈 울음소리를 구별했다. 슬그머니 낮잠을 재우는 비법을 깨우쳤다. 아마 전문가들의 말에도 불구하고 아기에게 젖을 물리면 우리도 아기도 모두 행복해지는 것을 알았을 것이다. 혹은 아기가 요구할 때마다 안아 주면서 우리가 옳다고 느꼈을 것이다. 혹은 아기는 잠이 필요하기 때문에 수유는 항상 도움이 되는 이유를 알았을 것이다

우리는 아기와 함께 있었기 때문에 아기를 잘 알 수 있었다.

역시 이는 지금도 변함없는 진실이다. 우리는 아이의 가장 훌륭한 전문가다. 과거의 우리는 회의론자와 소위 전문가들 때문에 입을 닫고 침묵해야 했다. 가족과 친구들이 의심하면 우리 자신을 의심했다. 하지만 모성은 다시 회복해야 할 우리 것이다.

타고난 본성을 믿어라. 모든 것이 실패하더라도 우리는 여전히 부모가 되는 방법을 안다. 그러므로 무엇을 해야 할지 막막할 때도 우리 본성을 믿어라. 우리는 여전히 아이들에게 책 읽어 주는 방법을 안다. 아이와 함께 시간을 보내고 삶에서 우러난 지혜를 공유하는 방법을 안다. 여전히 아이들을 사랑하며 힘들고 즐거운 인생의 시간 속에서 내내 아이들을 돌보는 방법을 안다.

우리는 이런 통찰력을 이해하는 부모가 되어야 한다. 아기 엄마인 우리에게 경험은 가장 소중한 교육이었고 현재도 여전히 성장하는 우리 아이를 위한 것이다.

아이의 전문가가 되는 일은 실수하지 않는다는 말이 아니다. 외부에서 조언, 조력, 격려를 구할 필요가 없다는 말이 아니다. 하지만 병원에서 아기를 데려온 엄마가 아기 정서와 심리적인 행복에 대한 자기 책임을 믿는다면 엄마는 아이를 가르칠 수 있다고 분명히 믿을 수 있다.

우리는 완벽한 존재가 아니다. 우리도 아이도 완벽하지 않다. 하지만 우리는 충분하다.

아이의 방식에 따라 아이를 양육하고 교육하는 위대한 비전을 지켜 나가자. 우리에게 의심의 눈총을 보내는 우리 문화의 소음과 혼란스러운 말이나 우리의 불안감이 소명을 가지고 수행하는 우리 일을 훼방하는 일이 없게 하자.

당신의 이유를 알아라

나는 거의 10년간 홈스쿨링을 해 오면서 해마다 내 결정을 스스로 의심하게 하는 일들을 겪었다. 이는 어느 부모에게도 익숙한 것이지만 홈스쿨링 부모는 아이들과 늘 가까이 지내기 때문에 끊임없이 자기 선택을 재평가할 만반의 준비가 되어 있다.

나는 삶과 학습 방법이 다른 사람들과 크게 달라서 가끔 공황 상태에 빠지곤 했다. 하지만 해를 거듭하면서 굳이 아이들을 집에서 가르치는 데는 몇 가지 이유가 있다는 점을 떠올렸다. 우리는 증명할 것도 없고 증명할 사람도 없다. 우리는 국가의 지침에 따랐다. 나는 내 아이 교육을 최고의 우선순위에 두기 때문에 국가의 지침을 존중하고 준수한다. 하지만 틀을 깨는 자연스러운 결과는 다르다. 나는 다른 것은 괜찮다고 생각한다. 결국 홈스쿨링에서 가장 중요한 것은 관계이다. 그것은 내가 홈스쿨링을 하는 이유다. 많은 엄마가 홈스쿨링을 하는 이유다. 나는 내 아이들과 함께하는 모든 순간을 놓치지 않고 누리고 싶다. 아이들은 언제가 살던 집을 떠나 자기 가족과 모험을 떠날 것을 안다. 하지만 가족으로서 함께 보냈던 시간은 중요한 가치와 영감을 주는 희망에 깊은 뿌리를 내릴 것이다.

모든 사람에게는 힘든 시간, 쓸모없다고 생각하는 시간, 자기 결정에 자괴하는 시간을 극복하기 위해서 '왜'가 필요하다. 종종 우리가 생각했던 것보다 더 힘든 시간이 있었을 것이다. 우리의 '왜'는 우리의 이유다. 우리의 '왜'는 우리에게 영감을 주고 열정을 뜨겁게 달구는 신념이다. 우리의 '왜'는 우리 의지가 흔들릴 때 지속적인 힘을 공급한다. 우리의 '왜'는 우리 아이들에게 영감을 주고 아이들을 이런 여행길로 안내하는 능력을 선물한다.

"어린 시절임에도 잘 되는 아이로 기르는 대신 어린 시절 때문에 비범하게 되는 아이로 기르자."

– L. R. 노스트(L. R. KNOST)

우리의 '왜'는 아이가 꿈꾸는 미래 비전, 우리가 함께 보내는 최고의 시간, 우리 집에서 아이들을 돌보도록 힘을 주는 근원일 수 있다. 하지만 거기에는 반드시 목적이 있다. 그 목적을 적어 놓고 종종 스스로 상기하라. 어느 날 그것이 필요할 것이다.

내 친구이며 야성+자유의 팔로워인 줄리안 라즈데일(Jullian Ragsdale)은 자신의 '왜'를 정하기 위해 다음과 같은 질문 목록을 공유하여 자신의 '왜'를 찾는 사람들에게 도움을 주었다.

- 왜 아이들에게 홈스쿨링을 하려는가?
- 왜 이것이 아이 교육에 최고의 방법이라고 생각하는가?
- 홈스쿨링의 주요 목적이나 강조점은 무엇인가?
- 집에서 아이들과 성취하기를 원하는 것은 무엇인가?
- 아이가 자신의 삶에서 무엇을 성취하고 무엇을 하길 원하는가?
- 홈스쿨링의 삶에 대한 전반적인 비전은 무엇인가?
- 당신이 꿈꾸는 홈스쿨링의 삶을 어떻게 창조할 수 있는가?

우리는 모두 각양각색의 이유로 홈스쿨링을 한다. 일부는 아기가 태어나기 전에 이 길을 선택한다. 일부는 결코 홈스쿨링을 하지 않겠다고 맹세하지만 결국 이런저런 이유로 홈스쿨링을 선택한다. 아마 우리는 아이가 학령기에 도달하면 무엇을 할 것인지 알지 못할 것이다. 아마 아이가 전통적인 학교에 다니지만, 성적, 동료의 압박, 집단괴롭힘, 혹은 신체나 정신적 질병 등과 힘들게 싸우고 있어서 아이를 집에 데려오려는 쪽으로 마음이 기울었을 것이다.

비록 이 여행을 끝낼지라도 우리의 '왜'는 우리에게 목적과 열정을 제공한다. 시간이 지나면 우리의 '왜'는 달라질 것이다. 좋은 일이다. 가끔 비전을 다시 논의하라. 우리의 '왜'를 몇 년마다 다시 작성하라. 홈스쿨링을 시작하는 우리의 이유는 계속 유지해야 할 이유가 아니다.

"당신의 눈을 경이감으로 가득 채워라. 10초 후 금방 죽을 듯 살아라. 세상을 보아라. 공장에서 대가를 치르고 만든 어떤 꿈보다도 더 환상적이다."

– 레이 브랜드베리(RAY BRANDBURY)

처음에 나는 아이와 함께하는 더 많은 시간, 6살이 되는 아이를 위한 더 많은 시간, 학습의 기쁨을 발견하는 더 많은 시간을 원했기 때문에 내 아들을 학교에서 집으로 데려왔다. 이 목적은 여전히 내 모든 아이를 위해 곱게 간직하고 있다. 그러나 지금 더 많은 목적이 생겼다. 그중 몇 개만 말하면 자기 속도에 따라 배우기, 자기만의 개인적 열정 발견하기, 함께 세계 여행하기 등이다.

홈스쿨링이 두 번째 목적이거나 마지막 수단일지라도 '왜'의 결정은 둘 모두에 중요할 것이다. 우리의 비전이 우리를 안내하게 한다면 사소하게 느껴지는 것들이 훨씬 더 큰 기쁨으로 다가올 것이다. 불가능할 것으로 생각하고 시작했던 것은 당연히 아름다움으로 바뀔 것이다. 힘든 시간을 보내고 있다면 우리는 곧 여행의 최종 목적지를 발견하게 될 것이다.

야성+자유가 되자

야성+자유의 아이로 양육하고자 한다면 우리는 야성+자유의 맘이 되어야 한다. 우리는 모성의 회복을 통해서 우리 목적, 우리 소명, 우리 아이들과 자연의 관계를 회복할 것이다. 우리는 생득권인 야성과 자유를 탈환할 것이다.

모성을 회복하지 않으면 유년기를 회복할 기회를 잃게 된다.

야성+자유의 맘들은 다른 사람들이 뭐라고 하든 괘념하지 않는다. 그들은 자기가 믿는 것, 자기가 원하는 삶의 방식, 아이들을 위해서 자기가 소망하는 일에 열중한다. 그들은 자기가 누군지를 받아들이고 사회적 기대를 멀리하고 아이들의 타고난 성향에 따라 양육한다.

이런 메시지는 모두 사회 전통과 충돌한다. 우리 본성을 부정하도록 조건화되어 전문가들에게 의존한 결과 우리는 경이로움에 둔감해졌다. 되돌아갈 길을 찾아야 할 때다. 우리는 현상 유지를 위해 태어나지 않았다. 표준화된 아이 양육을 위해 태어나지 않았다. 모험적인 삶을 살고 위험을 감수하고 대담하게 살고 실수하기 위해서 태어났다. 야성+자유가 되기 위해 태어났다.

나는 한 야성+자유 맘이 우리와 공유한 글을 매우 좋아한다. “나는 내 아이들에게 야생적이고 자유로운 유년기를 선물하기 위해 홈스쿨링을 시작했다. 하지만 나는 곧 야생적이고 자유롭게 되기를 원하는 사람은 다름이 아닌 나와 내 남편이라는 사실을 알았다. 우리는 우리 유년기를 다시 체험하면서 한 가족으로서 새로운 기억을 만들고 있다. 나는 홈스쿨링이 우리 삶의 모든 면을 풍성하게 해 준 것에 감사한다.”[4]

일단 야성+자유의 깊은 맛을 알게 되면 우리의 옛 삶으로 돌아가는 일은 불가능할 것이다. 위험 감수, 목적이 있는 삶, 우리 가족의 이야기가 뼛속 깊이 스며들게 되면 우리는 절대로 다른 방법을 선택할 수 없을 것이다. ‘표준’으로 돌아가면 몰락을 면할 수 없을 것이다.

BROOKFIELD
WHITE AMERICAN

3 홈스쿨링 초대

아이들의 타고난 경이로움의 보존은 지속적인 과정이다. 어린 아이의 호기심과 창의성의 보존은 의도적이어야 한다. 아이들이 자라서 자기 속도로 배우고, 백일몽을 꾸고, 좋은 책이나 상상 놀이에 빠질 때까지는 시간이 걸린다.

사회가 우리 행동을 의심할 때 특히 홈스쿨은 용기가 필요하다. 힘든 날, 시간 부족, 피로나 낙담이 우리를 궁지로 내몰 때가 있다.

하지만 아이들과 함께 지내는 시간은 우리가 매일 포장을 뜯는 소중한 선물이다. 종종 우리의 여행길이 힘들고 고생스러웠을지라도 아이들이 성장하여 스스로 자기 앞길을 헤쳐 나아가는 날 아름답고 보람찬 여정을 기억할 것이다.

집 안에 교실을 복원하는 홈스쿨링은 있을 수 없다. 그렇게 한다면 우리는 결코 홈스쿨링을 완성할 수 없다. 홈스쿨링은 관계, 개인 학습이며 아이들이 원하는 것을 자기 속도에 따라 배우는 자유 학습이다.

홈스쿨링은 아이들을 일사불란하게 한 줄로 세우지 않는다. 그런 것은 학교 교실의 정신 구조다. 아이들은 상자 속에서 살지 않는다. 삶은 복잡하고 혼란스러운 결함으로 가득 차 있다. 홈스쿨도 역시 마찬가지겠지만 그런데도 아름답고 풍성할 수 있다.

아이들을 정보를 입출력하는 로봇으로 대하지 않고, 아름다운 꿈, 다양한 지능, 타고난 재능을 지닌 인간으로 대하게 되면 어떻겠는가? 조련사가 아닌 정원사가 우리의 역할이다.

아이들은 전시해야 할 트로피가 아닌 소중히 간직해야 할 보물이다. 어리지만 작지 않다. 순응이나 통제가 아닌 양육과 돌봄을 우리에게 맡긴 실존하는 사람이다.

우리는 홈스쿨링이 모호한 라이프스타일이 아닌 선망하는 라이프스타일의 사회에 살고 있다. 홈스쿨링은 아이에 대한 책임이 아닌 조력이다.

아이와의 관계

내 아이를 나만큼 사랑하는 사람은 없다. 우리는 아이의 성향, 독특성, 강점과 약점을 잘 안다. 다른 사람들은 물론 교사들도 아이들에게 최선을 다하고 있으나 일과가 끝나면 자기 삶과 가족을 위해 자기 집으로 돌아간다.

우리는 아이 양육에서 가장 의미 있는 사람이다. 하지만 많은 연구에 의하면 보통 가정에서 아이들과 함께 보내는 시간은 하루 평균 30분에 불과하다.[1] 홈스쿨링은 우리를 부모-아이의 조언자로 변하게 만들며 다른 어떤 것보다 우리를 아이들과 더 가까이 지내게 한다.

시간표를 반납하라

일정을 완전히 통제하면 자유롭지만 불안한 면이 있다. 처음에는 뭔가 잘못하는 것이 아닌지 궁금할 것이다. 아이가 알람 없이 스스로 일어나게 해도 괜찮을까? 오전 11시까지 교과 수업을 시작하지 않으면 무슨 일이 생길까?

학교 버스가 이웃집을 지나는 것을 보거나 프로젝트, 과학 박람회, 숙제 때문에 사람들이 바삐 움직이는 모습을 보면 우리 자신에 대한 의심이 들 것이다.

그런 활동을 하지 않는 우리 아이들은 분명히 실패의 징후이다. 그런가?

대조적으로 평화로운 아침은 유년기의 회복이다. 주제가 점점 흥미진진해질 때 더 깊이 파고들고, 무언가 잘 안 될 때 과정을 변경하는 것은 아이의 열정을 북돋는 최고의 방법이다. 종소리에 맞춰 움직이는 시간표는 없다. 연간 학습 계획은 고사하고 주간 학습 계획도 없다.

배움이 삶이며 삶이 배움이다.

꼬리표를 피하라

내 셋째 아이, 코디(Cody)의 얼굴을 보거나 그가 들려주는 길고 상세한 이야기에 귀 기울일 때마다 나는 그가 말을 하지 못했던 4살 이전까지의 삶을 생각하지 않을 수 없다.

코디는 마치 자기 일인 것처럼 물리적 장애물과 뒹굴고 씨름하는 활기차고 예쁜 아기였다. 코디는 10개월에 비틀거리지 않고 가파른 진입로를 달릴 수 있었다. 15개월에는 이웃의 13살 난 아이의 드리블 실력과 경쟁할 정도로 농구공의 드리블 기술이 뛰어났었다.

하지만 2살 때는 엄마 또는 공 같은 몇 마디 외에는 언어소통이 힘들었다. 3살이 되어도 여전히 두 단어밖에 발음하지 못했다. 코디는 기타나 드럼을 치고 매일 자신의 작은 마음을 노래하는 콘서트를 열었다. 우리는 그가 하는 말을 도저히 알아들을 수 없었다.

4살이 될 무렵에 코디는 조금씩 말을 하기 시작했다. 우리는 매일 조금씩 아이의 말을 이해할 수 있었다. 9살이 된 지금 그는 여전히 몇 가지 소리는 매우 부정확한 발음을 한다. 하지만 그는 우리 귀를 막고 우리는 종종 믿을 수 없다는 듯 웃는다.

코디가 전통적인 학교나 유아 학교에 다녔다면 그를 돌보는 훌륭한 교사들과 사람들을 만날 수 있었을 것이다. 그러나 역시 내 경험으로 미루어 추측해 보건대 나는 토론, 시험, 학교 운동장의 조롱을 거치며 코디의 '학습 불능'을 인식하고 필요 이상으로 더 빠른 과제해결을 강요받았을 것이다.

코디는 형들과 축구를 할 때마다 매일 매우 협력적이라는 말을 듣는다. 그가 짧은 시간 안에 움직이는 레고 세트를 만들 때는 얼마나 기계적으로 생각하는지 모른다. 어린 여동생의 안전을 돌볼 때는 매우 강한 책임감을 보여준다.

우리가 아이들의 지속적인 격려의 원천이 될 수 있는 점은 홈스쿨링의 축복이다. 우리는 아이들에게 자신감을 불어넣고 아이들의 장점에 초점을 맞춘다. 동시에 우리는 이용 가능한 긍정적인 도구를 사용하여 아이들의 약점을 해결한다.

교수와 학습의 차이

교수는 아이들에게 사실과 정보의 암기를 요구한다. 교수는 외부에서 내부로 주입한다. 한편 학습은 아이들의 삶에 지식을 적용하여 의미 있는 삶으로 변화시킨다. 학습은 교수와 달리 내부에서 외부로 방출한다. 학습은 야성+자유 홈스쿨링의 토착적 방법이다. 아이들은 학습에 열광하며 전일제 수업, 시험, 저녁 숙제 등으로 시달리지 않는다. 우리가 아이들의 타고난 학습에 대한 사랑을 보존할 수 있다면 모든 것을 아이들에게 맡길 수 있을 것이다.

아이들은 더 구조화된 환경에서 번성하는가? 물론 나는 몇 가지 경험을 했다. 나는 아이들이 더 체계적으로 되도록 도표 작성법을 배우고 시간표를 만들었다. 아이들이 늦게 일어나거나 정해진 분량보다 책을 더 적게 읽어도 신경을 쓰지 않는 법을 배웠다. 내 아이들은 모두 똑같은 속도로 배우거나 성장하지 않을 것이다. 나는 자연학습의 과정을 신뢰한다.

자기 관심을 추구하라

전통적인 교실에는 단지 시간만 많을 뿐이다. 등교, 수업 중 훈육, 수업 활동 사이에 날려 버린 시간의 틈바구니에서 학생들은 종소리가 울리기 전에 그들이 할 수 있는 것을 모두 배우기 위해 경주한다. 게다가 숙제, 특별활동, 스포츠 프로그램, 학부모–교사 모임이 기다리고 있어서 아이들이 자기 관심을 추구할 시간이 거의 없다.

홈스쿨링은 제시간에 일을 끝낸다. 일부 주는 홈스쿨링 가족에게 몇 가지 요구사항을 의무적으로 부과하나 특정 주제에 얼마나 많은 시간을 사용할지는 대부분 우리가 결정할 수 있다.

홈스쿨링은 종일 수업을 계속하지 않기 때문에 아이들은 자기 관심 주제를 추구할 시간이 많다. 내 큰아들, 와이어트는 14번째 생일을 맞기 전에 2권의 소설을 썼다. 지난해는 정지 애니메이션 프로젝트를 제작하여 상당한 유튜브 팔로워를 확보했다. 현재 독학으로 사진을 배우고 있다.

둘째 아들, 딜런(Dylan)은 혼자서 소리를 듣고 피아노 연주를 배우고 노트북으로 자기 노래를 작곡하고 블렌더(Blender)라는 소프트웨어 앱으로 3D 애니메이션을 만들었다.

막내아들, 코디는 나무를 가지고 새 먹이통, 장난감 행글라이더, 새총을 만들었다. 코디는 사물의 작동법을 좋아하기 때문에 집 안의 모든 것을 거의 고칠 수 있다.

교육의 걸림돌을 제거하면 열정의 이끌림만 남고 일상은 자기 관심과 호기심을 탐구하는 기회가 된다.

강압 대신 열정이 이끄는 교육을 상상해 보라.

교육 자문가이며 작가인 캔 로빈슨(Ken Robinson)은 "우리가 직면한 도전에 비추어 볼 때 교육은 개혁할 필요가 없다. 교육은 변혁이 필요하다. 이런 변혁의 핵심은 교육의 표준화가 아니라 교육을 개인화하여 각 개인의 재능 발견을 성취로 삼고, 아이들이 실제로 배우고 싶어 하는 자기 열정을 자연스럽게 발견하는 환경의 제공이다."라고 썼다.[2]

그런 환경이 집이라면 어떻겠는가?

개인의 관심

다섯 명 아이들의 다양한 강점, 경향성, 약점을 생각해 보면 나는 시스템화된 환경이 내 아이들을 얼마나 번성하게 할지 상상하기 힘들다. 아이들이 미래에 필요한 능력을 배워 생활에 적용해야 하는 사실을 잘 안다. 하지만 그런 교육이 어린 나이의 영혼에 얼마나 심각한 피해를 줄지 생각하는 사람은 거의 없다.

학생을 평가하는 기준은 있으나 거기에 미치지 못하는 학생을 위한 명예로운 분류는 없다. 그런 기준에 따라가지 못하는 학생은 '정상'으로 여겨지는 아이들에게 따돌림을 받기 일쑤다. 교사들은 돌볼 아이들이 너무 많아서 항상 우리 아이가 우선일 수 없다.

학교가 교사-학생 비율을 자랑할지라도 엄마와 아이를 이길 수 없다.

유년기는 순응의 강요가 아닌 자유롭게 배우고 자기 속도에 따라 자기 관심을 탐구하는 시기다. 아이들은 학습 방법에 대한 엄청난 아이디어를 가지고 있다. 우리는 아이들의 주도성을 지켜보며 따라야 한다.

아이들에게 개인화 교육을 하게 되면 아이들의 욕구에 맞춰 때로는 빠르게 때로는 느리게 조절하면서 문제를 해결할 수 있다. 아이들의 학습 스타일과 열정을 이해하는 시간을 낼 수 있다. 이런 점을 고려하여 수업계획을 세우면 아이들이 얼마나 흥분하고 좋아할지 상상해 보라. 매일 짧은 시간이나마 아이들에게 개인적 관심을 보이게 되면 그 기쁨을 배움으로 되돌릴 수 있다. 배움의 기쁨은 성공으로 이어진다.

"교사, 부모, 돌보미로서 우리는 현미경을 가지고 실험실에서 일하는 과학자가 아니라, 아이들이 어떻게, 왜 그렇게 배우는지 알아보기 위해 실제 생활에서 아이들을 관찰하는 현대 민족학자처럼, 배움의 요소인 삶과 자연을 외부(문밖)에서 관찰하는 자연주의자이다."

–잭 베크먼(JACK BECKMAN)

자기 속도 학습

우리는 모든 아이가 독특한 존재라는 것을 안다. 하지만 몇 가지 이유를 내세워 이것을 학습에 적용하기 어려울 것으로 생각한다. 특히 우리 아이들에 관한 한 그렇다.

내 아들 코디는 앞으로 학습상 상당한 어려움을 겪게 될지 모른다. 하지만 코디가 10살 가까이 되어 자신이 넘치는 행복한 소년으로 성장해서 감사하게 생각한다. 그는 언어의 어려움에도 불구하고 홈스쿨링 모임에 참여하여 동료들 앞에서 훌륭한 프레젠테이션을 했다. 사실 이는 코디가 좋아하는 것 중 하나이다.

코디는 아직 표준에 이르지 못했다. 문장을 쓰거나 책을 읽을 수 없다. 하지만 책을 만들고 이야기하고 어떤 뮤지컬 수록곡에서도 바이올린을 식별하고 많은 주방기기를 분해하고 결합할 수 있다. 그렇게 하라고 말한 사람은 없었다. 물론 그는 자기 약점을 알고 있으나 그것에 연연하지 않고 자기 속도대로 배웠다.

내부자 정보와 홈스쿨링의 두려움 극복(Overcome Your Fear of Homeschooling with Insider Information)의 저자인 산드라 K. 쿡(Sandra K. Cook)은 "차이점에 유의하라. 전통적인 교실 환경은 아이의 장애에 집중하지만 홈스쿨링 환경은 아이의 능력에 집중한다."라고 썼다.

하지만 자기 속도 학습의 장점은 학습 장애아들에게만 해당하지 않는다. 6살 난 내 딸 애니(Annie)는 책의 유용성을 알고 읽고 쓰고 싶어 했던 적이 있었다.

나는 애니가 밤에 혼자 자기 방에서 줄거리를 회상하고 새로운 반전을 끌어내기 위해 애쓰면서 이야기를 '읽는' 소리를 들었다. 애니는 종이쪽지에 알아볼 수 없는 것을 마구 써서 나에게 가져왔다. 그리고는 마치 그 표시가 무슨 의미를 담고 있는 것처럼 "이것은 무엇을 말하는 거야?"라고 물었다.

지금 애니는 내가 마련해 준 개인용 칠판에 글자를 베끼면서 숙달해 가고 있다. 그녀는 나무 글자를 쭉 늘어놓고 단어를 만들고 단어를 정돈하여 문장을 만든다. 나는 결코 아이에게 그렇게 하라고 한 적이 없다. 단어와 이야기는 자신의 창작물이다.

나는 애니가 준비가 되면 언제든지 읽는 법을 배우게 될 것이라는 기대를 포기한 적이 없다. 나는 반복과 연습이 아닌 열정이 어떻게 애니를 배움으로 유혹하는지 여러 차례 직접 경험했다.

모든 아이는 자기 시간에 스스로 사물을 발견할 자격이 있다. 발달심리학자인 장 피아제(Jean Piaget)는 "아이들에게 무엇을 가르칠 때마다 아이들이 그것을 스스로 발명하지 못하게 방해한다."라고 말했다.[3]

아이들은 실험하고 탐험하며 스스로 연구하고 싶어 한다. 물론 우리는 그냥 뒷전에 앉아서 아무것도 하지 않고 구경만 하라는 것은 아니다. 피아제는 우리에게 아이들을 안내하라고 촉구했다. 그것은 "적절한 자료를 제공하는 것이지만 뭔가 이해하려면 아이가 스스로 구성하여 재발명하는 것이 필수적이다."[4]

아이들이 수학을 가지고 놀게 되면, 심리학자이며 교수인 피터 그레이(Peter Gray)가 말한 '순수 수학'에 빠진다. 그레이는 다음과 같이 주장했다. 이것은 "진짜 수학자들의 일이며 4살 정도 아이도 하는 일이다. 시가 단어이고 음악이 소리이며 예술이 시각의 인식인 것처럼 놀이 수학은 숫자다."[5]

나는 내 아이들의 다양한 학습 속도에 대해 전혀 걱정하지 않았다. 아이들이 준비되기 전에 미리 하도록 재촉하지도 않았다. 헨리 데이비드 소로(Henry David Thoreau)는 우리가 사용하는 **야성**과 **자유**라는 말을 처음 사용했다. 소로는 "처음에 천천히 자라는 나무일수록 중심은 더 튼튼해진다. 나는 인간도 마찬가지라고 생각한다."라고 말했다.

홈스쿨링의 속삭임

우리는 종종 경험하고 나서야 우리 마음이 요구하는 것을 안다.

나는 말했다. "내 아이들은 학교에 갈 것이다." 나는 확신했다. "우리 집에 이상하고 사회화되지 않은 아이들은 없다." 내 큰아이가 3살이 되었을 때 유아 학교에 보낼 생각을 했다.

와이어트가 언어상 약간 장애가 있고 우리 생각보다 음식 알레르기가 심했으나 좋은 기회를 놓치기 싫었다. 그런 결정은 무척 어려웠으나 나는 아이를 유아 학교에 보내기로 했다.

나는 주 이틀씩 등교하는 협동 유아 학교에 아이를 입학시켰다. 이 유아 학교는 몬테소리와 발도르프프로의 영감을 받은 매력적인 철학을 표방했다. 나는 이런 철학의 방법이나 그 의미를 알기 전부터 8명 혹은 그 이하의 소규모 교실, 아동 중심의 독립성, 자유 놀이, 연극 놀이, 예술 활동을 강조하는 유아 학교의 목적에 매력을 느꼈다.

협동 유아 학교는 부모가 교사 보조자로서 격일로 교실에 참여할 것을 요구한다. 와이어트와 나에게는 최적의 환경이었다.

유아 학교에는 아이들이 모여서 한두 곡의 노래를 부르고 아름다운 이야기책을 읽고 요가와 스트레칭 같은 우아한 동작을 하는 간단한 나눔 활동 시간이 있었다. 그 후 아이들은 아름다운 천 태피스트리 위에 월, 요일, 날씨 사진을 번갈아 바꿔 가며 시간을 보냈다.

하지만 그 외의 시간에는 모든 아이가 일제히 같은 일을 하면서 책상에 앉아 있는 순간은 볼 수 없었다.

아이들은 예술 프로젝트를 수행하고 감각 종이를 번갈아 사용하고 퍼즐을 맞추고 나무 블록으로 구조물을 만들고 전통 의상을 입고 손바느질을 한 가짜 헝겊 식품을 서로 나누고 날씨와 관계없이 매일 한 번씩 바깥 놀이를 했다.

아직 홈스쿨링이 내 마음에 속삭이기 전 우연히 이런 보석 같은 유아 학교를 만나게 되어 행운으로 생각했다. 학교는 외딴 시골길에 있었고 현란하거나 탁월한 학문의 기량을 뽐내지도 않았다. 당시 나는 그런 학문성을 거의 무시했다.

하지만 나는 지금 내 마음이 얼마나 간절히 다른 학습 방법을 찾고 있었는지 알 수 있다. 내 아이에게 놀이, 자연, 음악, 책을 통해 탐구하고 발견할 자유를 주는 방법. 내 아이가 독립적이고 상호의존적인 동시에 상상 속에 자라면서 아이가 되어 가는 방법. 내 아이가 자기 속도에 따라 배우는 아름다운 기회를 즐기는 방법. 아이들은 개인으로 대우받고 자유롭게 성장하여 자기 길을 간다.

작은 유아 학교는 나를 전통적인 교육에서 영원히 멀어지게 했다.

우리는 이듬해 다른 주로 이사했다. 나는 내 아들에게 맞는 새 학교를 찾아야 했다. 이때는 선택권이 그리 많지 않았다. 결국 내 아이는 주중 4일짜리 프로그램에 등록했다.

이 학교는 걸음마 아기들을 위한 단체훈련장처럼 느껴졌다. 복장 규정이 있었고 운동장 규칙, 교육 전문가가 지도하는 체계적인 수업, 승하차의 엄격한 규칙이 있었다. 나는 실제로 내 4살 난 아이를 도시락 가방과 함께 미닫이 승합차 안으로 밀어 넣어야 했다. 적절한 이별 인사도 나눌 시간이 없었다. 그야말로 그것은 나와 내 아이에게 트라우마였다.

내 마음속에는 항상 강하게 솟구치는 감정이 있었다. 그 목소리가 나를 부드럽게 불렀다. 속삭임. 이것은 아니라고 나에게 말하는 속삭임. 나는 그것에 귀 기울이지 않았으나 제지하지도 않았다. 그저 내 마음의 조용한 공간에 그냥 자리를 잡게 했다. 내 아들은 학교에 갔다. 친구를 사귀었고 좋은 성적을 얻었다. 그리고 우리 날들은 우리에게 주어진 시간표와 시스템의

포로가 되었다.

속삭임은 점점 더 커져서 더 이상으로 무시할 수 없을 지경이 되었다. 내 안에서 열정이 솟기 시작했다. 그러던 어느 날 나는 갑자기 내 안의 목소리가 내 자신이 되는 것을 발견했다.

부름에 응답하는 사람

이런 교육을 하는 사람은 대부분 홈스쿨러가 아닐 것이다. 우리는 이런 방식으로 교육을 계획하지 않는다. 우리는 그렇게 할 수 있을지 아니면 해야 하는지조차 모른다.

우리는 훈련을 안다. 아이는 학교에 간다. 그것은 아이들이 하는 일이다. 아이들의 생활은 끊임없는 경주의 연속이다. 버스 정류장에서 다음 읽기 단계까지, 크리스마스 휴가까지, 결승선까지.

하지만 조용한 목소리가 우리를 부른다. 우리 아이들이 정말 누구인지 살피라고 우리를 채근한다. 아이들이 진정으로 바라는 자유를 주라고 우리에게 요청한다. 자기 속도로 배우고 성장하는 자유, 자기 열정을 추구하고, 가고 싶은 곳을 찾고, 일정표 없이 세계를 탐험하는 자유.

우리는 모든 답을 알 수 없다. 살금살금 의심이 다가올 때도 있다. 하지만 우리는 아이들을 안다. 우리에게 바른길이 무엇인지 안다.

나는 당신도 역시 그런 속삭임을 들었던 것을 안다. 그렇지 않았다면 이 책을 읽지 않았을 것이다.

그 속삭임은 자연이 손짓하는 부름이다. 유년기의 부름. 가족으로서 함께하는 더 많은 시간의 부름. 경이로움과 모험의 부름. "다르게 하라", "다른 사람이 되라"고 우리 마음을 뒤흔드는 부름. 그래서 우리는 여기 있다.

그 부름에 응답하는 사람들.

야성+자유의 부름.

4 여행을 떠날 채비

지난 몇 년간 나는 홈스쿨링을 어떻게 시작하는지 궁금한 사람들에게서 수천 통의 메시지를 받았다. 이런 메시지는 홈스쿨링을 잘 알지 못하며 한 번도 홈스쿨링을 생각해 본 적이 없는 현대 어머니들이 매일 빠짐없이 나에게 보내 온 것이다. 이들은 이런 학습 스타일이 가져오는 아름다움, 자유, 자연학습에 매료된 사람들이다. 이들은 아이의 미래와 유년기에서 더 많은 것을 간절히 원하는 사람들이다.

야성+자유가 되는 것이 무엇인지 그 의미를 오해하는 사람들은 항상 있기 마련이다. 그들은 야성+자유가 아무런 구조도 없이 아이들을 제멋대로 굴게 한다고 생각한다. 야성+자유가 다른 홈스쿨의 유형보다 덜 구조화된 것은 분명하다. 하지만 우리가 야성+자유의 회원이 된다면 구조화도 가능하다.

일부는 홈스쿨링은 아이들이 성공적인 성인으로 성장하는 데 충분할 만큼 견고하지 않다고 주장한다. 반대로 홈스쿨링은 아이의 내적 욕구와 타고난 학습 능력을 존중하며 오히려 전통적인 학교 시스템이 이것을 방해한다고 주장하는 사람들도 있다. 실제로 홈스쿨링은 다른 어떤 것보다 더욱 견실한 교육을 제공한다. 전체 학급의 속도에 방해받지 않고 자기 속도를 따르는 아이를 상상해 보라.

일부 사람에게는 안정감을 느낄 수 있는 시스템과 프로그램이 필요할 것이다.

이들은 준수해야 할 규정이 있어야 무엇을 성취했다고 느낀다. 이들 가족이 홈스쿨 컨벤션에 참석하여 일괄 교육과정을 한 아름 사들고 나오는 이유다. 이런 교육과정은 좋은 기회를 놓치고 싶지 않은 두려움(포모 증후군)이 전체 교육산업을 주도하기 때문에 전혀 불필요한 것이다.

전 세계의 첨단 학습이 우리 손가락 끝에서 움직인다. 독립전쟁을 배운다면 홈스쿨러인 우리는 오직 책만 읽을 필요가 없다. 실제 유적지를 방문하여 사건이 일어났던 그곳에서 역사를 체험할 수 있다. 3시까지 우리를 다시 부를 학교 종소리는 없다. 젖소 무리가 얼마나 많은 갤런의 우유를 생산할 것인지를 이론적으로 계산할 필요가 없다. 실제로 우유를 짜고 농부에게 지속 가능한 축산에 관해 물으면 될 것이다.

인터넷의 검색 엔진, 위키피디아, 칸 아카데미, 미술 박물관의 가상 여행, 온라인 과정, 그리고 무엇보다 책이 있다. 우리가 배우지 못할 것은 없다. 접속할 수 없는 정보는 없다.

아이들의 교육은 표준화 시스템과 프로그램으로 가능하게 설계되지 않았다. 오히려 그것들은 아이들의 교육을 제한할 뿐이다. 모든 교육, 최고의 사립학교와 대학에서도 학습격차가 존재한다. 그러나 이는 자격을 갖춘 전문가들이 가르친 결과이기 때문에 왠지 그런 격차는 홈스쿨러에게 더 큰 힘을 실어준다. 홈스쿨링의 유일한 격차가 있다면 아이의 호기심과 학습 욕구다.

이제 홈스쿨링을 시작하는 방법을 살펴보자.

규정과 보고

자, 이제 홈스쿨링 여행을 떠나 보자. 독일, 덴마크 등 홈스쿨링이 불법인 일부 국가들이 있다. 하지만 미국, 캐나다에서는 완전히 합법이다. 비교적 최근이지만 홈스쿨링은 영국에서 급속히 성장하고 있다. BBC에 따르면 홈스쿨링 아이들의 수는 지난 3년간 40%나 증가했다.[1]

홈스쿨링을 하려면 주 정부에 신청해야 하며 부모에게 요구하는 사항은 주별로 각각 차이가 있다. 예를 들어 캘리포니아주는 부모에게 지역 교육청의 감독 아래 활동 내용의 기록물을 요구하나 유료 이용이 가능한 협약학교의 프로그램도 제공한다.

내가 사는 버지니아주에서는 일상적인 큰 책임 없이 자유롭게 홈스쿨링을 할 수 있다. 그러나 매년 가을에 의향서를 제출하고 종교적인 면책을 받지 않고 표준화 시험을 치러야 한다.

필요한 조건을 알아보려면 지역 교육청과 접촉하라. 홈스쿨링의 의향을 교육청에 알리는 방법은 사무실로 이메일을 보내거나 전화로 절차를 알아보는 등 매우 간단하다. 주와 도시에 따라 요구사항이 조금씩 다르기는 하지만 내가 사는 지역 교육청은 홈스쿨러들에게 신청 과정을 친절히 안내하여 소상히 알려 준다.

이 외에도 대부분 주에는 홈스쿨링 협회가 있어서 지역의 요구사항을 이해하도록 돕는다. 지역 협회와 연락을 취하거나 거주지역의 다른 홈스쿨러에게 문의하는 방법도 이용할 수 있다.

홈스쿨링 법률방위협회는 비영리단체이며 아이의 양육과 교육을 안내하고 가족의 자유를 보호하는 부모의 헌법상 권리를 방어하기 위해 1983년에 설립했다. HSLDA.org는 법률 조언과 정보를 제공하고 50개 주의 요구사항과 필요한 서류를 알려주는 자료 공급처다. 모든 법적 규정에 겁먹을 필요 없다. 협회는 홈스쿨링 가족의 권리를 지키는 한편 우리에게 정보를 제공할 목적으로 존재한다.

내가 처음 홈스쿨링을 시작할 때 학기 중에 내 아이를 공립학교에서 데리고 나오면서 죄책감을 느꼈다. 나는 낯선 사람들이 내 아이를 무단결석자로 고발할까 봐 우려되었다. 하지만 홈스쿨링은 이제 주류 규범이 되었기 때문에 대부분 사람은 이 점을 잘 알고 있다.

반대자들은 홈스쿨링의 장점에 대한 명확한 근거를 밝히는 우리 연설을 반대급부로 받았다. 이 때문에 그들은 침묵하는 법을 배웠으나 대부분 사람의 질문을 들어보면 실제로 홈스쿨링에 매력을 느끼는 것을 알 수 있다.

이는 마치 다단계 판매원에게 온라인 사업으로 어떻게 경제적으로 자유로운 인생을 누리게 되었는지 묻는 것과 같다. 실제로 거기서 일하고 싶어 하는 사람은 없다.

우리 DNA에 대결 의식이 없다면 우리는 낯선 사람이나 불만에 찬 가족들에게도 대답할 책임이 없는 점을 알아야 한다. 나는 우리가 당황스러운 대화에 빠질 때마다 뒷주머니에서 꺼내 볼 수 있는 답안작성을 권유한다. 가능하면 짧고 간결하게 작성하라. 주제를 바꿔라. 다음과 같이 해 보라. "홈스쿨링은 모든 사람을 위한 것이 아니지만 우리에게는 궁합이 잘 맞습니다. 좋은 시간 보내십시오."

복합 연령대의 아이들 가르치기

대부분의 홈스쿨링 맘은 넘어야 할 큰 장애물 중 하나로 복합연령 아이들을 가르치는 문제를 꼽는다. 그럴 필요가 없다. 언어, 과학, 역사와 같은 교과는 가족의 관심일 수 있다. 로봇이든 브라질의 열대 우림이든 3학년이 관심을 가질 수 없거나 관심이 없는 것을 5학년이 배우는 일은 없다. 원룸 학교 시절에 한 교실에 모여 함께 책을 읽고 시를 낭송하고 역사를 배웠던 것은 나이와 교과를 연결하는 훌륭한 방법이었다.

다양한 연령대의 아이들이 함께 배우는 훌륭한 예는 '아침 시간'이라는 방법이다. 이 시간이 되면 모든 아이가 한자리에 모여 책을 낭독하고 게임하고 구절을 암기하고 공예를 배우거나 노래를 부른다. 아침 시간은 10분에서 2시간까지 계속되며 관계를 돈독히 하고 매일 언어, 역사, 다른 교과를 공부하는 실제적 방법이다.

많은 가정에는 아침 시간에 사용하는 수많은 책과 자료가 담긴 바구니가 있다. 바구니에는 지금 읽고 있는 책, 수공예 재료, 퍼즐, 게임, 종이, 크레용, 그 밖에 우리가 포함하는 것들이 들어 있다.

어린아이의 주의집중 시간이 더 짧아질 경우, 당신이 소리를 내서 책을 읽는 동안 아이들이 그림을 그리거나 놀게 하라. 큰아이들도 종종 손으로 뭔가 하기를 좋아한다. 그런데도 아이들이 자리를 지키지 못하면 이는 미성숙의 징후가 아니다. 실제로 움직임은 뇌 학습 방법일 수 있다.

나는 부모로서 우리의 두려움은 아이들이 분주히 손을 움직이면 아이들의 정신이 흐트러진다는 걱정에서 비롯된다고 생각한다. 그러나 연구는 정반대로 말한다. 많은 연구 결과는 사람의 손이 분주하거나 신체가 움직이면 기억력은 더 높아지고 불안감은 더 낮아지는 것을 보여준다.

내 두 아이는 낭독하면 집중해서 듣는다. 하지만 9살인 코디는 내내 꼼지락거리고 뭔가 만들고 주변을 돌아다닌다. 그는 방을 들락거리다가 한참 후에 아무렇지도 않은 듯이 태연하게 다시 돌아온다.

그럴 때면 코디를 자리에 앉히고 놀이를 중단시키고 주의집중을 하게 할 때도 있다. 그러나 그는 실제로 내가 읽고 있는 내용을 잘 알고 있다. 딴짓하는 것처럼 보일지라도 코디는 모두 듣고 있다. 내가 읽어 준 이야기 중 기억하는 것을 말해 보라고 물으면 코디는 종종 두 형이 기억할 수 없는 내용을 상세히 회상해 가면서 가장 먼저 대답한다.

글쓰기와 수학과 같은 교과의 해결은 전 가족의 문제일 수 있다. 때때로 식탁 주변에 모여 앉아 한 교과에 집중하면 큰아이들은 스스로 할 수 있으며 지원이 필요하면 곁에 있는 당신의 조력을 받을 수 있다. 우리는 어린아이들과 숫자놀이를 하고 연습문제를 풀거나 교묘한 방법을 이용하여 문제를 해결하는 등 조력할 수 있다.

복합연령의 아이들과 함께 배우는 삶은 홈스쿨링 맘과 아이 모두에게 축복이다. 그러므로 그것을 두려워하지 마라. 자신의 환경을 잘 이용하고 가능한 한 모든 사람이 한자리에 모이는 방법을 찾아라. 걸음마 아이의 참여는 가장 어려운 일일 수 있다. 일상은 방해의 연속이며 점차 익숙해질 것이다. 하지만 시도가 가능한 몇 가지 방법이 있다.

첫째, 더 큰 아이들은 수학, 자판, 키보드 작업이나 온라인 프로그램과 같은 특정 교과에 자기 주도적으로 학습할 수 있도록 독려하라. 감당할 수 있는 결과를 달성하기 위해 함께 노력하라. 물론 우리가 도와주면 스스로 할 준비가 되어 있는지 아이들에게 물어라. 교육과정을 이용한다면 아이들이 매일 완성할 과제가 무엇인지 살펴라. 아이들의 나이와 우리 스타일에 의존하면서 아이들이 과제를 마치면 모두 함께 놀 수 있는 게임을 하거나 자기 관심을 추구하게 하라. 어린아이들을 이런 방식으로 보살피면 더 큰 아이들은 자기 시간에 할 일이 무엇인지 정확히 알 것이다. 자유를 주게 되면 아이들은 자기만의 창의적인 노력에 앞서 세세한 안내를 받을 필요가 없을 것이다.

물론 어떤 아이들은 다른 아이보다 이런 일을 더 잘할 수 있다. 9살짜리에게 13살짜리 아이와 같은 자기 주도적 능력을 기대할 수 없다. 아이들은 동반자와 함께 활동하면 경험을 통해 더 잘 배우는 것을 알 수 있다. 이는

낭독 시 할 수 있는 효과적인 활동

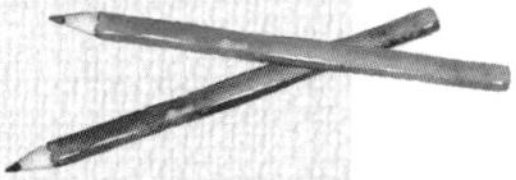

- 손뜨개질과 같은 쉬운 공예
- 찰흙이나 조각에 사용하는 밀랍
- 나무 벽돌, 문자, 목각 인형
- 퍼즐, 자석 막대나 분류하는 게임
- 작은 레고 통(책을 읽으려 할 때 아이가 레고를 뒤지는 소리가 스트레스를 유발하여 레고를 쏟고 싶게 만들 수 있기 때문에 레고통은 작아야 한다. 나를 믿어라).
- 색연필과 종이
- 조개껍데기, 돌, 꽃 등 여러 가지 자연물을 만드는 지점토
- 계량컵과 동물, 피규어용 수정토
- 수채물감

흥미진진하고 재미있는 학습을 계속 유지한다. 결과적으로 이 점은 바로 우리가 홈스쿨링을 하는 이유다. 자기 주도적 학습개념은 놀랍고 종종 필요하다고 생각한다. 하지만 아이들을 동반자가 전혀 없는 상황으로 몰아가는 것이 목적이 되어서는 안 된다. 이는 항상 아이들에게 재미있는 것이 아니며 오히려 학습의 욕구를 사라지게 할 수 있다.

둘째, 어린아이들이 큰아이들과 파트너가 되고 싶어 하는 비슷한 활동을 찾아라. 큰아이들이 혼자 책을 읽고 있다면 어린아이들은 그림책을 주어 훑어볼 수 있게 하라. 큰아이가 수학 공부를 하고 있다면 어린아이는 물건을 세도록 하라.

끝으로 어린아이가 낮잠을 자거나 상상 놀이에 몰두하거나 할머니와 놀 때처럼 우리가 아무런 방해도 받지 않고 큰아이에게만 매달릴 수 있다면 그런 시간을 집중적으로 이용하라. 저녁과 주말을 잊지 마라. 공부는 월요일부터 금요일까지 끝내야 한다고 말하는 사람은 없다.

지금은 삶이 잠깐 스쳐 지나가는 짧은 계절이고 오래 지속되지 않을 것이다. 우리는 가장 유리한 장소와 시간에 가르칠 수 있다. 야성+자유가 되는 것은 삶과 학습의 가족 문화를 창조하는 일이다.

교육과정의 선택

교육과정을 묻기 전에 우리만의 독특한 홈스쿨링 방법을 찾는 것이 좋다. 부모와 아이들은 모두 각각 다른 방식으로 세계에 접근한다. 일부 아이들은 구조화된 환경을 좋아한다. 다른 아이들은 덜 구조화된 환경을 더 좋아한다. 일부 부모는 하이킹, 자연 일기와 같은 신체활동에서 더 좋은 교사가 될 수 있다. 다른 부모는 독서와 독서클럽 운영자로서 더 훌륭한 교사가 될 수 있다.

가족에게 맞지 않은 방법을 억지로 사용하면 의미가 없다. 우리는 좌절하고 아이들은 이것을 사실로 받아들일 것이다. 홈스쿨링은 우리나 아이들 둘 모두에게 제대로 기능하기 힘들 것이다. 효과가 없는 것을 종료할 권한이 필요할 경우 우리는 바로 권한을 행사할 수 있다. 다른 접근 방식을 시도해도 되는지 궁금하다면 이런 권한을 생각하라.

내 셋째 아들인 코니는 내 기억에 바이올린 연주를 하고 싶어 했다. 코니는 난독증이 있다. 나는 바이올린이 난독증 아이의 특별한 마음을 수련하는 데 좋은 악기라는 말을 들었다. 하지만 악기를 함부로 다루다가 나중에 망가뜨릴 우려가 있어서 일단 코니가 조금 더 자랄 때까지 기다려 보기로 했다. 코디의 욕구는 사라지지 않았다. 올해 초 우리는 그를 깜짝 놀라게 해 주기로 했다. 비가 내리는 화요일 아침에 우리는 코디를 작고 아늑한 바이올린 가게로 데려갔다. 이 가게에서 요단 포포프(Yordan Popov)라는 유명한 장인이 코디에게 꼭 맞는 바이올린을 골라 주었다. 우리는 우리가 가장 좋아하는 패밀리 밴드와 우연히 같은 마을에 사는 것을 알았다. 헌트(Hunt)와 바이올린 연주자인 제니 다우링(Jenni Dowling)은 코디를 자기 학생으로 받아 주었다.

몇 주간 수업은 순조롭게 잘 진행되었다. 그런데 갑자기 코디가 연습을 중단했다. 그는 악기를 깨끗이 닦아 상자에 넣고 다시 꺼내기만 할 뿐 연주하지 않았다. 내 남편 벤은 코디가 다른 아이들보다 더 잘 짜인 구조가 필요한지 의심했다. 벤은 마이크로소프트 엑셀로 연습 일정을 만들어 코디가 그것에 따라서 연습하도록 출력해 주었다.

아니나 다를까 코디는 목록에 있는 연습 시간의 확인을 좋아했다. 그는 하루에 두 번, 세 번씩이나 연습하고 계속 표시해 두었다. 알고 보니 그의 연약하고 상냥한 마음은 책임감 없는 일정 처리를 허용하지 않았다. 일정대로 하는 일은 나에게 감옥처럼 느껴지지만, 구조화된 아이들에게는 자유와 성취를 나타낸다. 참 이해하기 힘들었다.

이런 일이 생길 때면 홈스쿨링에는 수많은 방법이 있다고 생각하게 된다. 우리는 이런 방법을 연결하여 각각에 맞게 조금씩 통합해 갈 수 있다. 우리 스타일을 아는 데는 상당한 시간이 걸리지만 우리의 독특한 방식을 이해하고 나면 더 풍성한 학습 환경을 구축할 것이다. 하지만 기억하라, 우리만 그런 것은 아니다.

많은 부모는 아이가 아닌 자신이 개인적으로 얼마나 독특한 존재인지 생각한다. 가르치는 방법에서 느끼는 열정도 중요하나 아이들이 어떻게 배울지 고려하는 것도 못지않게 중요하다. 아이가 배우는 방법을 이해하게 되면 프로젝트 기반, 문해 중심, 실습, 시각, 통합 방법의 수업을 창출할 수 있다.

자신에게 던지는 질문

1. 나는 더 구조화되거나 덜 구조화된 학습 환경을 원하는가? 내 아이는 어떤가?
2. 내 아이들은 자연환경에서 더 잘 배우는가 아니면 실내 환경에서 더 잘 배우는가?
3. 나는 문해를 모든 교육의 근원으로 소중히 여기는가?
4. 나는 교육 도구로써 놀이의 가치를 믿는가?
5. 나는 스크린이 아이들에게 좋은 것이라고 생각하는가 아니면 나쁜 것이라고 생각하는가?
6. 내 아이들이 손을 사용하여 프로젝트를 수행한다면 더 잘 배우겠는가?
7. 아니면 아이들은 책과 펜을 손에 쥐고 조용히 공부하기를 좋아하는가?
8. 내 아이들은 모든 형식적 수업을 거부하는가, 아니면 종종 연습문제집도 좋아하는가?

이런 질문은 다양한 방식과 교육과정을 고려할 때 도움이 된다. 하지만 대부분의 진실한 답은 아이들과 씨름하며 참호에서 보낸 시간과, 우리가 실천하며 이해하는 과정에서 얻어낼 것이다. 이윽고 우리는 어떤 홈스쿨링 방법이 우리 가족에게 가장 효과적인지 어떤 교육과정이 잘 맞는지 알 수 있을 것이다. 그렇게 되면 더 건전하고 더 행복한 홈스쿨을 향해 갈 수 있을 것이다.

일상 확립

아직 아이가 어리지만 홈스쿨링을 생각한다면 아이가 '학교에 가기' 전에 일상을 확립해도 문제가 되지 않을 것이다. 홈스쿨링은 처음부터 어린 아이와 우리의 관계가 성장하는 유기적 과정이다.

음식 만들기, 자연 산책, 예술 프로젝트, 함께 책 읽기 등 우리가 소중히 여기는 활동을 포함하는 일상 리듬을 도입하게 되면 아이들의 학습 여행에 개입하는 근거를 마련하게 될 것이다. 여느 부모-자식의 관계와 마찬가지로 분명히 우리는 힘든 시간을 맞게 될 것이다. 하지만 다른 문제처럼 이런 일을 잘 해결해 나갈 것이다.

아이를 전통적인 학교에서 집으로 데리고 나오는 일은 많은 부모가 두려워하는 다른 변화를 초래한다. 아이들은 대부분 '탈학교'라는 일정한 시간이 필요하다.

탈학교는 아이들이 둘러앉아 비디오 게임을 하거나 무엇이든지 원하는 것을 하도록 허용하는 시간이 아니다. 오히려 그것은 형식적 수업을 시작하고 아이들의 어린 시절에 그랬던 것처럼 학습에 대한 사랑을 재발견할 기회를 주는 의도적인 시간이다. 세상 밖의 모험, 박물관 방문, 예술 프로젝트 수행, 좋은 책 읽기 등을 통해 아이와 함께 아이의 가슴과 마음에 잠재하는 열정을 발견할 수 있다. 아이는 생기를 되찾아 다시 살아나기 시작한다.

홈스쿨링은 본질상 양육의 연장이다. 홈스쿨링은 아이에게서 최상의 것을 끌어내지만 역시 최악의 것을 드러낼 수 있다. 그야말로 이것은 한 지붕 아래서 사는 달갑지 않은 면이다. 좋은 소식은 아이들이 매우 좋은 개성을 형성할 수 있고 우리와 아이의 관계에서 성공적인 열매를 맺는다는 사실이다.

형식적 수업을 시작하게 되면 아이가 일상에 안주하게 할 효과적인 시스템이 필요하게 된다. 모든 전략이 모든 아이에게 모두 효과적인 것은 아니다. 일부 아이는 약간의 언어적 지도가 요구되는 반면 다른 아이들은 수업을 시작하기 전 노래나 말하기 등 주의집중을 유도할 의식이 필요할 것이다. 일부는 과제에 집중하기 위한 10분간의 개인 시간이 필요할 것이다. 큰 아이들이나 10대들과 이제 막 홈스쿨을 시작하려고 한다면 그들에게 일정표 작성을 요청하여 조력하게 하라. 우리와 그들 모두에게 효과적인 리듬을 발견하기 위해 서로 협력하라.

우리 홈스쿨은 집에서 학교 공부가 아닌 함께하는 삶을 배우는 것이다.

당신의 공동체를 찾아라

이런 일을 혼자 하는 사람은 없다. 홈스쿨링은 아이들을 새로운 세계에 노출하여 무한한 교육의 가능성을 제공한다. 우리는 가족으로서 더 친밀하게 결속하고 아이들에게 각각 최고의 친구가 될 것이다. 무엇보다도 단순한 일정, 느긋한 속도, 의무감 없는 삶이 좋아질 것이다. 하지만 모든 사람이 내내 한 집에 사는 생활은 힘든 날이 오면 누구든지 낙담에 빠지는 고립감을 초래한다. 우리는 이런 여행을 함께할 친구 공동체가 필요하다. 엄마는 엄마 친구가 필요하고 아이들은 그들을 이해할 동료가 필요하다.

나는 협회, 자연단체, 유료수업, 심지어 엄마의 밤 외출 모임에 관여한다. 휴가철과 혼자 즐기는 시간으로 인해 그것을 모두 건너뛴 달도 있었지만 나는 홈스쿨링 생활에서 그런 풍성함과 기쁨을 나누는 관계를 소중히 여긴다.

나는 내 친구 한나(Hannah)와 두 집 중 한 집에서 만나 아이들이 뒷마당에서 노는 동안 수프를 끓이고 새콤달콤한 빵을 굽는 걸 좋아한다. 친구 카티에(Katie)와는 두 가족이 주말 저녁에 해변에서 만나 소풍 만찬과 축구를 즐긴다. 친구 폴라(Paula)는 종종 나를 자기 집으로 초대해서, 하루 종일 호수에서 함께 수상 스포츠를 즐긴다. 나는 우리 야성+자유 단체가 주최하는 자연 하이킹, 독서클럽, 연중 열리는 수공예 전시회를 좋아한다.

홈스쿨링을 즐거운 경험으로 만드느냐, 힘든 경험으로 만드느냐는 이러한 주말 모임이나 아유회 같은 공동체를 찾는 데 달려 있다.

나는 모든 홈스쿨링 가족과 공감하지 못한 점을 고백한다. 종종 그들과 내 가치관이 크게 다르거나 그들과 내 방법을 연결할 수 없었다. 야성+자유가 나에게 개인적인 축복이었던 이유는 바로 이 점 때문이었다. 야성+자유는 우리가 소중히 여기는 가치에 통용어를 제공하여 하나로 뭉치게 했다. 우리 생활방식이 "집에서 하는 학교 교육"보다 훨씬 더 좋을 수 있다고 믿게 했다.

지난 몇 년간 우리는 지역 공동체와 충분한 소통을 하지 못했다. 하지만 야성+자유 덕분에 내가 전화하거나 문자를 보낼 수 있는 친구들이 전국에 있고 종종 방문까지 한다. 내가 사랑하는 친구 중 일부는 수백 마일 떨어진 곳에 살고 있다.

나는 최근 인스타그램에 글을 올린 야성+자유의 맘인 니키 무어(Nikki Moore)의 이야기를 좋아한다. 다음은 니키의 글이다. "2년 전 우리는 아이의 미래 교육 문제를 놓고 대화를 했다. 내 아이들이 나를 압도하고 힘들게 하고 분통이 터지게 했던 홈스쿨링의 개념. 하지만 내 딸 실라(Sila)는 전통적인 학교 환경에서 잘 성장할 수 없다는 것을 알았다. 그래서 아이를 집에서 가르치기로 했다. 우리는 이듬해에 홈스쿨링을 하리라 마음먹고 다시 고심했다. 나는 몇 가지 다른 홈스쿨링 '스타일'과 지역 단체를 조사했으나 실라의 욕구에 적합한 방법을 찾을 수 없었다. 비록 나 자신이 홈스쿨링을 했을지라도 홈스쿨링이 어떤 점에서 우리 가족에게 좋을지 확신이 서지 않았다. 그 해 어느 날 나는 야성+자유 홈스쿨링 공동체를 우연히 알게 되었다. 그것은 마치 내 마음에서 일어난 혁명처럼 느껴졌다. 야성+자유에서 내가 손에 쥘 수 있는 모든 자료를 읽고 귀담아서 들었다. 내 상상력의 날개에 불꽃이 튀었다. 나는 교육이 어떠할지 상상하기 시작했다. 교육이 단조롭게 느껴지지 않았다. 홈스쿨링에 관한 내 마음의 그림은 '집에서 학교교육을 복원하는 것'에서 더 깊고 넓은 것으로 바뀌었다. 경이로움, 모험, 자유가 함께하는 최고의 교육. 처음으로 나는 내 아이가 필요로 하는 교사가 될 수 있다는 자신감을 느꼈다. 나는 '내 사람'을 찾았다."[2]

용감하라

홈스쿨링을 잘 안다며 자신 있게 시작한 사람을 보지 못했다. 오랜 시간 동안 홈스쿨링을 해온 베테랑이 홈스쿨링을 제대로 했다고 말하는 것을 보지 못했다.

아이 교육이라는 이 중대한 노력을 하는 사람이라면 모두 숨죽이며 성호를 긋고 기적을 바라며 기도할 것이다.

우리가 하는 일을 결행하려면 용기가 필요하다.

홈스쿨링의 고통이 우리 열정을 압도할 때가 있다.

어느 시점이 오면 우리는 모두 "도대체 왜 내가 이 일을 해야 하는가?"라고 자문하는 날이 온다. 낯선 사람이 식품 가게에서 내 아이에게 많은 질문을 쏟아낼 때. 조부모님이나 부모님이 결코 아이를 학교에 보내는 것이 늦지 않았다고 재촉할 때. 아이들이 미치도록 힘들게 하거나 아이들이 말다툼을 계속하여 참다 못해 아이를 다시 학교에 보내겠다고 위협할 때. 혹은 뭔가 잘못해서 홈스쿨링에 우리가 실패하고 있다는 생각이 들 때.

하지만 우리가 이렇게까지 하는 이유를 말로 설명하기란 쉽지 않다. 조용한 속삭임 소리가 들린다. 유년기를 보존하고 아이들과 더 많은 시간을 함께 보내는 선물을 주라고 요청하고 아이들을 다른 길로 인도하라고 손짓하며 우리를 부른다.

많은 사람은 아마 지금부터 5년이나 심지어 1년 이내에 홈스쿨링을 시작하지 않을 것이다. 더 천천히 더 의도적으로 출발하는 유년기를 아이들에게 선물하는 것이 우리 목적이다. 시간이 지나면 아이들은 다른 길을 선택할 것이다. 그것만으로도 충분하다. 우리는 항상 진심에 따라 우리 가족 특히 아이들에게 가장 좋을 것으로 생각되는 일을 해야 한다. 이런 일에는 용기가 필요하다.

하지만 사람들은 변함없이 관행에 따를 것이다. 이윽고 우리는 이 길이 아이의 어린 시절이 아닌 평생 자기 관심을 추구하는 길이라는 사실을 깨닫게 될 것이다. 종소리가 아닌 삶에 반응하고 자기 열정을 추구하며 완성이 아닌 목적에 기반하는 삶.

이유가 무엇이든 우리는 부름을 듣고 응답했기 때문에 이 책을 읽고 있다. 우리는 유년기야말로 놀이와 탐험을 통해 경이로움, 창의성, 발견을 촉진한다고 믿는다. 아이들은 강요가 아니라 원하기 때문에 배운다고 믿는다. 아이들은 자기 속도에 따라 배워야 한다고 믿는다.

무릎이 후들거릴 수 있다. 목소리가 떨릴 수 있다. 벼랑 끝에 서 있다는 불안한 느낌이 들 수 있다. 하지만 아니다. 전 세계에서, 우리나라에서, 우리가 사는 길거리까지, 먼 곳에서 날마다 아이 교육에 헌신하며 역사의 물꼬를 바꾸려는, 우리가 모르는 우리와 같은 엄마들이 있다.

최근에 우리에게 말해 준 사람이 없어도 우리는 놀라운 일을 하고 있다. 마음을 단련하고 음식을 만들고 책을 읽고 수학을 가르치고 아기를 돌보고 과학실험을 하고 모험하고 영감을 얻는 모든 시간은 결코 낭비가 아니다. 회의감이 들 때마다 이 사실을 기억하라. 특별한 삶은 풍성한 유년기의 평범한 순간에서 나온다.

내가 아이였을 때 나는 매우 내성적이었다. 거의 말이 없었다. 그냥 군중 속에 숨고 싶었다. 사람들 앞에 서면 토할 것 같았고 지금도 여전하다.

하지만 3학년 때 선생님이 나를 알아보고 내 이름인 아인슬리(Ainsley)는 용감한 사람을 의미한다고 말해 주었다. 나는 그 발음이 싫었다. 아니 그 뜻도 싫었다.

나는 매일 창피함을 꾹 참고 학교에 갔다. 출석을 부를 때마다 일어서서 '용감한 사람'이라고 말해야 했다. 나는 생각했다. "왜 내 이름은 공주를 뜻하는 사라나 신의 선물을 뜻하는 제니가 아닐까?"

수년이 지난 후 나는 내 이름의 진짜 의미가 '나만의 초원'이라는 걸 알았다. 모든 세대의 인명록을 구하여 내 이름이 정말 용감한 사람을 의미하는지 샅샅이 뒤졌다. 그런 뜻은 없었다.

선생님은 나에게 거짓말을 했다.

하지만 묘책이었다. 나는 평생 용감해야 한다고 생각했다. 지금도 고통스러울 때는 평안함이 아닌 용감함을 선택한다.

지금 잠시 당신 이름의 뜻을 말해 주고 싶다.

당신 이름은 용감함을 의미한다.

(내 말만 믿고 나중에 찾아보지 마라.)

거울을 볼 때 이 말을 기억하라, 용감한 사람.

지금부터 한 달이나 일 년 후 홈스쿨링이 벽에 부딪혀 계속할지 궁금해지면 속삭임을 듣게 될 것이다. 용감한 사람. 비웃더라도 무시해라, 하지만 나를 믿어라, 이런 말이 당신에게서 떠나지 않을 것이다.

이후로 당신의 이름은 용감한 사람을 뜻한다.

사랑하는 사람이여 용기를 내라.

당신은 용감하다. 부디 잊지 마라.

5 야성+자유의 길

야성+자유는 2014년에 인스타그램 계정에서 시작했다. 이전에 내 개인 계정으로 홈스쿨링의 글을 올릴 때마다 나는 의외로 높은 반응에 놀랐다. 다섯 명의 아이를 홈스쿨링하며 사진 기술도 형편없는 엄마에게서는 기대하기 힘든 반응이었다.

아마 사람들은 대단한 소동이 일어날 뻔했다고 말할 것이다.

뭐랄까, 퍽 재미있거나 당황할 만한 글은 아니었다. 오후 독서 시간에 그냥 평범하게 보이는 우리 집 뒷마당에서 담요를 깔고 차를 마시거나 근처 주립 공원에서 자연 탐사하는 도보여행 사진이었다. 하지만 이 글의 뭔가가 많은 엄마의 공감을 불러왔다.

한 친구의 제안에 따라 공식적인 야성+자유의 인스타그램을 시작했다. 나머지는 굳이 말할 필요가 없을 것 같다. 이 계정은 내 상상보다 훨씬 더 빠른 속도로 성장했고 매주 계속 놀라운 속도로 성장하고 있다. 나는 야성+자유를 세상에 탄생시킨 공동체 성원에게 더 없이 감사한다. 야성+자유는 아이들의 유년기를 탈환할 수 있고 교육은 주류 문화와 다를 수 있다고 믿는 부모들과 도우미들이 설립한 공동체다.

매년 크리스마스 햄을 준비하며 먼저 끝을 잘라내는 여성의 이야기를 들은 적이 있는가? 남편과 아이들은 이 여성이 매년 이런 의식을 반복하는 것을 보았다. 결국 그들이 그렇게 하는 이유를 묻자 어머니가 그렇게 하라고 가르쳤다고 말했다. 그녀도 이유를 몰랐다. 그들은 할머니에게 그 이유를 물었다. 하지만 할머니도 이유를 말할 수 없었다. 이 여성의 어머니도 수년간 그렇게 해 왔다. 이윽고 그들은 이 의식의 원조인 증조할머니를 찾아갔다. 증조할머니의 대답은 간단했다. 솥에 넣기에 햄이 너무 컸다는 것이다.

우리는, 교육은 세대를 이어서 특정 방식으로 이행되어야 하고 이유를 모를지라도 홈스쿨링은 거부해야 한다고 믿도록 조건화되었다. 산업혁명은 끝났다. 생산공장 라인의 교육은 이미 비효율적인 사실이 드러났다. 그런데도 우리는 같은 방식의 교육을 중단하지 못하고 있다. 우리는 더 이상으로 존재하지 않는 영향력을 두려워하며 획일화 시대에 만들어진 시스템에 순응하라는 압박을 받고 있다.

홈스쿨링은 교육의 이류 버전이 아니다. 공교육을 싫어하는 사람의 B안도 아니다. 이데올로기의 망명지를 찾는 가족들의 파리코뮌도 아니다. 더 느리고 더 의도적인 방법을 소망하며 아이들이 평생 열정적인 학습자가 되기를 바라는 깨어 있는 부모의 선택이다.

우리는 집 안에 교실을 복원하는 홈스쿨링을 하지 않는다. 우리는 세계를 우리 교실로 만들어 학교 교실보다 더 많은 것을 배워 전통적인 교육기관을 뛰어넘기 위해서 홈스쿨링을 한다.

홈스쿨링은 거름과 같다. 거름을 한곳에 모아두면 냄새가 진동한다. 하지만 이웃, 숲, 들판에 뿌리면 세계를 비옥하게 만든다.

야생으로 돌아가자

내 성장 과정을 생각해 보면 여름날의 기억이 꼬리를 물고 떠오른다. 이웃과 인근 공원을 자유롭게 돌아다니던 일, 진흙탕에서 놀던 일, 자전거 타던 일, 반딧불이를 잡기 위해 밤늦게까지 기다리던 일. 우리는 그렇지 않았는가? 물론 나는 밤샘 파티, 피자가게, 학교 프로젝트의 기억도 있지만 가장 잊을 수 없는 순간, 평생 나를 기억하게 하는 순간은 야외에서 왔다.

유년기에 무슨 일이 있었는가?

우리는 에어컨, 안전 점검, 감독과 보호 환경, 벌레 물림 방지, 까진 무릎, 햇볕에 탄 얼굴, 땀에 흠뻑 젖은 이마를 실내로 가져왔다. 모험을 비디오 게임과 가상 현실의 상상력과 바꾸었다. 홀로 탐험하던 시절은 다 사라졌다.

최근 토요일에 남편과 나는 아이들과 함께 조용한 오전 시간을 보냈다. 우리는 어렸을 때 늘 하던 것처럼 아이들을 공원으로 데려갔다. 우리는 아이들이 노는 동안 벤치에 앉아서 커피를 마시며 세상 이야기를 했다. 아이들은 운동장의 인공 놀이기구에서 놀지 않고 수련잎, 백합, 황소개구리로 가득 찬 연못 근처의 자연석을 탐험했다. 그곳에는 금지 팻말이 없었으나 일부 부모들은 못마땅한 표정으로 우리 쪽을 주시했다.

언제부터 유년기는 실내 활동으로 보내게 되었는가?

언제부터 유년기의 환경을 인공적으로 만들어야 했는가?

야성+자유의 부름은 야생지로 돌아가라고 우리에게 손짓하는 자연의 소환이다. 야외로 나가면 아이들은 생기가 되살아난다. 야외는 정신을 일깨우고 마음을 맑게 하여 깊은 영혼에 빠지게 한다. 학업의 포기가 아니라 심화다.

자연은 아이들이 학습하는 방법을 학습하는 장소다.

아이들은 처음에 이 이상하고 새로운 환경에 망설일 것이다. 그들은 자연 산책의 지루함을 원망하거나 숲속 탐험, 모기 물리기, 더러워진 신발에 못마땅해하며 투덜거릴 것이다. 나는 1980년대 고전 영화 고니즈(Goonies)에 나오는 청크(Chunk)를 생각한다. 그는 내내 숲속을 기어 다니며 어둠 속에 혼자 남겨져 있었다. 그는 스스로 용기를 내라고 말한다. "나는 어둠 속에서 혼자가 아니다. 나는 어둠을 좋아한다. 나는 어둠을 사랑한다. 하지만 자연은 싫다. 정말 자연이 싫다!"

하지만 시간을 좀 줘라. 야생은 우리의 헌신을 외면하지 않는다. 우리가 문명으로 돌아가려고 열망하는 무심한 행인이 아니라는 점을 확인한 후에야 야생은 우리에게 뭔가를 보여줄 것이다. 자연은 돼지에게 진주를 던져주지 않는다.

야성+자유의 친구이며 팔로워인 조디 모카비(Jodi Mockabee)는 아이들과 자연에서 놀라운 경험을 했다. 조디는 다음과 같이 말했다. "나는 수개월 전 썰물이 일 때 일어났던 상황을 생생히 기억한다. 우리가 도착했을 때는 생명체를 발견할 절호의 시간이었지만 뭘 찾기에는 어려운 점이 있었다. 내 아들 에버렛(Everett)은 앉아서 기다리자고 말했다. 그는 우리 신발이 생물의 집을 진동시키면 바다 생물이 숨기 위해서 엄폐물을 찾을 것이라고 말했다.

"아니나 다를까 몇 분간 조용히 기다렸더니 게가 밖으로 나오고, 말미잘이 입을 벌렸다. 웅덩이는 선명한 색을 띠었다. 3분 전과는 완전히 다른 색깔이었다. 아이들이 오랜 시간 밖에 나가 있으면 창의적인 과정을 준비하는 인내심이 길러진다. 이 인내심은 천천히 신중히 방법을 결정하여 더 높은 수준의 평온함을 가져온다. 아이들이 집에서 지루해하거나 자기 과제에 분투하면 자유를 주어 밖으로 내보낸다. 수 시간 후 그들은 상쾌한 기분으로 돌아와서 집중할 준비를 한다. 자연은 우리 안에 평온함과 인내심을 가져다준다. 용기를 북돋아 일상적인 일을 더 효율적으로 처리하게 한다."

진정한 놀이는 계획한 놀이 영역이 아닌 숲, 개울, 들판과 모래 해변에서 일어난다. 진정한 모험, 흥미진진한 야생, 위험한 기회로 가득 찬 영감을 주는 장소. 아이들은 이런 경험을 통해 자기 도전 거리를 만들고 자기 게임을 구성하고 자기 행동에 책임을 다하면서 배운다. 아이들은 결코 교실이 가르치지 않은 것을 자연에서 배운다. 아이들은 삶의 방식을 배운다.

자유가 필요하다

교육은 능력주의를 표방한다. 우리는 우리가 얻은 결과에 따라 정당성을 증명한다. 아이가 제도상의 규정과 다른 것을 원한다면 그것을 추구할 자유가 필요할 것이다. 나는 우리 공동체의 수많은 아이에게 표준화된 교육이 필요한 이유를 이해한다. 하지만 우리 아이를 독특한 재능, 능력, 경향성을 가지고 태어난 개인으로 본다면 교육은 마땅히 맞춤식이 되어야 한다.

좋은 소식은 독일, 그리스, 덴마크를 제외한 전 세계와 미국에서는 아이의 교육을 선택할 자유를 보장한다는 사실이다.

우리에게는 교육과정의 자유가 있다. 교육과정을 사용하지 않을 자유. 전일제로 여행할 자유. 교실을 복원할 자유. 홈스쿨링을 선택할 자유. 예전에 없는 방법으로 홈스쿨을 할 자유. 홈스쿨링을 우선할 자유. 아이에게 맞지 않으면 중퇴시킬 자유. 이런 자유는 교육 기회의 축소가 아닌 확장이다.

아이의 자유는 어떤가? 아이들이 자전거를 타고 동네를 돌고 두려움 없이 집 뒤의 숲을 탐험하거나 뒷마당에서 상상에 잠기던 시절은 사라졌다. 내 독립심은 단지 인성의 특성이 아닌 어린 시절의 풍성한 자유의 결과라고 믿는다. 현대 사회의 아이들은 놀고, 탐험하고, 자기 관심을 추구하고, 자기 속도대로 배울 기회가 거의 없다. 이런 자유 부재는 아이들의 학습 능력을 방해할 뿐 아니라 발달에도 해로운 영향을 준다.

보스턴 대학의 교수이며 유명 심리학 교과서 저자인 피터 그레이는 교육의 생물학적 기초를 연구했다. 그는 자신의 저서, **언스쿨링**(Free to Learn)에서 다음과 같이 말했다. "자유 놀이의 부족은 음식, 물, 공기 결핍처럼 몸을 죽일 뿐 아니라 마음과 정신의 성장을 방해한다. 자유 놀이는 아이들이 친구를 사귀고 두려움을 극복하고 자기 문제를 해결하고 자기 삶을 통제하는 일반적인 방법이다. 또한 놀이는 아이들이 사는 사회에서 성장하고 성공하는 데 필수적인 신체적, 지적 능력을 연습하고 획득하는 최고의 학습 방법이다."

그레이는 자기 아이뿐 아니라 그가 수년간 연구한 가족들에게서도 이런 사실을 관찰했다. 그는 계속해서 말했다. "우리가 아이들을 위해서 무슨 일을 하든, 즉 아이들에게 많은 장난감을 사 주든, '최고의 시간'이나 특별한 훈련을 제공하든 그런 것은 모두 우리가 빼앗은 자유를 보상할 수 없다. 아이들이 자유 놀이에서 배우는 자기 주도성은 다른 방법으로는 배울 수 없다."

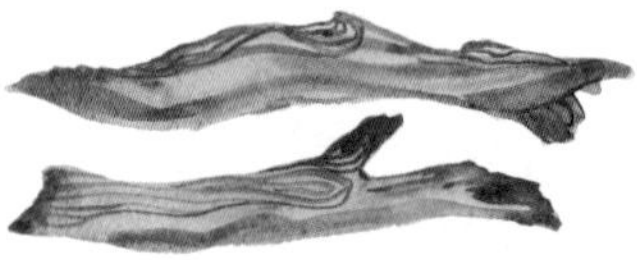

자유 놀이는 단순히 독립심의 배양이 아닌 창의적인 성인을 육성한다. 창의성은 구조화된 수업이나 예술가의 연구 결과에서 나오지 않는다. 이런 것이 영감을 주는 것은 사실이지만 샬럿 메이슨(Charlott Mason)은 "교육은 환경, 규율, 삶이다."라고 고백한다.

아이들은 자기가 배운 것을 연습하여 자기 것으로 만들고 자기 해석을 내놓기 위한 자유가 필요하다. 창의적인 예술이나 독서에 심취하든 역사적 사건의 우연한 이해든 판단하지 않고 처리하는 시간이 중요하다. 아이들은 가르침이 없이 자료를 실험하고 연구하는 자유가 필요하다.

시대를 초월하여 사랑받는 **아이들을 위한 라브리 가정교육**(For the Children's Sake)에서 수잔 셰퍼(Susan Schaeffer)는 다음과 같이 말했다. "창의성이 열매를 맺으려면 자유 시간이 필요하다. 자유는 [풍성한 삶]에서 성장한다. 모든 아이는 이런 풍성한 아이디어, 계획, 상상, 놀이에 반응한다. 그들은 문제를 해결하고 생각하고 성장한다. 아이들은 살아가면서 삶에 반응한다."[2]

우리는 항상 아이들이 배우는 것의 결실을 보지 못할 것이다. 하지만 진실이다. 아이들은 깊은 뿌리를 내리고 있다. 과정을 신뢰하고 긴 안목으로 이 여행을 포용하고 놀라지 마라. 어느 날 곧 아름다운 결실이 우리의 곁을 찾아올 것이다.

유년기의 탈환

전통적인 학교에 다녔던 우리는 이른 아침, 힘든 하루, 소모적인 버스 통학, 그리고 훈육 문제의 방해를 받는 지지부진한 수업에 익숙해 있다. 맞벌이 가정이 증가하면서 학교는 교육 시스템뿐 아니라 아동 위탁 프로그램을 제공한다.

대부분 초등학생 또래의 하루는 오래 기다리고 휴식 시간에 단체로 화장실에 가고, 줄 서고, 말썽꾸러기 아이를 혼내는 교사를 지켜보는 등 반드시 교육에 필요하지 않은 분주한 활동으로 채워져 있다. 실제 학습 시간이 충분하지 않은 까닭에 숙제까지 끝내면 하루 공부시간은 총 6~8시간씩으로 늘어난다.

하지만 이는 유년기가 아니다. 지금 우리가 왜 이 일을 하고 있는지 다시 생각할 때 앞으로 나갈 방향을 제대로 찾을 수 있다. 짐 헨슨(Jim Henson)

의 말을 빌리면 "전진하려면 종종 뒤로 물러서야 한다."[3]

홈스쿨링은 확실히 엄청난 헌신을 요구한다. 믿을 수 없을 정도의 엄청난 정서적 개입을 요구한다. 아이들의 교육은 위대한 특권인 동시에 책임이다. 하지만 정규 교과의 공부는 우리가 생각하는 만큼 오랜 시간이 소요되지 않는다.

많은 홈스쿨링 가족은 '교과 공부'를 수 시간 안에 끝내고 오후에는 자유롭게 창의적인 활동을 한다. 때에 따라 형식적 교과 공부의 시간표가 없을 때도 있다. 이런 특별한 시간에 아이들은 탐험하고, 책을 읽고, 재미있는 현장학습을 하면서 많은 시간을 보낸다. 교육에서 놓치는 것은 없다. 실제로 교육에 더 많은 시간을 투입한다.

홈스쿨링은 결코 아이들에게 금지를 요구해서는 안 된다. 오히려 허용하는 것이 되어야 한다. 물론 최종 결과는 유년기의 탈환이다.

홈스쿨링의 백미는 학교가 줄 수 없는 것을 아이들에게 주는 데 있다. 홈스쿨링은 아이들에게 시간을 준다. 탐험하고 놀고 실험하고 스스로 생각하고 자기 열정을 추구하는 시간. 홈스쿨링은 아이들이 주제에 더 깊이 빠지고 더 오랫동안 탐구하며 권태로움을 느끼는 충분한 시간을 허용한다. 이 모든 것은 창의적 아이디어로 연결된다. 아이들이 이 수업에서 저 수업으로 이동하고 특별활동, 스포츠에 참여하고 매일 숙제까지 하면서 언제 유년기의 경이로움을 경험할 수 있겠는가?

아이들은 모두 타고난 학습자들이다. 아이들은 언제 어떤 곳에서도 배울 수 있다. 형식 교과를 선택하든, 스스로 관심을 연구하고 탐험할 자유를 주든 상관없이 전통의 사슬에서 벗어나 배움과 모험의 삶을 주라.

"사람들은 종종 다른 사람의 방식대로 세상을 경험할 필요가 없다는 사실을 깨닫는다."

– 앨런 레이틀리(ALAN LEIGHTLEY)

우리는 모두 아이들이 책임 있는 성인으로 성장하는 데 필요한 가장 유익한 삶의 선물을 소망한다. 하지만 종종 우리는 성인이 되기 전에 우리가 아이들이었다는 기억을 잊는다. 건강한 성인이 되는 최고의 기회를 주려면 유년기에 아이들에게 충분한 자유를 허용하라.

사랑하는 친구여, 혼란스러운 문화가 아이의 욕구를 결정하지 못하게 방어하라. 우리는 우리 아이가 어떻게 성장할지 선택했다. 우리는 아이들의 시간, 에너지, 상상력을 보호할 수 있다. 우리는 유년기를 가꾸는 정원사다.

홈스쿨의 새로운 유형

홈스쿨링을 반대하는 대부분의 사람은 집 안에 교실을 복원하는 것이 불가능하다는 이유를 댄다. 하지만 교실복원은 중요하지도 필요하지도 않다. 틀을 깨라. 세계를 우리 교실로 만들어라. 창문을 열어젖혀라. 대문을 활짝 열어라. 우리 호기심이 자기 열정을 추구하고 자신의 야성과 소중한 삶을 최대로 활용할 수 있는 길거리, 숲, 들판에 넘치게 하라.

아이의 고립이 아닌 자유를 선택하라. 칠판을 던져라. 아침 식탁에 둘러모여 한 번 더 가족이 되어라. 마루 위에 퍼즐을 내던지고 함께 게임을 하라. 사면의 벽으로 둘러싸인 공간을 벗어나 들판이나 산 위에 담요를 펼치고 책을 읽어라. 아마 저자들은 그곳에서 자기 이야기를 우리보다 먼저 상상했을 것이다. 아이들이 놀고 생각하고 상상하게 하라. 아이들에게 만들고 창조하고 사물을 분해할 기회를 주라.

홈스쿨링에 관해 우리가 들었던 것은 모두 오해다. 홈스쿨링은 이상하고 기이하고 사회적으로 불안한 교육이 아니다. 홈스쿨링은 미래의 교육이다. 우버와 리프트가 운전사의 손에 승차 공유를 맡기는 것처럼, 에어비엔비가 집주인의 손에 숙박을 맡기는 것처럼 홈스쿨링은 부모의 손에 교육을 돌려주어 우리가 아는 교육의 얼굴을 변화시킨다.

자기 주도적 학습만이 아이의 재능을 극대화하는 유일한 최고의 방법이 아니다. 전 세계가 이용하는 무료교육을 통해 칸 아카데미가 이룬 성과를 보라. 교육의 위계가 해체되었다. 모든 사람이 최고 수준의 학습에 접근할 때 대학이 아이들을 받아들이는 문제는 이제 그 이상 중요하지 않다.

우리 아이가 필요한 것은 오직 길잡이이다. 전문교사가 아니다. 교육 전문가가 아니다. 박사 학위의 교수자가 아니다. 아이는 함께 산을 오르는 동료인 우리가 필요하다.

우리는 틀릴 수 없다. 일을 내려놓고 하루 동안, 일주일 동안 그만둬야 할 때가 있을 것이다. 하지만 이제 더 이상으로 오전 8시에서 오후 3시까지 한정되는 교육에 갇힐 필요가 없다. 아이들은 항상 배우고 있다. 아이들에게 학습 욕구를 심어 줄 필요도 없다. 아이들은 타고난 학습자다. 아이들을 자연의 서식지로 돌려보내 자라는 모습을 바라보라.

오, 어린 시절이여

오, 어린 시절이여,
흙 묻은 손과 깨진 무릎을 멀리하려고
요새 만들기, 나무 오르기를 그만두었다.
성장으로 생각하고 가속 페달을 밟았다.
네가 아닌 우리를 위한 것임을 깨닫지 못하고
마땅히 할 일이라고 강요했다.
백일몽의 포기가 좋았는지 말해 주렴.
꿈, 앎, 관심은 언제 멈췄는가?
별을 보지 말고 거기 담긴 것을 기억하렴.
유아 학교, 프로그램, 교사에게 돈을 주고
버스에 너를 태워 멀리멀리 보냈다.
우리보다 전문가들이 낫다고
누가 말했는가?
너는 영원한 여름 아이다.
악천후에 좋은 책을 잃어버리고서도
잘 시간이 훨씬 지나 현관 불이 켜질 때까지
이야기를 쓰고 새 노래를 지었다.
화살같이 지나는 어린 시절, 서두르지 마라.
너에게 필요한 시간은 어린 시절이다.
넌 자연의 품에 있다. 하늘을 바라보라.
민들레를 훅 불어 흩날리는 모습을 보라.
네 모습으로 구름을 바꿔라.
용이 보이거든 한 번에 물리쳐라.
야성+자유가 될 수 있다면
위대한 책들을 읽으나 그 안의 지혜는 무시하라.
그것을 믿지 말고 네 방식대로 나아가라.
어린 시절은 보물이다,
보기만 해도 반가운 선물이다.
벌써 어린 시절이 지나는구나,
오, 어린 시절이여, 어디 갔느냐?
오, 어린 시절, 아직 끝이 아니라고 말해 주렴.
너를 집으로 다시 데려가는 일,
우리의 마지막 일이다.
경이로움의 회복, 너와 우리의 약속이다.

야성과 자유의 부름

THE MYTHS
신화

SEASHELLS OF THE WORLD
TO THE BETTER-KNOWN SPECIES
$1.50
HAWK-WING CONCH
ATLANTIC YELLOW COWRY
STRIATE MARGARITE
GIANT PACIFIC OYSTER
HOOKED MUSSEL
JACKKNIFE CLAM
YELLOW COCKLE
213
MICRON 01

6 홈스쿨링의 반대 근거

내 아이들을 9년간 홈스쿨링 하고 거의 5년간 야성+자유 공동체를 운영하는 동안 홈스쿨링에 대해 상상할 수 없는 반대와 비난의 목소리를 들었다. 공립학교 교사들은 우리가 그들의 직업을 경시한다고 반대했다. 전통주의자들은 홈스쿨링은 시험과 교과서가 없으면 불충분하다고 말했다. 팟캐스트들은 집 안의 교실복원은 전혀 문제가 없다고 강변했다. 반대 목소리는 끝이 없다.

하지만 학교 현실에서 벗어나려는 수많은 부모의 유의미한 질문 때문에 반대 목소리를 그냥 지나칠 수 없게 되었다. 이는 내가 본 영화인 **게이트웨이**(Gateway)의 톰 행크스를 연상하게 했다. 톰은 섬을 탈출하려고 발버둥을 치지만 그를 붙잡고 있는 격랑을 넘을 수 없었다.

이 책을 게이트웨이에 나오는 윌슨으로 생각하라.

홈스쿨링은 만인을 위한 것이 아니다. 진실이다. 하지만 홈스쿨링에 대한 세간의 우려는 대부분 홈스쿨링의 본질이 아닌 오해에서 비롯된 것이다. 몇 가지 일반적인 반대를 살피고 뗏목을 바다로 내보낼 수 없는지 알아보자.

반대 #1 나는 홈스쿨링을 할 수 없다

종종 엄마들은 나에게 "나는 홈스쿨링을 할 수 없다. 나와 내 아이는 서로 비슷한 점이 너무 많다. 홈스쿨링을 하게 되면 서로 충돌은 불가피할 것이다. 내 아이들은 다른 사람에게서 배워야 한다. 그런 편이 더 낫다."라고 말한다.

여기서 고려할 점은 홈스쿨링은 일부에게는 적합하지만 그렇지 않은 사람도 있다는 것이다. 회의론자들은 홈스쿨링 가족은 혼돈, 소음, 무질서의 고통을 잘 참아야 한다고 생각한다.

양육이 원래 산만함, 혼돈, 긴장의 연속이라는 점에서 보면 한 가지는 옳다. 하지만 홈스쿨링의 경우 특별히 더 심각하다는 말은 오류다. 우리가 긍정하든 부정하든 부모와 아이 관계에서 그런 감정과 긴장은 일어날 수밖에 없다. 홈스쿨러로서 우리는 아이들과 함께 이를 극복하여 관계를 발전시킬 능력이 있다.

이런 긴장의 출처는 수없이 많다.

종종 그 출처는 훈육 문제일 수 있다. 내가 말하는 훈육은 아이에게 가하는 체벌이 아니다. 한 지붕 아래서 사는 데 필요한 안내, 생활의 틀이다. 아이들은 가족이 무엇을 기대하는지 알 수 있는 건강한 리듬이 필요하다. 그런데도 가족 간에 크고 작은 언쟁은 불가피하다. 내 머리를 뽑고 싶을 정도로 화가 치미는 날이 있다. 하지만 우리와 아이는 천생연분이라는 사실을 명심하라. 우리는 아이들을 돌볼 준비가 되어 있다.

때때로 이런 긴장은 선천적인 신경, 영양, 혹은 정서 문제에서 나올 수 있다. 우리 집에는 침대 정리나 신발 끈을 묶는 일 등 일상적인 일에 저항하는 아이가 있었다. 이 아이는 갈등 조절이 어려워 성난 목소리로 말하고 발작을 일으켰다.

나는 내 직감과 수년간의 상담 끝에 우리 아이는 일부 신경 문제와 싸우고 있으며 뇌는 싸우거나 도피 상태에 있다는 것을 알았다. 그런 뇌 스냅스의 회복에 필요한 치료를 받으면서 아이의 행동이 제자리로 돌아왔다.

나에게는 언어와 행동 발달이 늦었던 또 다른 아이가 있었다. 몇몇 전문의와 상담 끝에 아이의 식단을 점검하여 몇 가지 음식을 없앴다. 수개월이 지나자 아이 뇌는 덜 흐려지더니 갑자기 말문이 터지고 얼굴이 더 붓지 않았다.

부모로서 나는 그런 문제를 대할 때 쉽게 포기할 수도 있었다. 처음에는 무엇이 문제인지 전혀 몰랐다. 희망을 잃고 아이의 분노에 굴복했던 날들이 있었다. 하지만 무엇이 대안이었는가? 아이들을 치유 프로그램에 맡기거나 행동 문제로 방과 후에 남겨두는 학교에 보내는 것?

나는 내 아이들과 산책하며 그들의 장점을 생각하고 삶의 도전을 극복하는 데 필요한 개인적인 관심을 발견한 점에 매우 감사한다.

이는 전통적인 학교가 우리 아이를 도울 수 없다는 것이 아니다. 하지만 우리는 누군가가 내 아이를 우리처럼 돌보고 가르칠 것이라는 희망을 걸고 도박하고 있다. 누군가가 내 아이에게 다가와 필요한 것을 제공하리라 기다리는 사람이 있다면 그는 바로 당신일 것이다.

우리는 이 일을 **할 수 있다**. 우리가 아이들에게 줄 수 있는 가장 훌륭한 사랑이 넘치는 행동은 아이들을 돕고 양육하고 해결책을 찾으며 그들과 함께 힘든 시기를 극복하는 일이다.

우리는 이 일을 할 수 있다. 우리는 아이에게 꼭 필요한 부모다. 우리는 아이들에게 꼭 필요한 교사가 될 수 있다.

반대 #2 나는 자격이 되지 않는다

우리가 무능함을 느끼는 또 다른 것은 학문적 측면이다. 성장 과정에서 학교를 싫어한 나머지 대학진학을 포기하여 아이 교육에 대한 책임을 헤아리기 힘든 엄마들이 있다. 물론 정반대의 엄마들도 있다. 이 엄마들은 학교를 좋아하고 다수의 학위를 소지하고 있는데도 전문가의 손에 맡기는 교육이 최고라고 생각한다.

홈스쿨링을 시작했을 때 나는 양자 간의 중간 어디쯤 있었을 것이다. 나는 부족한 능력을 열정과 자신감으로 채웠다. 그렇다고 내가 부족함을 느끼는 날이 전혀 없었다는 말은 아니다.

아이가 대답하기 전에 우리가 모든 답을 다 아는 전능한 교사가 아니라는 사실이야말로 홈스쿨링의 아름다움이다. 우리와 아이들이 모두 처음 정보를 접하더라도 우리는 아이들과 함께 배우며 경험을 쌓을 수 있다.

내 사랑하는 친구 야성+자유의 맘인 알리샤 밀러(Alisha Miller)는 이 점을 "아이들과 함께하는 등산"에 비유했다. 교육이란 산꼭대기 위에서 아이들에게 어서 오르라고 다그치는 소리가 아니다. 등산지팡이를 손에 들고 동반하여 산에 오르는 것이다.

나는 헬렌 켈러(Helen Keller) 이야기를 좋아한다. 헬렌 켈러는 시각과 청각 장애아로 태어났으며 앤 설리번(Anne Sullivan)이라는 유명한 선생님과 하나가 되어 배웠다. 설리번 선생님은 점자를 읽고 구구단 학습을 가르쳤을 뿐 아니라 13년간의 교육 기간 내내 헬렌 켈러와 동행했다.

헬렌이 매사추세츠 케임브리지 휠 클리프 대학에 입학했을 때 앤은 모든 수업에 동반하여 강의 내용을 모두 기록했다. 4년 후 헬렌이 대학을 졸업하자 앤도 역시 바로 헬렌과 함께 믿기 어려울 정도로 많은 교육을 받았다.

우리는 아이의 교육을 맡은 앤 설리번이다.

확신이 서지 않으면 이 점을 명심하라. 홈스쿨링은 미국과 많은 나라에서 합법이며 어떤 종류의 교사자격증, 인증, 박사 학위를 요구하지 않는다.

바꾸어 말하면 심지어 정부조차도 우리가 이 일을 할 수 있다고 믿는다.

용기만 있다면 그냥 결정하면 된다.

반대 #3 나는 시간이 없다

엄마들은 종종 "홈스쿨링할 시간이 없다. 내 시간이 필요하다. 어떻게 일을 하고, 헬스장에 가고, 친구들과 커피를 마실 수 있겠는가?"라고 말한다.

사실이다. 홈스쿨링 맘은 자기 시간이 없다. 조용히 책을 읽거나 맙소사, 혼자 화장실에 갈 시간은 물론 친구들과 커피를 마시거나 점심을 먹기 위해 달려 나갈 수 없다. 그런 걱정을 이해한다. 나는 에너지를 재충전하고 내 생각을 집중할 나 혼자만의 시간이 절실히 필요한 매우 조용한 사람이다.

나는 평온한 환경을 열망한다. 어수선한 표면, 더러운 화장실, 아수라장이 된 방 안은 나에게 말할 수 없는 스트레스를 준다. 내 두 큰아이가 학교에 다닐 때, 집 청소, 빨래 개기, 식료품 사기, 저녁 식사 준비 등 일상적인 일에는 별 어려움이 없었다.

끝내지 못하거나 원한 대로 되지 않은 일은 거의 없었다. 하지만 홈스쿨링은 아이들이 이런 일상적인 집안일에 참여할 기회를 제공했다. 아이들에게 일하고 집안 살림을 배우는 법을 가르쳤다. 아이들에게 우리는 모두 함께 이 일을 해야 한다는 점을 일깨워 주었다. 홈스쿨링은 팀 중심의 노력이다. 우리는 아이들을 위해서가 아니라 아이들과 **함께** 이 일을 하고 있다.

내 아이들은 모두 자기 방을 깨끗이 유지하고 침대를 정리하고 식기세척기를 비우거나 쓰레기를 버리는 등 간단한 일상적인 집안일을 맡아서 한다. 세탁, 화장실 청소, 잡동사니 처리, 걸레질 등은 종종 티타임, 수학 공부, 혹은 바깥 놀이 등 더 중요한 일에 후 순위로 밀리지만 필요할 경우 모든 것이 뒤바뀔 수 있다.

별일이 없으면 매주 수 시간씩(항상 금요일) 대청소로 시간을 보낸다. 나는 잠깐 숨을 돌릴 수 있고 우리 집은 가축우리가 아닌 안식처가 된다.

나는 내 아이들이 집을 떠나기를 바라지 않는다. 이처럼 아이들과 함께 하는 시간은 매우 짧다. 아이들이 성인이 되면 발 관리, 필라테스, 카드놀이를 할 시간이 많아질 것이다. 나는 아이들에게 헌신하는 시간을 내 최고 인생을 희생하는 시간으로 보지 않을 것이다. **이것이** 내 최고 인생이다. 나는 다른 사람의 삶을 형성하는 유산을 남기는 것보다 더 보람 있는 일을 상상할 수 없다.

그 외에도 조금만 창의력을 발휘하면, 내 열정을 추구하고 내 영혼을 양육하고 의미 있는 일을 하고 내 남편과 좋은 시간을 보내는 등 아직 나는 다른 중요한 일을 할 여지가 충분하다는 것을 알았다. 우리 가족이 우리 자신의 마음, 정신, 신체적 행복을 돌본다면 엄청난 유익함이 있을 것이다. 하지만 나는 바람직한 삶을 놓치지 않고 지금 내 아이들과 함께하는 모든 순간을 즐기고 있다. 인생에서 가장 큰 재화는 시간이다. 나는 나뿐 아니라 내 아이들에 대한 시간 투자를 원한다.

반대
#4 나는 그럴 형편이 못 된다

홈스쿨링은 많은 가족의 생계에 위협이 될 수 있다. 나는 홈스쿨링이 실제로 가정 경제에 미치는 부담을 부인하지 않는다. 홈스쿨링은 맞벌이를 거의 불가능하게 한다. 부부가 직장을 그만두고 시간상 유연한 직업을 구하여 수입을 늘리거나 집에서도 가능한 창의적인 일감을 찾는 사람들이 더러 있다. 하지만 아이를 집에서 교육할 결심을 했다면 방법이 전혀 없지는 않다. 물론 어려운 일이며 해결 가능하다고 생각하는 능력의 범위 밖일 수 있다.

우리 가족을 예로 들어보자. 우리는 홈스쿨링을 중심으로 삶의 방향을 바꾸기로 했다. 우리는 홈스쿨링에 따르는 희생의 대가를 알고 다른 것에 우선하여 이런 라이프스타일을 선택했다. 남편과 나는 이런 선택을 위해서 전통적인 직장 밖에서 수입을 얻을 기회를 만들었다. 결과적으로 내 남편과 나는 홈스쿨링 의무를 맞바꾸었다. 내 남편은 자기 사업을 하고 나는 내 일을 했다.

모든 사람이 개인 사업이나 유연한 일정을 보장하는 직업에 종사하지 않기 때문에 이런 조정은 모든 사람에게 가능하지 않을 것이다. 하지만 일단 홈스쿨링을 결정했다면 배우자와 한자리에 앉아 홈스쿨링의 계획을 세워 볼 수 있다. 홈스쿨링에는 희생, 근면, 창의성이 따르지만 거기서 얻는 이익은 모든 것을 갚고 남는다.

스테파니 뉴콤(Stephanie Newcomb)은 부동산 중개업자로 아이들과 홈스쿨링을 하고 있다. 스테파니는 홈스쿨링이 힘들 것이라는 점을 알았으나 그녀와 남편은 여러 가지 선택을 검토하고 가족을 위해서 옳은 결정이라는 결론을 내렸다. "크레이그(Craig)와 나는 우리 딸을 중퇴시키는 어려운 결정을 하고 홈스쿨링을 시작했다. 많은 아이 속에서 우리 아이는 길을 잃고 있었다. 우리는 그런 배움을 계속할 필요가 없다고 생각했다. 불꽃은 점점 사그라져 갔다. 우리는 다른 선택을 할 수밖에 없었다."

문제는 쉴 새 없이 바쁜 전문가로서 틈내기가 힘든 일정 조정이었다.

스테파니는 말을 이어 갔다. "아이가 어렸을 때, 나는 직장을 그만두고 부동산 세계에 발을 디뎠다. 일정은 유연하게 보였으나 아이로부터 자유로운 내 시간이 필요할 때가 있었다. 나는 어찌할 줄 몰랐지만 강행하기로 했다. 업무 일정은 모든 사람이 각자 자기 역할을 하도록 빈틈없이 짜여 있었지만 당장 이 일이 의미 있는 까닭에 계속 밀어붙였다."

미국 농무부의 보고서에 따르면 중산층 가정에서 2015년에 태어난 아이

한 명을 17세까지 기르는 데 들어가는 비용은 233,610달러이다.[1] 나는 교복, 명품 책가방, 점심 급식비, PTA와 학생 활동비에 들어가는 비용을 포함하면 그것보다 더 많을 것으로 추산한다. 홈스쿨링은 지속 가능한 부모가 되는 한 형태이며 자유방목의 아동 양육이다.

종종 경제장벽은 홈스쿨링을 하려면 값비싼 학습자료를 사야 한다는 오해에서 비롯한다. 자원이 제한적이라면 오늘날 사용하고 있는 수많은 홈스쿨링 자원의 구매에 들어가는 비용에 더한 지출은 힘들 수 있다.

이 점에 대한 내 입장은 다음과 같다. 칠판과 액자에 든 교육 자격증이 필요하지 않은 것처럼 홈스쿨링에는 대규모 값비싼 교육과정이 필요 없다. 걷기 좋은 신발과 도서관 회원 카드가 있다면 필요한 모든 것을 얻을 수 있다. 나머지는 저절로 해결된다.

반대
#5 내 배우자가 탑승하지 않는다

정말 난감한 문제다. 배우자가 탑승하지 않았다면 이번 시즌의 홈스쿨링은 결코 당신 가족에게 최고의 궁합이 아니다. 반대하는 배우자는 그렇다 치더라도 홈스쿨링은 혼자서는 너무 힘들고 벅찬 일이다. 홈스쿨링이 제대로 굴러가려면 배우자의 지지가 필수적이다.

나는 아이들과 홈스쿨링을 하기 위해서 그야말로 분투하는 많은 한 부모 가족들을 알고 있다. 그들은 정말 존중하고 존경할 만하다. 나는 엄청난 창의력과 헌신으로 그 일들을 잘 해내는 그들의 노력에 감탄한다. 만약 그들이 전일제 직업에 종사하면서 그 일을 이루어 냈다면 특별 명예 훈장을 받을 충분한 자격이 있다.

야성+자유의 맘인 제니퍼 슈(Jennifer Schuh)는 이혼 후에도 홈스쿨링을 결심한 심정을 다음과 같이 말했다. “나는 11개월 된 아이와 2살 난 아이가 딸린 신참 싱글맘이었다. 나는 전형적인 감정의 기복을 경험하고 상실을 슬퍼했다. 무슨 기쁨이 있을 수 있겠는가? 아니면 힘든 시간 때문에 내 아이들의 모든 기억에 오점을 남겨야겠는가? 우리 마음이 늘 아파야겠는가?

“시간, 상담, 가족의 지지, 수많은 실수를 통해서 점점 답이 분명해졌다. 설령 내가 그것을 전혀 할 수 없을 때조차도 나는 그 일을 할 수 있다. 나는 대부분의 시간을 계속 집에서 보내는 편이 우리 가족에게 가장 좋을 것으로 생각했다. 지출이 많지 않았기 때문에 저녁 시간에 고급 레스토랑에서 1주일에 3일씩 정시제로 일하기 시작했다. 내가 일하는 동안 내 가족 중 한 명이 아이들을 보살폈다. 우리가 만든 학교가 얼마나 멋진가! 홈스쿨링은 우리 모두의 안정 욕구와 건강한 가족에 대한 희망에서 탄생했다.”

내가 내 남편 벤에게 처음 홈스쿨링을 비쳤을 때 그는 반대했다. 우리 둘은 무엇보다 대학교육이 중요시되는 가정에서 성장했다. 벤은 우리 아이들이 홈스쿨링으로 인해 성인이 되어 직업 선택이 제한될 것을 우려했다. 정직하게 말하면 그는 아이들의 특별한 양육을 바라지 않았다.

이는 이전에 우리가 토론한 적이 없는 주제였다. 그래서 나는 똑같은 대화로 남편을 설득하려고 하지 않았다. 나는 그냥 내 연구의 결과를 공유하고 나 자신에게 답을 구하는 것처럼 벤의 질문에 대답하려고 노력했다. 나는 우리 아이들의 앞길을 막을 의도는 없었다.

나는 항상 내 아이들이 학교에 가서 학생회 임원으로 뽑히거나 축구팀으로 활약할 때 아들을 응원하는 모습을 상상하곤 했다. 나는 학업과 사회적 측면 모두에서 내 아이들에게 힘이 되기를 원했다. 나는 아이들에게 최고의 교육을 제공하여 사회에 잘 적응하도록 헌신하기로 다짐했다.

그래서 벤의 걱정을 이해했다. 나는 벤에게 이 비전통적인 사상을 깊이 생각할 시간적 여유를 주었다. 수개월이 지난 후 나는 내 감정뿐 아니라 학업과 사회적인 면과 관련된 모든 자료를 수집하여 벤과 공유했다.

이윽고 많은 연구와 토론 끝에 벤은 홈스쿨링이 아이들에게 좋은 생각이라는 데 동의했다. 나는 당신이 처한 상황이 어떻게 전개될지 알 수 없다. 배우자가 아직 동의하지 않았다면 인내심을 가지고 기다려라. 당신의 감정을 계속 공유하라. 다른 홈스쿨링 아이의 성취에 대한 정보를 계속 제시하라. 난처한 질문에 대한 답을 찾아라. 적절한 때가 되면 결국 두 사람은 같은 생각을 하게 될 것이고 당신의 기다림에 감사할 것이다.

반대
#6 나는 혼자서 할 수 없다

홈스쿨링은 1993년 이후 미국의 50개 모든 주에서 합법화되었다. 하지만 그 이전에 수백 명의 홈스쿨링 개척자들이 터를 닦았다. 나는 개척자들이 겪었을 엄청난 두려움과 외로움을 상상하며 그들의 한없는 헌신과 불굴의 의지에 깊이 감사한다.

야성+자유 콘퍼런스에서 나는 몇몇 할머니들에게 달려가 그들을 끌어안았다. 이 할머니들은 야성+자유라는 용어가 세상에 나오기 훨씬 전에 이미 홈스쿨링을 한 경험을 고백했다. 이런 여성들은 눈가에 주름이 잡히고 회색과 흰색 머리카락이 더해지기는 했으나 우리가 안팎에서 만난 사람 중 최고의 미인들이었다.

그런 여성 중 한 명인 게이 키우(Gaye Keough)는 홈스쿨링이 알려지기 전 네브래스카에서 여섯 명의 아이를 홈스쿨링으로 길렀다. "우리 아이들은 16년 터울이다. 우리는 여섯 명의 아이를 집에서 2년간 홈스쿨링을 했다. 당시에는 바쁘고 힘들게 느껴졌으나 되돌아보면 너무 짧은 시간이었다."라고 말했다.

당시에는 많은 홈스쿨링 자료나 공동체가 없었으나 게이는 자기 것을 이용하는 수완이 있었다.

"책이나 다른 기성 교육과정을 살 여윳돈이 없어서 도서관에서 책 파일을 얻었다. 작은 마을을 샅샅이 뒤져 얻을 수 있는 자료라면 모두 챙겼다. 정말 우리는 그렇게 살았다. 그 일이 좋았다. 멋지고 단순했다."

게이는 여전히 두 명의 10대와 홈스쿨링을 하며 손자들을 돌보고 있다. 그녀의 교육 방법은 크게 변하지 않았다.

"우리 홈스쿨 스타일은 수년간 그대로 유지되었다. 우리는 많은 책을 읽고 서로 이야기하고 웃고 함께 노래했다. 우리는 우리가 이야기한 것, 일어났던 일, 우리가 생각했던 것을 기록했다. 종종 우리가 읽은 책을 행동으로 표현했다. 우리 질문에 대한 답을 찾으며 문학, 역사, 과학을 배웠다. 아이의 특별한 개인 취향이 아니면 연습문제나 숙제를 거의 강조하지 않았다. 놀고 집안일을 하고 아이들이 관심이 있는 창의적인 활동을 하면서 시간을 보냈다. 흥미 있는 곳을 여행하고 어른들을 방문하고 도서관에서 시간을 보내고 아이들에게 동기를 부여하는 사회 활동을 찾았다(4-H, 드라마 클럽 등). 아이들은 각각 음악 교습을 받고 일부는 내 어머니에게서 스페인어를 배웠다."

이런 여성들은 콘퍼런스에 참여하여 각각 게이와 같은 공통된 고백을 나누었다. 그들은 수십 년 전 자신들이 홈스쿨링을 시작했을 때 이런 공동체가 있었으면 좋았을 것이라고 말했다.

2016년 미국 교육부는 169만 명의 학생들이 홈스쿨링을 하고 있으며 이는 학령기 아동의 3.3%에 해당하는 수치라고 보고했다.[2] 비록 큰 비율은 아니나 우리 주변에는 많은 홈스쿨링 가족이 있다. 우리는 같은 정신, 같은 마음을 가진 가족이 주도하는 세계적인 운동의 일원이 된 것을 매우 행복하게 생각한다.

당신은 혼자가 아니다.

우리는 모두 이상하다, 이상함은 경이로움이다

내가 5살이었을 때 나는 웨스트포인트 미국 육군사관학교 캠퍼스에서 살았다. 아버지는 육군 중령이며 교수였다. 나는 야외에서 수많은 시간을 보냈다. 몇 가지 이유로 어머니는 내가 혼자 돌아다녀도 무방할 정도로 그곳을 신뢰했다.

고작 5살인데도 나는 오후 시간을 우리 집 뒤의 숲을 탐험하고 친구들과 공깃돌 놀이를 하거나 자전거를 타고 이웃 주변을 돌아다녔다.

어느 날 나는 친구 집에서 놀다 집으로 돌아오는 도중에 길을 잃었다. 젊은 사관생도가 나를 보았다. 그는 종종 노새를 타고 캠퍼스 주변을 돌아다니는 사관생도였다. 나를 노새 등에 태워 집까지 데려다 주었다. 나는 내가 캠프로 돌아가는 인디언 여인인 새커거위아(Sacagawea)인 척했다. 나를 이상한 아이라고 불러라, 하지만 그것은 내 유년기의 압권이었다.

우리 집 뒤 언덕 위에 거대한 바위가 있었다. 길에서부터 1.8미터도 떨어지지 않았다. 종종 저녁 식사 시간에 어머니가 정신없이 나를 부르는 소리를 무시하곤 했다.

나는 바위에 몸을 숨기고 숲속에서 길을 잃은 고아인 척했다.

나는 이상한 아이였다.

이윽고 나는 성인이 되어 결혼하고 아이를 갖고 홈스쿨링을 시작했다.

어떻게 생각하는가? 나는 여전히 이상한 아이이다.

나는 수업을 빼고 아이들을 데리고 숲속에서 하이킹한다. 아이들을 급히 차에 태워 수평선 너머로 떠오르는 태양을 보고 사람들이 해변에 도착하기 전에 유리 조약돌을 찾는다. 박물관을 방문하고 내 아이들과 그냥 이야기하면서 시간을 보낸다. 흥미로운 자연물을 수집한다. 내가 아이였을 때 했던 것처럼 비 온 뒤 보도 위의 벌레라면 모두 구해 준다.

내 아이들은 교과서와 정돈된 책상 대신 야외에서 소풍용 담요를 깔고 책을 읽으며 갓 구운 빵과 홍차를 마신다. 해변의 끝에서 모래로 수학 문제를 만들고 우리가 좋아하는 책을 실연한다.

인스타그램이 뜰 때 나는 모든 사람이 보도록 내 이상함을 골라 포스팅

한다. 대부분 내 친구는 이해하지 못한다. 그들은 "무슨 교육과정을 사용하니?" 혹은 "어떻게 이렇게 할 시간을 내니?" 그리고 "언제 공부하니?"라고 묻는다.

이것이 학교였다고 설명하기란 쉽지 않다.

하지만 맞장구를 치며 "동감", 혹은 "학교생활의 하루를 보내는 가장 좋아하는 방법이야."라고 말하는 사람들도 있다. 천천히 그러나 확실히, 이상한 엄마들이 난데없이 연달아 모습을 드러내 나와 연결되었다. 우리는 이야기를 모아 우리 이야기를 함께 시작했다. 우리는 각각 영감을 주고 격려하며 우리가 이야기했던 최고(그리고 최악)의 것을 공유했다. 우리는 버지니아와 오리건, 롱비치와 텍사스, 내슈빌과 포틀랜드에서 만났다. 그리고 야성+자유 맘의 수가 날이 갈수록 늘었다.

나는 이상한 사람이다. 당신도 이상한 사람이다. 우리 아이들도 이상하다. 이상함은 몽상가, 예술가, 작가, 시인, 수학자와 과학자, 다른 렌즈로 세계를 보는 사람에게서 나오기 때문에 다른 방법이 없을 것이다.

결과적으로 이상함은 좋은 것이다.

7 사회화의 신화

홈스쿨링에 대한 근거 없는 신화 중 하나는 아이들이 사회적으로 미숙하게 성장한다는 주장이다. 유행에 어울리지 않은 바지, 엉클어진 머리칼, 멍한 눈, 대화 기술의 부족 등 일부 홈스쿨러를 보고서 고정 관념이 더 고착되었다. 사람들은 가족 승합차와 어울리는 청바지의 차림으로 우르르 차 속으로 들어가는 그들을 보고 비웃는다.

오, 청바지 너무 많아.

하지만 비사회화와 이상한 차림은 다른 개념이다. **비사회화**는 사회규범에 대한 적응 능력의 부족을 의미한다. 한편 **이상한 차림**은 나쁘다는 의미와 전혀 무관하다. 많은 부모는 자기 아이들이 이상하다고 말하면 불쾌하게 생각할지 모르나 우리는 그렇게 생각하지 않는다. 진실은 우리 아이들이 다른 아이들과 똑같이 되기를 바라지 않기 때문이다. 그 점이 특별하거나 다르거나 오해의 소지가 있더라도 우리는 아이들이 좋아하는 것을 발견하고 추구할 자유의 보장을 원한다.

하지만 부모 사이에서는 자기 아이들이 정상으로 되지 않을지 모른다는 실제적인 두려움이 있다. 이런 감정은 아이에 대한 진정한 사랑과 아이들에게 인생의 모든 장점을 안겨 주려는 바람에 근거한다.

우리는 대부분 이런 양육방식에 익숙하지 않다. 우리는 제대로 할 수 있는 한 번의 기회를 잡았기 때문에 결코 망치고 싶지 않다. 아이가 집단에서 따돌림당하는 모습을 보고 고통을 느낀 적이 있다면 전통적인 교육 방식에 겁을 먹는 것은 당연할 것이다. 우리는 아이가 집단괴롭힘을 당하고 내쫓기고 추방당할 가능성을 바라지 않는다. 당신이 내 남편과 비슷하다면 갓 태어난 아기의 이름을 지을 때, 운율과 문화적인 것을 고려하거나 비하를 암시하는 표현을 모두 제거하여 아이에게 붙여질 수 있는 가능한 별명을 모조리 훑었을 것이다.

홈스쿨링이 사회에서 배척당할 만큼 비사회화된 아이를 양육할 가능성이 조금이라도 있었다면 우리는 결코 홈스쿨링을 하지 않았을 것이다. 예상컨대, 우리는 그 반대가 진실이라는 점을 발견했을 것이다.

"특이한 행동이 익숙한 삶의 가정에 의문을 제기할 때 사람들은 이에 놀라고 위협을 느껴 고정 관념을 만들어 낸다. 그래서 홈스쿨러에게는 사회화되지 않고 세상 경험이 부족하다는 고정 관념이 늘 따라붙는다."

– 블레이크 볼스(BLACK BOLES)

정상이란 무엇인가?

한 가지 분명히 해 두자. 우리의 두려움은 이상함이 아니라 아이들의 사회성 부족이다. 이는 교과서에서 정의하는 비사회화의 개념이다.

하지만 비사회화 될 가능성이 가장 낮은 아이의 종이 있다면 바로 홈스쿨러다. 그들은 확실한 자기 인식, 강한 독립심, 확고한 자아 정체감을 가지고 있어서 사회가 건강하고 성공적인 방향으로 항해하게 한다.

분명히 특이한 사람이 있다. 나는 천국으로 가는 길을 확신하고 학업을 거부한 홈스쿨링 가족의 글을 읽은 기억이 있다.[1] 하지만 그런 것은 규칙에서 벗어난 예외일 뿐이다. 많은 연구는 홈스쿨링 출신의 아이들이 더 높은 자존감과 동료의 압박에 덜 민감할 가능성을 보여준다.[2]

한마디로 홈스쿨링은 사회적으로 유능한 아이들을 길러낸다.

나는 비전통적인 학교의 아이들이 사회적 상호작용에서 불리하다는 증거가 없을뿐더러 홈스쿨링 아이들은 오히려 그들보다 더 우위에 있다고 믿는다.

나는 세 명의 남자아이와 홈스쿨링을 하고 있다. 아이들의 몇몇 친구 중에는 세 명의 동갑내기 홈스쿨링 여자아이가 있다. 이들은 우연히 친구가 되었다. 그들은 놀고 과학실험을 하고 영화를 만들고 같은 교수자에게서 음악 교습을 받는다. 다른 환경이라면 이런 우정은 이상하게 보일 수 있다. 이들 여섯 명이 공공장소에서 어울려 논다면 다른 아이들은 고개를 갸우뚱거릴 것이다. 그 이유는 사회가 소년과 소녀들을 분리하여 아이들이 그것이 정상인 것으로 생각하도록 조건화시켰기 때문이다.

다른 아이들은 남자아이와 여자아이가 어울려 노는 모습을 어떻게 받아들여야 할지 모르기 때문에 "너희들 서로 사랑하니!" 혹은 "너희들 서로 호감이 있니!"라고 말하면서 내 아들을 놀릴 것이다. 당신에게 묻겠다. 이 상황에서 누가 '정상적인' 아이라고 할 수 있겠는가?

아이들이 '사회화'되어 정체성, 선호, 매너리즘, 야망 등을 다른 사람들과 구분할 수 없게 되면 어떤 장점이 있겠는가? 아이들이 자존감을 결정하는 인플루언서들의 무리와 함께 달리면 어떤 장점이 있겠는가? 아직 자기 정체성을 형성해 가는 또래 아이들이 정의한 정상에서 얻을 수 있는 장점은 무엇이겠는가?

아이는 유년기가 필요하다

내 남편은 이제 40대 중반이지만 흑백 TV로 **앤디 그리피스 쇼**(The Andy Griffith Show)를 보면서 자랐다. 그는 모든 에피소드를 거의 다 보았다. 나는 실제로 그가 자신이 메이베리의 시민으로 믿는다고 생각한다.

아버지로서 한 가지 바람은 아이들이 자기처럼 그 쇼를 매우 좋아하는 것이다. 나는 남편에게 "시대가 변했다."며 그만 희망을 거두라고 말했다. 나를 위협적인 눈초리로 쏘아보았지만 나는 "아이들은 구식 쇼를 보지 않아, 지루하게 생각해."라고 대꾸했다.

그러던 몇 년 전 어느 가을날 저녁, 남편은 기어코 아이들에게 그 쇼 시리즈를 소개하려고 했다. 남편의 시도는 매우 불안하게 보였다. 아이들이 담요와 팝콘을 가지고 TV 주위에 모여들자 그는 방 뒤에 서서 손가락을 깨물었다. 벤이 몇 분간 구슬려 'TV를 계속 시청'하게 하자, 아이들은 오피, 바니, 베아 이모, 그리고 나머지 캐릭터들에게 완전히 빠지게 되었다.

그런 중요한 밤 이후 아이들은 그 쇼의 팬이 되었을 뿐 아니라 **루시, 보난자를 사랑해**와 **비버에게 맡기세요** 등 모든 에피소드에 넋을 빼앗겼다. 벤이 점점 더 깊이 우리를 끌어들이더니 결국 노스캐롤라이나주 마운틴 에어리(앤디의 고향)에서 열리는 메이베리 날 연례 팬 축제 행사에 3년 연속 우리를 초대하여 근사하게 한턱을 냈다. 아이들이 흑백 TV 쇼에서 새로운 사랑을 발견하고 이런 골동품 사랑을 친구들에게 소개했을 때 나타난 반응은 놀라웠다. 그들은 혼란스러운 표정을 감추지 못하고 "정말이야?"라고 되물었다.

내 아이들이 이런 관심을 나누는 친구들을 찾기란 쉽지 않을 것이다. 그런데도 아이들은 그것이 좋다고 생각한다. 나도 좋다. 벤도 분명히 좋을 것이다.

많은 시간이 걸리더라도 자기를 발견하고 자기 열정을 깨우고 자기 관심을 탐험하기 위한 유년기는 아이들에게 꼭 필요하다. 불행하게도 사회적 압력이 너무 빈번하게 유년기를 멀리하게 만든다.

친구 사귀기

우리는 아이들이 자기가 되는 자유를 누리기를 원하지만 그렇다고 그들이 속하는 건강한 공동체의 배척을 바라지 않는다. 그와는 반대로 우정은 유년기 여행의 중요한 부분이고 홈스쿨링은 그들에게 풍성한 공동체를 제공할 수 있다.

어떤 교육 방식을 선택하더라도 우리는 아이들이 친구를 사귀고 좋아하고 공동체를 찾기 바란다. 성인과 마찬가지로 이것은 타고난 기질에 따라 일부 아이들에게 매우 쉬운 일일 수 있다. 우리는 낯가림 없이 30여 명의 친한 친구를 사귀고 다음 파티를 기다리지 못하는 놀기를 좋아하는 몇몇 아이들을 알고 있다. 하지만 모든 아이나 모든 성인이 그런 사교적인 기질을 가지고 태어나지 않는다.

홈스쿨러에게 이 문제는 좀 시간이 걸릴 수 있다. 좀 더 노력이 필요하겠지만 아이들이 친구를 찾도록 조력할 수 있다. 매주 한자리에 모이는 작은 친구집단이든, 오랜 시간 이야기를 나누고 매월 책을 교환하는 동족 정신의 집단이든 관계없이 우리는 아이들이 이 여행의 성공에 필요한 것을 찾도록 조력할 것이다.

협약학교, 협동조합, 협회, 공동체 수업 등은 모두 홈스쿨링 가족의 지원을 위해 있는 단체들이다. 실제로 우리는 공동체 엄마들이 야성+자유에서 집단을 결성하여 글을 올릴 안내도를 만들었다. 일 년이 채 안 되어 전 세계에서 천 명 이상의 집단을 확보했다. 우리가 한 일은 거의 없다. 그냥 소셜 미디어상에서 언급한 몇 가지가 전부였으며 금세 집단이 만원을 이루었다. 캘리포니아의 한 야성+자유 집단의 지도자인 마리아 저바세(Maria Gervase)는 양육과 새로운 집단 지도자 훈련으로 단체의 목적을 바꾸기 전에 자기 집단의 규모가 250가구까지 성장하는 것을 보았다.

야성+자유 공동체는 마음이 같은 가족을 연결할 뿐 아니라 같은 여행을 하는 친구를 만나는 멋진 통로를 제공한다.

나는 아들 와이어트를 학교에서 데리고 나온 후 북클럽을 만들면서 그런 모임을 시작했다. 우리는 **대초원의 작은 집**(Little House on the Prairie)을 읽고 책거리 파티를 열었다. 몇몇 홈스쿨링 가족을 초대하여 우리와 합류하게 하여 토론하고 로라 잉걸스(Laura Ingalls)와 그녀의 가족에 대한 사랑스러운 이야기를 그대로 재현했다. 버려진 아메리카 원주민 캠프에서 로라와 메리가 경험했던 것과 똑같이 20명이 넘는 아이들이 갈색 크래프트 종이로 싼 샌드위치를 먹으며 먼지투성이의 땅에서 구슬을 찾고 목걸이와 팔찌를 만들었다.

우리는 아이에게 각각 로라와 메리가 크리스마스 때 미스터 에드워드(Mr. Edward)에게 받았던 것과 똑같은 작은 하트 모양의 케이크, 박하 막대기 사탕, 옛날 동전을 파티선물로 주었다.

아이들은 좋아하는 캐릭터 옷을 입고 이야기 질문에 대답하면서 즐거움을 만끽했다. 아이들은 모임이 끝나기 전에 엄마와 함께 시리즈를 모두 읽을 수 있어서 몹시 기뻐했다. 그래서 집에 도착했을 때 더 많은 읽을거리를 가지고 올 수 있었다.

북클럽은 삶에 문학과 이야기를 가져오는 놀라운 방법이었고 친구들과의 책거리는 학습 여행 중 중요한 부분인 것이 증명되었다.

나도 역시 우리 공동체가 홈스쿨링 아이들의 기회를 전면적으로 개혁할 방법을 배웠다. 아이들은 학구의 스포츠팀 합류, 고등학교의 대학학점 선이수제 등록, 주립 공원, 지역 농장, 박물관, 극장, 놀이공원의 특별접근권을 확보했다.

실제로 2012년 **유에스에이 투데이**(USA Today)는 "홈스쿨링 아이들은 집 밖에서 평균 8가지 사회 활동에 정기적으로 참여하고 있으며 전통적인 학교 아이들보다 TV를 상당히 더 적게 시청한다."라는 연구 결과를 인용하여 보도했다.[3]

홈스쿨링 아이들의 주변은 더 이상 사회 소외자가 아닌 똑똑하고 재능이 넘치고 매우 안정적인 친구들로 둘러싸여 있다. 그들은 자기 지위를 불안하게 생각하지 않으며 자기만의 졸업 댄스파티, 졸업 의식, 졸업 앨범, 롤러스케이트장의 특별한 밤을 가졌다.

오늘날 홈스쿨러는 특별한 공동체의 일원이 되는 것을 의미한다.

문제 행동

아마 아직 홈스쿨링에 승선하지 않은 부모에게는 20가지의 유익한 경험이 필요할 것이다. 그중 하나가 내 아이의 공립학교 1학년 교실을 방문했을 때 일어났다. 나는 아이에게 아무런 악감정도 없지만 레내(Lenae)라는 한 소녀가 교실 전체를 혼자 휘젓고 다녔다.[4] 교사는 최선을 다했지만 레나의 상대가 되지 못했다.

교실 바닥에 눕고,

방귀 소리를 내고,

여기 저기 뛰어다니고,

차례를 지키지 않고,

손가락 관절 소리를 내고,

자리에서 이탈했다.

교사는 온갖 수단을 동원했으나 레내와의 싸움에서 결국 레내가 이겼다.

레내는 상황을 즐기고 있었고 아이들은 계속 웃음을 터뜨렸지만 질서를 회복하여 생산적인 활동으로 옮겨 가기 전까지 수업 시간은 지체될 수밖에 없었다. 나는 계속 시계를 지켜보면서 이런 종류의 방해가 없었더라면 수업 일수가 얼마나 더 짧아질 수 있었을지 궁금해졌다.

나는 일부 부모들이 "세상은 레내로 가득 차 있다. 나는 내 아이가 거기 있는 레내와 같은 모든 아이와 상호작용할 정도로 충분히 사회화되기를 바란다."라고 하는 말의 뜻을 깨달았다. 아니 그것은 "레내와 같은 아이가 내 아이 주변에 없다면 아이들은 사회적 역할을 어떻게 해야 할지 모를 것이다."라는 말로 들렸다.

그것은 진실이 아니라고 확신한다.

시애틀에 기반을 둔 싱크 탱크, 디스커버리 연구소의 패트리샤 라인스(Patricia Lines)는 홈스쿨링에 관한 보고서를 내놓았다. 그녀는 홈스쿨러와 비홈스쿨러의 사회적 기술을 비교한 몇 가지 통제연구를 제시했다.

한 연구는 훈련된 상담자에게 홈스쿨러와 비홈스쿨러 집단이 함께 섞여 놀고 있는 비디오테이프를 보여주었다. 상담자는 각 아이의 학교 상황을 알지 못했다.

결과는? 홈스쿨링 아이들이 행동상 문제가 더 적은 것이 밝혀졌다.

라인스 박사는 "홈스쿨 아이들의 사회성 발달을 의심할 근거는 전혀 없

다. 홈스쿨러들은 '잘 적응함'에 해당하는 점수를 받았다."라는 결론을 내렸다.[5]

홈스쿨러들은 확실한 자기 개성이 있다. 나는 한두 개의 자아를 가지고 있다. 하지만 집에서 아이들을 교육하는 과정에서 얻은 의도하지 않은 결과 중 하나는 개성 형성이다. 기다리기 위해 서야 할 줄이 없고 시비를 거는 패거리도 없고, 이상 행동의 온상인 활동을 위한 활동도 적다.

홈스쿨링 아이를 나에게 데리고 오라, 그러면 나는 엄마가 차 안에서 아기를 돌보는 동안 식품 가게에서 물건을 사는 법을 배운 아이를 보여줄 것이다. 홈스쿨링 아이를 나에게 데리고 오라, 대기실에서 정숙한 행동을 하는 법을 아는 아이를 보여줄 것이다. 눈을 바르게 올려 보는 법을 아는 아이. 자기 힘으로 과제를 끝마치는 법을 아는 아이. 한자리에서 소설을 읽거나 여유 시간에 만화 시리즈를 제작할 수 있는 아이.

아이들은 모두 이런 방식으로 출발하지 않을 것이다. 하지만 홈스쿨링은 아이의 개성을 기른다.

원룸 학교

나는 당신이 무엇을 상상할지 알고 있다. 홈스쿨링은 아이들을 한 방에 몰아넣고 친구는 오직 형제자매뿐이라는 의미다. 또래 친구가 부족한 현상을 어떻게 받아들일 것인가?

내 아이들만이 서로의 유일한 친구였을 때 우리는 공동체 없이 그 시절을 견뎠다. 나는 그런 시기에 가족이 준 선물에 감사한다. 내 아이들은 가끔 서로 충돌하지만 우리는 여전히 매일 저녁 식탁 주변에 모여 가족으로서 많은 이야기를 나눈다. 늦은 밤이면 아이들이 침대에서 서로 이야기하고 낄낄거리는 소리를 듣는다. 아이들은 많은 시간을 함께 보내기 때문에 나와 내 형제들의 어린 시절보다 서로 더 가깝게 지낸다.

이런 친밀함은 결점이 아니라 오히려 삶의 유익함으로 보아야 한다. 시간이 말해 주겠지만 나는 내 아이들이 어른이 되어서도 여전히 각각 최고의 친구가 되리라 생각한다.

아이들의 교육과 관련해서 우리 작은 원룸 학교는 아이들을 모두 같은 수준으로 끌어올린다. 내 큰아이가 7살이었을 때 아이들에게 매일 수잔 와이즈 바우어의 세계사를 읽어 주고 일부는 큰아이에게 부탁했다. 어느 날 5살 난 동생이 자기가 읽을 차례라고 선언했다. 나는 걸음마 아기가 낮잠에서 깨기 전에 큰아이와 읽기 수업을 끝내려고 몰래 서두르고 있던 참이었다. 내 마지막 남은 일은 시간을 내서 내 신참 독자를 진정시키는 일이었다.

하지만 놀랍게도 딜런은 다음 쪽을 읽었다.

나는 그가 완전한 문장을 읽으리라고는 전혀 생각하지 못했다.

일반적으로 학교에서 지루함을 느낀다면 아이들이 참여할 도전거리가 부족하기 때문이다. 하지만 아이들은 더 하고 싶어도 나머지 학생들이 따라올 때까지 기다려야 한다. 이들의 빈약한 성과는 실제로 지능의 지표가 된다.

홈스쿨링은 학습의 모든 장벽을 무너뜨리는 장점이 있다. 아이는 자기 속도를 정한다. 학년별로 정해 놓은 교육과정의 제한이 없어서 아이들은 좋아하는 곳보다 더 멀리 갈 수 있다. 피터 그레이는 매사추세츠의 서드벨리 학교의 교육모델을 연구하고 아이들과 상호작용을 하면서 수년을 보냈다.[6] 서드벨리 학교는 점수 제도나 수업이 없다. 오히려 아이들은 자기가 선택한 수업에 자유롭게 출석하며 모든 나이의 아이들과 상호작용하고 온종일 그리기, 글쓰기, 드라마 제작과 같은 활동에 참여한다.

그레이는 큰아이들과 어린아이들 간에 이루어지는 상호작용의 긍정적인 점과 큰아이들이 어린아이들에게서 도움을 받는 자연스러운 장점을 발견했다.

그는 "복합연령의 이점은 쌍방향적이다. 큰아이들은 어린아이들과 상호작용함으로써 리더십과 돌봄을 연습하여 성숙한 인간관계를 형성하는 경험을 한다(특히 형제가 없는 아이들에게 중요하다). 역시 큰아이들은 어린아이들을 가르침으로써 개념을 더 깊이 이해하고 자기가 아는 것과 모르는 것을 생각하게 한다."라고 썼다.[7]

그레이는 자신이 관찰한 큰아이들은 어린아이들과 함께 게임을 하면서 어린아이들에게 다른 사람을 대하는 법을 보여주고, 어린아이들에게 개념을 가르침으로써 이해하게 되는 몇 가지 사례를 보여주었다.

대부분 홈스쿨링 가족들에게 학습과 형제자매들 간의 상호작용은 자연적으로 얻어지는 이점이다. 협동조합, 협약학교, 주말 수업반, 자연집단도 역시 이런 이점을 제공한다. 특히 한 부모 가정 아이들은 더욱 그렇다. 하지만 그 이점은 일방적이 아니다.

그레이는 "큰아이들이 어린아이들에게 영감을 주어 그렇지 않았더라면 어린아이들이 할 수 없었을 더 복잡하거나 더 정교한 활동에 참여하는 것처럼 어린아이들도 큰아이들에게 영감을 주어 그렇지 않았더라면 큰아이들이 할 수 없었을 더 창의적인 활동에 참여하게 한다."라고 말했다.[8]

그리기와 만들기 같은 예술적 노력에서부터 추적 놀이나 가상놀이 같은 상상 게임까지 큰아이들은 어린아이들의 활동에 더 많이 이끌린다.

"심지어 큰아이들이 어린아이들과 직접 놀 수 없을 때조차 어린아이들의 존재와 놀이는 큰아이들에게 영감을 주어 더 창의적인 놀이를 할 수 있게 한다."라고 그레이는 썼다.[9]

나는 내 아이들과 친구집단에서 이런 상황을 직접 목격했다.

나는 형제들의 요청에 따라 큰아이가 한발 양보하는 것을 보고 큰아이가 언제 이렇게 성장했는지 감탄했던 순간을 결코 잊지 못한다. 레고 세트 놀이에서부터 뒤뜰에서 대단한 칼싸움을 준비하기 위한 완전한 전투 복장을 갖추는 것까지, 아이처럼 놀려는 큰아이의 관심은 어린아이들의 출현으로 다시 살아난다. 큰아이는 내성적이고 책을 좋아하는 자기 관심을 키우기 위해서 혼자 있는 시간을 좋아하지만, 집에서 만든 따뜻한 공놀이 반죽이나 테이블 위에 놓인 신선한 물 구슬을 만지는 것은 결코 포기하는 일이 없다.

다른 사람이 퇴행이라고 보는 것을 나는 회복이라고 본다. 아이다운 경이로움의 회복, 상상력의 회복과 동료와 학업으로부터 자유로운 정신의 회복.

"아이들이 배울 수 있는 것을 다 배우거나 배운 것을 다 드러내는 것은 오직 사랑하고, 존경하고, 신뢰하는 성인의 존재에 달려 있다."

–존 홀트(JOHN HOLT)

피터 그레이는 서드베리에서 관찰한 것을 다음과 같이 말했다.

"많은 학생은 이런 놀이를 통해서 학교에서 탁월한 예술가, 건축가, 스토리텔러, 창조적인 사상가가 된다. 많은 졸업생은 고도의 창의성을 요구하는 직업에 종사한다. 나는 복합연령 놀이의 경험이 그런 이유 중 한 부분이라고 생각한다."[10]

성인과의 상호작용

아이의 사회화가 동년배들과 함께 생활할 때 가장 활발하게 일어난다는 믿음은 증명되지 않았다. 이 점을 생각해 보자. 교실 밖, 단순히 사람들이 나이를 바탕으로 서로 교제하는 곳? 나이에 따른 아동 분리는 다양한 문화 배경에서 볼 때 사회성 발달에 좋지 않다.

실제로 성인과 사회화는 훨씬 더 좋은 삶을 위한 준비다. 특히 그런 성인들이 아이디어와 성취를 통해 제공할 수 있는 흥미진진한 것을 가지고 있다면 더욱 그렇다. 토머스 암스트롱(Thomas Armstrong)은 자신의 저서 **천재성을 일깨워라**(Awakening Genius)에서 "호기심이 많은 창의적인 성인들이 아이들 주변을 에워쌀 때 아이들의 타고난 천재성의 행동에 불꽃이 튄다."라고 썼다.

나는 사람들이 사회화를 내세워 홈스쿨링을 반대할 때마다 "내 아이들과 대화를 해 본 적이 있습니까? 내 말은 정말 그들과 대화했느냐는 뜻입니다."라고 묻는다. 내 아이들은 당신뿐 아니라 다른 어떤 성인들과도 대화가 되기 때문이다. 다른 홈스쿨링 친구들도 마찬가지다. 그들은 실제적인 의견, 취미, 열정, 관심거리가 있다. 그들은 우리와 대화할 수 있다면 매우 행복해할 것이다.

내 아이들은 부모와 시간을 보내는 편이 훨씬 더 좋다. 우리 부부는 창업하고, 책 쓰고, 창의적인 프로젝트를 시작했다. 아니면 전국에 인증받은 유기농 채식주의자 식당을 연 우리 홈스쿨링 친구인 그레그(Gregg)와 케이티(Katie). 아니면 뛰어난 정원사와 요리사인 우리 홈스쿨링 친구 스티븐(Steven)과 한나(Hannah). 이런 목록을 열거하기 시작하면 끝이 없다.

학교와 마찬가지로 가족은 공장보다 더 오랜 역사가 있다. 산업화 시대

이전의 아이들은 놀고 배우고 형제자매, 어머니, 아버지와 함께 일했다. 농장에서 일하면서 엄마의 발밑에서 놀고 하루가 끝나면 함께 앉아 저녁을 먹었다. 식탁은 교실이었다. 아이의 교육과 사회화가 일어나는 곳이었다.

나이와 경험에서 차이가 나는 아이와 성인 간의 상호작용은 아이들의 사회성 발달에 해가 되지 않을뿐더러 전통적인 학교가 제공할 수 없는 유익함을 준다.

아이들에게 세계를 안겨라

우리는 현대적인 용어 해석에 따라 아이들을 사회화하려고 하지 않기 때문에 사회화는 오늘날 대부분의 홈스쿨러들에게 유효하지 않다. 언제부터 사회화가 동질화와 같은 의미를 갖게 되었는가? 모두 똑같이 행동하고 똑같이 상호작용하는 붕어빵 아이를 찍어 내는 것은 우리 목적과 거리가 멀다.

아이들은 자기만의 시간에 자기만의 속도에 따라 꽃을 피우는 존재들이다. 당신 아이가 내성적이며 사회 상황에 소극적이어서 참여보다 관찰을 더 좋아한다면 아이를 존중하라. 공간을 제공하라. 아이를 계속 사랑으로 씻기고 편안할 때 꽃피우게 하라. 결국 루미(Rumi)가 말한 것처럼, "꽃을 피우는 것은 천둥이 아닌 비다."

겁많은 아이들이 낯선 사람 주변에서 소심히 행동할 때 우리는 다른 사람들이 아이들의 사회성에 대해 무슨 생각을 할지 금방 궁금해질 것이다. 비록 학교에 다녔더라도 인성과 친근감은 아이에 따라서 다르다는 점을 기억해야 한다. 칭찬에 대한 욕구나 불안에 대한 두려움이 우리 양육을 결정하게 해서는 안 된다. 아이들은 외부 사람들에게 능력을 증명해 보이는 개인 프로젝트가 아니다. 아이들은 사적으로나 공적으로 우리 조력이 필요한 독특한 개인이며 아름다운 영혼들이다.

"사회화를 위해서 많은 아이와 함께 생활해야 한다는 생각은 아마 현대 교육과 양육에서 가장 위험하고 과장된 신화일 것이다."

-레이먼드 무어 박사(Dr. RAMOND MOORE')

나는 어리다고 해서 다른 사람에게 얕보이지 않도록 내 아이들을 가르치기 위해 매일 노력했다. 우리 사회는 효율적인 방법을 내세워 아이들을 나이별로 구분하지만, 최상의 방법은 아니다. 사실 나는 나이별 구분이 아이들의 잠재력을 훼손한다고 믿는다.

우리는 역시 아이들이 우리 문화권에서 이탈하거나 세계에 문을 잠그고 은둔하기를 원하지 않는다. 정반대다. 우리는 아이들에게 세계를 안겨 주고 그곳에 접근하여 탐험하기를 바란다.

우리는 아이들에게 더 좋은 것, 즉 배우고, 성장하고, 전 연령의 사람들과 유의미한 관계를 형성하는 능력을 주기 원하기 때문에 사회화를 걱정하지 않는다.

8 자격증의 신화

당신이 홈스쿨링을 해서는 안 되는 두 가지 이유가 있다. 하나는 전혀 관심이 없는 경우다. 다른 하나는 당신의 아이를 좋아하지 않는 경우다. 그 외에 교사자격증이나 아이를 가르칠 자격에 대한 느낌 등은 당신의 홈스쿨링 능력과 아무런 관계가 없다.

우리는 모두 아이를 위한 최고 교육을 원한다. 그런데 왜 최고의 교수 기술과 방법을 배우며 수년을 연구한 전문교사의 손에 아이를 맡기지 않으려 하는가? 이는 일부 부모들에게 최고의 방법일 뿐이다. 홈스쿨링을 고려 중이지만 교육학 학위와 자격이 없어 망설인다면 다시 생각하라.

실제로 당신도 역시 배우고, 만들고, 발견하기를 좋아하는 것을 알게 될 것이다. 야성+자유의 맘인 켈리 하디(Kelly Hardee)는 아이에게 최고의 길이라고 생각했기 때문에 홈스쿨링을 시작했다고 말했다. 켈리는 이런 단순한 삶 속에서 아이들의 번창을 기대했다. 그녀가 얼마나 번창할 것인지는 그녀의 예상을 훨씬 뛰어넘었다.

켈리는 다음과 같이 말했다. "내 안에서 전혀 새로운 세상이 깨어났다. 마치 도둑맞았던 내 일부를 다시 찾은 느낌이었다. 나는 그것이 사라진 것조차 몰랐다. 지난 몇 년을 회상하고 아이들과 더불어 성장하며 나는 여기에 있다. 서른한 살이 된 내 마음은 다섯 살 아이처럼 수채화에 대한 새로운 사랑과 내 평생 처음 배우는 독서 방법에 설렘을 느낀다(제대로 읽는 것). 이는 가장 달콤한 발견이며 지금까지 이 여행에서 기대하지 않았던 기쁨이다."

"교육은 보통 사람들과 거의 관련이 없으며 대학에서 뭔가 전공하고, 많은 지성이 필요한 교사의 일로 생각한다."

– 카렌 안드레올라(KAREN ANDREOLA)

주 정부의 홈스쿨링 요구사항

기본적인 법적 요구사항부터 알아보자. 미국의 50개 주 중 39개 주는 홈스쿨링 부모의 자격에 관한 별도의 기준이 없다. 학사 학위, 박사 학위 혹은 고등학교 졸업장이 없어도 홈스쿨링이 가능하다.

오직 11개 주에서만 부모의 고졸 학력 인증서(GED)나 고등학교 졸업장 같은 일정한 교육요건을 요구한다. 조지아, 뉴멕시코, 노스캐롤라이나, 노스다코다, 오하이오, 펜실바니아, 사우스 캘리포니아, 테네시, 버지니아, 워싱턴, 웨스트버지니아주 등이다. 부모에게 대학 졸업장을 요구하는 주는 없고 일부는 고등학교 졸업장 대신 감독관을 보내기도 한다. 홈스쿨링은 합법이며 교육 자격증은 거의 필요 없다.

이런 요건은 자유와 두려움을 동시에 느끼게 한다. 정말 정부는 미래 세대의 교육을 아무런 교육도 받지 않은 부모에게 맡기겠는가? 대답은 '예'다. 그렇다. 자유는 모든 미국인의 생득권이며 좋든 나쁘든 부모는 어디서 어떻게 아이를 교육할지 선택할 수 있다.

홈스쿨링은 모든 사람을 위한 제도는 아니다. 하지만 원하면 누구든지 할 수 있다.

홈스쿨링은 권리인 동시에 책임이다. 홈스쿨링은 아이들에게 개별화된 양질의 교육을 제공할 의도와 헌신을 요구한다. 이는 결코 가볍게 여길 수 없는 책임이다. 그렇다고 그런 개념에 겁먹지 마라. 부모로서 우리는 이미 최고의 책임을 맡고 있다.

부모가 될 수 있다면 우리는 홈스쿨링을 할 수 있다.

부족함을 느끼는 감정

내 직감으로는 대부분의 부모가 홈스쿨링의 **합법성** 여부보다는 자신이 부족하다는 감정 때문에 무력감을 느끼는 것 같다.

이해한다. 우리는 아이들의 퇴보를 바라지 않는다.

이는 아이가 태어나기 전에 육아 책을 읽고 두 살이 되기 전에 유아 학교에 보내고 아이들의 정상적인 발달과 성장을 확인하기 위해 매년 소아병원에 데리고 가는 이유다.

이는 유아 학교에서 가르치는 읽기 프로그램을 조사하고 행여 놓친 것이 없는지 궁금해하는 이유다. 이는 유치원은 더 이상으로 놀이와 사회적 상호작용을 통해 배우는 시기가 아닌 1학년의 엄격함을 준비하는 시기라고 말하는 '전문가'를 믿는 이유다. 이는 인간을 어떻게 키우고 보살펴야 하는지에 대한 우리 직관을 의심하는 이유다.

당신에게 바라는 부탁은 자신을 조금만 더 믿어 달라는 것이다.

아이와 함께 배워라

24시간 젖먹이를 가슴에 안고, 가사를 관리하고 음식을 준비하고 기저귀를 갈고 비정규직을 선호하는 경제에서 장바구니 기술로 사회에 공헌하며 하루를 보내는 전업주부를 데려와 오직 아이 교육에 대한 책임만 맡겨보라. 학위가 많든 적든 혹은 기업에서 무슨 지위에 있었든 관계없이 그녀는 결코 가르칠 자격이 있다고 느끼지 못할 것이다.

양육은 어려운 일이다. 양육은 우리를 세우기도 무너뜨리기도 한다. 자존심을 높이고 자존심에 생채기를 내자. 우리를 채우고 결점을 드러내자. 이는 우리 미래를 정의하고 우리 몸을 망가뜨린다. 하루 24시간 내내. 하지만 뾰족한 수는 없을 것이다.

양육은 가장 위대한 특권이다. 이런 아름다운 작은 생명체가 실제로 우리에게 맡겨진 의미가 무엇인지 이해할 수 없을 때가 있다. 하지만 우리의 결점과 실수에도 불구하고 우리는 아이들을 훌륭하게 양육하는 일에 최선을 다하고 그들이 누구인지 존중할 것을 결심했다.

홈스쿨링도 양육과 전혀 다르지 않다.

우리는 모든 답을 알 필요가 없다. 대부분의 시간에 무엇을 해야 할지 몰라 허둥댈 것이다. 우리는 모든 기대(다른 사람의 기대)를 충족하지 못할 것이다. 모든 것을 다할 수 없을 것이다. 모든 것을 바르게 할 수 없을 것이다. 하지만 우리 아이들은 실패하지 않을 것이다.

우리는 필요 이상으로 자신을 의심할 것이다. 친구들이나 낯선 사람들에게서 오해를 받을 것이다. 실수를 범할 것이다. 아이를 실망하게 할 것이다.

아이와 함께 배울 것이다. 믿음으로 걷는 법을 배울 것이다. 아이들을 사랑할 것이다. 마침내 아름다움, 성장, 기적을 볼 것이다.

실천하며 배워라

나는 홈스쿨링을 시작하기 전에 모든 것을 알아야 한다고 생각하는 수많은 신규 홈스쿨러를 만났다. 이런 결정을 내리기 전에 깊이 따져 보는 연구는 현명하지만 홈스쿨링은 실천하며 서서히 알아가는 것이다. 당신만의 방법을 찾고, 부모로서 당신의 경향성을 발견하고, 아이의 강점, 개성, 학습 스타일을 발견하기까지는 상당한 시간이 걸린다.

"나는 가르쳐 준 사람이 아닌 나와 대화를 나눈 사람들에게 대부분을 배웠다."

– 성 아우구스티누스(SAINT AUGUSTINE)

큰아이를 학교에서 집으로 데려온 해, 나는 일괄 교육과정을 구매했다. 모든 홈스쿨러는 의례 그렇게 한다고 생각했다. 풍부한 문학을 중요시하여 낭독에 적합한 살아있는 책과 언어기술 과제가 많이 포함된 것을 선택했다.

와이어트는 수 주일 동안 단문을 읽고 질문에 답하는 간단한 과제, 독해력 101을 배웠다.

그는 굉장한 독서가다. 하지만 몇 가지 이유로 질문에 응답하는 것을 어려워했다. 내가 보기에 어렵지 않았기 때문에 계속 틀린 답을 하는 이유를 이해하기 힘들었다. 나는 더 열심히 하지 않는 태도에 점점 더 실망했다. 몹시 짜증이 난 채 몇 주를 더 보낸 후, 나는 밀착 관찰한 후에야 비로소 그가 게으르거나 반항하는 게 아닌 것을 알았다. 다른 이유가 있었다.

나는 한 구절을 소리 내서 읽어 주고 질문에 응답하게 하는 실험을 했다. 와이어트는 들은 것을 이해하는 어려움이 갑자기 사라졌다. 그는 청각 학습자가 분명했다. 다행히 우리는 그에게 맞게 학습 환경을 바꿨다.

나는 내 아이들을 관찰하여 학습 방법, 필요한 지원과 불필요한 것을 매우 많이 발견했다. 이는 그중 처음 알게 된 것이다. 가장 좋은 홈스쿨링의 준비는 실제로 아이들을 가르치는 것이다.

홈스쿨링은 모든 답을 알고 시작하는 그런 방식이 아니다. 배우고 잊고 다시 배우는 연속적인 과정이다. 아이의 열정, 관심, 관계에 투자하는 기회다. 아이가 그런 행동을 하는 이유와 우리와 함께 최선을 다하는 방법을 발견하는 데는 5개월이나 5년이 걸릴 수 있다. 그래도 괜찮다.

야성+자유의 맘인 제시카 텔리언(Jessica Telian)은 가족에 적합한 최고의 방법을 찾기 위해 일 년 동안 홈스쿨링을 실천한 전 과정을 우리와 공유했다. 제시카는 다음과 같이 말했다. "홈스쿨러들 사이에 '최고의 방법'이 있다는 잘못된 인식이 돌고 있다. 나도 자주 보았던 시나리오다. 신규 홈스쿨링 맘들은 아이와 함께 시작하는 이런 흥미로운 교육 여행에 매우 열성적이다. 그들은 연구하고, 연구하고 더 연구한다. 경험 많은 홈스쿨러들과 이야기를 나누고 모든 최고의 팁과 요령을 터득한다. 장고에 장고를 거듭한 끝에 가장 적합하게 보이는 방법과 교육과정을 선택한다. 이제 출발 준비는 끝났다.

"첫 일주일은 순조롭게 지나간다. 특히 새로운 시도에서 모두 성공할 때 그렇다. 그러나 학년이 지날수록 항상 모든 일이 잘되지 않는다. 수학을 앞에 놓고 한탄하거나 읽기에 전혀 진전이 없는 아이가 있다. 엄마가 책을 읽으며 옥신각신하는 형제를 달래는 동안 소동을 벌이는 걸음마 아기 때문에 오늘 낭독 시간은 끝이다. 아이 엄마는 기가 죽어 자기가 무엇을 잘못했는지 의아해한다.

“아이 엄마는 항상 학교 공부를 잘하는 것처럼 보이는 홈스쿨링 가족들을 보고 들으며 자신은 ‘최고’의 방법을 선택하지 못한 것이 확실하다고 단정한다.

“더 많은 연구 끝에(이번에는 사기가 꺾이고 압박감을 느꼈기 때문에 더 많은 스트레스를 받으며), 아이 엄마는 다른 교육과정을 구매한다. 갑작스러운 변화는 모두를 오도하고 이런 주기가 반복된다. 세세한 내용은 다르지만 우리는 모두 그렇게 했다.”

제시카는 다음과 같이 지적했다. “홈스쿨링은 어렵다. 우리는 그런 어려움을 어떻게든 우리가 뭔가 잘못하고 있다는 지표로 매번 오해한다. 허둥대면 실패로 느껴지지만 실제로 그렇지 않다. 홈스쿨링에 대해 미리 많이 알더라도 집에서 가르치는 아이의 교육은 반드시 행함으로써 배우는 것이다. 수없이 반복하다 보면 결국 당신 가족에게 가장 알맞은 것을 알게 된다.

“우리는 우리 자신에게 너그러워야 한다. 한동안 최고의 홈스쿨링 방법을 발견하지 못하더라도 겸허히 수용해야 한다. 1년 심지어 2년이 걸릴 수 있다. 우리에게 맞는 최고의 방법을 찾았더라도 매년 새 학년도가 시작되면 그만의 새로운 어려움이 발생한다. 학년도마다 각각 역할이 달라진다. 그러므로 우리 자신에 관한 관대함은 계속되어야 한다.”

홈스쿨링을 지금 혹은 언제 시작하든 우리 마음의 비전은 현실뿐 아니라 상상 속에서도 좀처럼 실현되지 않는다. 그러나 그래도 괜찮다. 우리 가족 여행을 계속 재상상해 가면서 종종 더 좋은 방법을 찾는 것은 홈스쿨링의 멋진 면이다.

교사는 교실에 맞게 훈련되었다

물론 당신이 교사라면 교사자격증이 있어야 한다. 물론 당신은 하루 7시간씩 한 번에 25명의 다양한 아이들과 언쟁하는 특별한 훈련을 받아야 한다. 물론 당신은 아이들에게 매년 일정 이상의 점수를 보장하거나 보수 삭감의 위험을 감수해야 한다. 물론 당신은 행동상의 문제, 위협, 학습 장애, 현대 교실에서 일어나는 사회적 도전에 대응할 준비를 해야 한다.

교사는 믿기 어려울 정도로 힘들고 중요한 일을 수행한다. 홈스쿨링의 주창자들은 교사가 필요한 아이들의 삶에서 결코 교사의 역할을 폄훼하지 않는다.

"요리학 학위가 할머니의 요리인 것처럼 교육학 학위는 홈스쿨링이다. 할머니의 손맛과 기준은 누구도 손댈 수 없다."

– 던 셸턴(DAWN SHELTON)

하지만 홈스쿨링은 교사와 같은 훈련이 필요 없다. 홈스쿨링 부모가 아이를 가르칠 자격이 없다는 주장은 비교오류다. 비교 대상이 다르다. 우리가 학습 방법을 바꾸면 다른 방법에서 필요했던 전문지식은 쓸모가 없어지게 된다.

사실 우리는 야성+자유 공동체에서 전직 교사들을 많이 만난다. 그들 중 대부분은 교사 경력이 새로운 과정에서는 방해가 된다고 느꼈다. 그들은 아이들을 가르치기 위해서 받았던 훈련의 대부분을 잊어야 했다. 아이들은 타고난 학습자들이다. 아이들이 배우는 데 훈련된 교사는 필요하지 않다. 다만 아이들은 탐험하고, 조사하고, 자기 앞에 있는 관심을 추구하도록 허용하며 그들과 동행하는 친절한 길잡이가 필요하다.

우리는 교사를 경시할 생각이 없다. 하지만 우리 집의 질서를 뒤엎는다고 해서 전통적인 교육기관의 많은 친구를 사귀는 것도 아니다. 우리가 무엇을 선택하든 아이에 대한 교육의 자유를 지킬 때 우리는 본의 아니게 전통적인 방식으로 교육하는 사람들을 고발하는 모양새가 된다.

존 홀트는 이런 긴장감을 이해하고 다음과 같이 썼다. “다른 사람을 돕는 일을 평생 업으로 삼은 사람은 누구든지 자신이 없으면 잘 지낼 수 없다고 믿으며 하루에도 열두 번씩 그들이 자립할 수 있다는 증언을 듣고 싶어 하지 않는다. 많은 사람은 어떤 식으로든 자기가 아이들에게 없어서는 안 될 존재라는 생각을 기반으로 삶을 구축하고 그것에 의문을 제기하면 그들 존재의 근본을 공격하는 것으로 생각한다.”[1]

자격을 갖춰라

당신에게 작은 비밀을 하나 알려 주겠다. 홈스쿨링의 전문가는 없다. 오해하지 마라. 지식, 경험, 안목을 두루 갖추고 이 여행길을 안내하는 똑똑하고 특별한 사람들이 있다. 하지만 그들은 결코 당신을 대체하지 못한다.

당신은 당신 아이의 전문가다.

홈스쿨링에 대한 능력에 불안감을 느끼면 우리는 종종 교육과정, 컨벤션 혹은 컨설턴트의 자문을 얻기 위해 손을 내민다. 여행길에서 일어나는 이 모든 것들은 소중할 수 있으나 엄마만의 직관과 타고난 사랑의 능력, 양육, 아이들을 위한 학습 환경의 창조를 능가하지 못한다.

자신의 저서 **아웃라이어**(Qutlier)에서 말콤 글래드웰(Malcom Gladwell)은 특정 분야의 전문가 되려면 한 가지 일에 10,000시간을 쏟아야 한다는 유명한 만 시간의 법칙을 주장했다. 글래드웰에 의하면 하키선수, 심리학자, 예술가, 연설가, 범죄 수사관은 이런 문턱을 넘어야 비로소 전문가가 된다. 아이가 5살이 되기 전에 아이와 함께 하루 5시간을 보냈다면 우리는 아이의 형식교육이 시작되기 직전에 10,000시간을 사용하여 이미 내 아이의 전문가가 되어 있었을 것이다.

홈스쿨링의 좋은 부분은 실천해 가면서 그 일에 합당한 자격을 갖추게 되는 점이다. 바꾸어 말하면 홈스쿨링은 우리를 교사가 되도록 가르친다. 이런 교사는 미적분학이나 생물학을 연구할 필요 없이 어린아이의 마음에서 시작하는 부드러운 교수자이다. 우리는 아이들의 나이별 특성에 따른 간단한 주제를 가지고 수영장에 뛰어든다. 우리는 아이들의 성장만큼 성장한다.

수잔 와이즈 바우어는 처음에 홈스쿨링에 압도당하지 말라고 충고한다. "아직 아이들이 학교에 다니지 않는데도 별 준비 없이 지금 홈스쿨링을 하려 한다면 당신의 문법과 당신의 수학에서 시작하라. 그것은 당신이 알 때까지 할 수 있는 전부다. 그리고 나서 다른 주제를 추가하고 또 다른 주제를 계속 추가해 가면 된다."

바꾸어 말하면 첫해에는 압박감에서 벗어나 효과적인 것, 당신과 당신 아이가 좋아하는 것과 좋아하는 방법을 이해하라. 중핵 교과를 학습하고 다른 것을 추가하려면 일상 리듬이 정착한 후에 추가하라. 아이들을 학교에서 집으로 데리고 왔다면 이는 특히 진실이다.

바우어는 "첫해는 아이를 학교에서 데리고 나와야 한다. 목적은 아이가 집에서 생활하는 것이며 이는 학습의 일상화를 요구한다."라고 말했다.[2]

협동조합과 학습 공동체도 마찬가지다. 일단 시작하면 다른 사람이 제공하는 조직화된 수업으로 일상을 채우는 경향이 있다. 하지만 그것으로 채우지 마라. 첫해는 복잡한 일상을 피하고 단순화하라. 무슨 수를 써서라도 놀이 약속과 공동체 만남을 지켜라. 그러나 시간을 내서 우리가 좋아하는 것이 무엇인지 생각하라. 우리는 대부분 함께 배우는 것은 고사하고 아이들이 어떻게 배우는지조차 알지 못한다.

야성+자유의 맘으로 현재 10대를 가르치는 바스타니 더글라스(Bathany Douglass)는 다음과 같이 말했다. "모든 가정마다 홈스쿨링의 목적과 이유가 각각 다를 것이다. 나는 수년간 홈스쿨링 공동체의 다양한 지형을 살피고 이해하여 그것을 우리가 바른 방향으로 가고 있는지를 검증하는 리트머스가 아닌 풍부한 자원으로 더 많이 사용했다."

당신의 홈스쿨링 방식은 엄마로서 강점, 능력, 열정을 반영할 것이다. 그것으로 좋다. 마그넷 스쿨과 공립학교에 농업 반과 직업 반 프로그램이 있는 것처럼 당신이 조성하는 학습 환경은 개인으로서 당신의 독특한 재능을 반영할 것이다. 당신은 배워야 할 것이 많지만 아이들을 가르칠 것도 많을 것이다.

바스타니는 다음과 같이 말했다. "내 아이들이 필요로 하는 학업적인 것을 다 얻을 수 있을지 걱정하며 홈스쿨링의 첫해를 보냈다. 나는 홈스쿨링의 진정한 선물은 관계에 집중하는 시간 그리고 관심과 호기심의 탐구공간이라는 것을 최근에야 깨달았다. 물론 홈스쿨링의 중요한 핵심은 학업이지만 이 여행의 기본선물은 내 아이를 알고 아이들이 나를 알게 되는 것이다."

가치 있는 모든 일과 마찬가지로 홈스쿨링은 어렵고 힘든 일이다. 우리는 길을 가며 수천 번 의심하고 실패했다고 생각할 것이다. 어쩌면 한 번 이상 다시 시작해야 할지 모른다. 하지만 이 점을 명심하라. 우리가 아이들을 그 이상 더 망치는 일은 결코 없을 것이다. 아이들은 자기 길을 찾을 것이다. 우리는 우리 길을 찾을 것이다. 평생 해 왔던 것처럼 느껴질 때까지 조금씩 조금씩 우리는 이처럼 좋아하는 멋진 것을 모두 이해하게 될 것이다.

집처럼 느껴질 때까지.

사랑하는 엄마여, 홈스쿨링의 은혜 아래서 쉬라. 우리가 아이들을 위해 탈환한 선물은 어떤 시험이 줄 수 있는 것보다 더 가치 있다.

당신은 전문가다

당신이 홈스쿨러로서 갖출 자격은 어떤 사람도 어떤 학위도 아니다. 하지만 이것만은 알아라. 오직 시간만이 당신에게 자격을 줄 것이다. 경험은 의심이나 두려움 없이 전진하도록 자신감을 줄 것이다. 지금 당장 믿기 어렵겠지만 이윽고 당신은 당신 분야에서 최고의 전문가가 될 것이다.

처음 4년간이 홈스쿨링의 학사 학위라면 다음 2년은 석사, 또 다른 2년은 박사 학위가 될 것이다.

결국 시간, 목적, 실천을 빼고 나면 전문가란 무엇인가?

"사랑하는 사람이여, 당신은 항상 능력이 넘친다. 당신은 그냥 배우기만 하면 된다."

– 글리다 더 굿 워치(GLIDA THE GOOD WATCH)

야성+자유의 맘인 토니 베버(Toni Weber)는 다섯 명의 아이를 홈스쿨링으로 양육하여 그중 네 명을 졸업생으로 배출했다. 토니는 25년 이상의 홈스쿨링 과정을 다음과 같이 반성했다. "완벽하게 계획한 시스템, 프로그램, 교육과정은 그 어느 것도 충만한 사랑, 기쁨, 격려하는 가족의 힘을 대체할 수 없다. 이것이 홈스쿨링의 마법이다. 아이들이 세상에서 자기를 가장 잘 돌봐 주는 두 사람의 사랑을 먹고 보호받고 자라는 환경.

"아무것도 성취할 수 없다는 느낌이 들 때 이것을 바탕으로 모든 학습 스타일을 지원하는 환경을 구축하면 힘든 시간을 이겨 낼 수 있다. 진실은 생물학이나 대수보다 더 중요하게 생각할 것들이 매우 많다는 것이다."

우리가 스스로 부모-교사-안내자가 될 때, 우리 본성을 더욱더 신뢰하게 될 것이다. 아이들의 성공에 무엇이 필요한지 정확히 알게 될 것이다. 우리는 우리 리듬, 우리가 하는 일과 하지 않는 일을 알게 될 것이다. 아이들을 돕는 우리 능력을 제한하는 것은 없다.

우리보다 이 일을 더 잘할 자격이 있는 사람도 없다.

The Governor Albert D. Rosellini Bridge at Evergreen Point is the longest floating bridge in the world. The bridge connects Seattle and Medina across Lake Washington.
Washington
The Evergreen State
Washington state has more glaciers than the other 47 contiguous states combined.
OLYMPIC NATIONAL PARK
Lake Chelan
Seattle
Spokane
Tacoma
Olympia
MOUNT RAINIER NATIONAL PARK
Vancouver
of the Olympic Peninsula are among the rainiest
world and the only rainforests (such as the
in the continental United States.
Hoh

9 학습 신화

홈스쿨링이 논란이 되는 것은 학습 방법에 문제를 제기하기 때문이다. 이는 매우 중요한 문제다. 모든 부모는 아이를 위한 최고의 교육을 원한다. 그래서 집이 최고의 학습장인가? 전통적인 교육모델은, 학습은 모든 사람을 위한 하나의 표준화된 시스템에서 집단형태로 일어난다고 주장한다. 학교 교육의 시스템은 교실의 본질적인 제약으로 아이들에 대한 개별적인 관심이 부족하다. 모든 아이는 모두 똑같은 정보를 처리하고 정보의 보유 능력을 바탕으로 시험을 치른다. 뒤떨어진 아이는 낮은 점수를 얻어서 사기가 꺾이고 최악의 경우 학습 장애라는 꼬리표가 붙은 아이로 끝난다.

홈스쿨링 모델은, 아이들은 각각 다르게 배우며 자기 속도에 따라 자기 관심의 주제를 추구하는 시간과 공간이 풍성한 환경에서 유년기의 경이로움을 경험할 때 번성한다고 말한다. 학습은 아이들의 자연스러운 과정이며 격려하고 안내하면 아이들은 뜻대로 된다고 주장한다.

홈스쿨링은 혁명적으로 들릴 수 있다. 하지만 학교가 산업혁명에 휩쓸려 학습을 아이들을 양육하고 돌보고 성장하는 개인이 아닌 공장의 생산품으로 보기 전까지 아이들은 이런 방식의 교육을 받았다.

1906년 미국 교육부 장관인 윌리엄 토레이 해리스(William Torrey Harris)는 이런 변화를 제도화했다. 그는 다음과 같은 문제성의 발언을 했다. "100명 중에서 99명(학생)은 정해진 길을 따라 조심스럽게 걷고 정해진 관습을 따르는 로봇 같은 사람이다. 이는 우연이 아니라 실제적인 교육의 결과다. 과학적으로 정의하면 이는 개성의 포섭이다."

바꾸어 말하면 현대 교육은 아이의 개성을 억압하는 장치로 설계되었다.

해리스의 학교에 대한 비전도 충격적이기는 마찬가지였다. "학교의 위대한 목표는 어둡고, 추하고, 밀폐된 공간에서 더 효율적으로 실현될 수 있다. … 이는 신체적 자아를 완전히 통제하여 자연의 아름다움을 초월하는 것이다. 학교는 아이들이 외부 세계와 단절하는 능력을 배양해야 한다."[1]

분명히 해리스의 주장은 당시 아이들을 현대 아이들과 다른 관점에서 바라보고 다르게 대했던 시대에서나 가능했다. 우리 교육 시스템은 개선되었고 개혁이 계속되고 있다. 하지만 산업형 교육모델의 잔재는 여전히 많이 남아있다. 전통적인 교육모델이 효율적일지 모르나 아이들의 개인적인 성장을 방해한다. 우리는 더 이상으로 아이들을 장기간 억압하여 자연 세계에서 배제되기를 바라지 않는다. 우리는 아이들에게 많은 휴식 시간을 주어 배우고 성장하는 중요한 방법, 즉 자연의 아름다움을 경험하기를 바란다.

미국의 작가인 헨리 베스턴(Henry Beston)은 "공장과 바퀴가 지배했던 세기에서 한 가지 분명한 사실이 있다면 숟가락에서 착륙선까지 기계가 모든 것을 만들 수 있어도 자연이 주는 기쁨은 만들 수 없으며 결코 누릴 수

도 없다."라고 썼다.[2]

'농장에서 식탁으로 가자'는 먹거리 운동처럼 홈스쿨링은 자연 교육으로 되돌아가는 교육모델이다. 홈스쿨링은 아이들에게 얼마나 많은 정보를 쟁여 넣느냐가 아니라 아이들이 얼마나 많이 배움을 사랑하느냐에 관한 것이다. 그렇게 한다면 아이들은 학교 경계를 넘어서 항상 배울 것이다.

"야생은 문명이 그것을 제거하기 시작할 때까지 바람과 노을처럼 당연한 것으로 여겼다. 지금 우리는 '더 높은 삶의 표준'이 자연, 야생, 자유 등을 희생할 가치가 있는지 대답해야 한다."

– 알도 레오폴드(ALDO LEOPOLD)

모든 아이는 각각 다른 속도로 배우는 까닭에 홈스쿨링의 목적은 아이들이 데이터를 빨리 암기하거나 특정 기준에 빨리 도달하는 것이 아니다. 예를 들어 알베르트 아인슈타인은 3살 때까지 말을 하지 못했다. 그는 조기 발달이 늦은 것에 비해 실제로 믿을 수 없는 성취를 일구어 냈다.

아인슈타인은 다음과 같이 말했다. "일반적으로 성인들은 결코 시간과 공간의 문제에 대해 생각하지 않는다. … 반대로 나는 늦게 발달했기 때문에 성인이 되어서야 시간과 공간에 대해 궁금증을 갖기 시작했다. 그래서 나는 보통 성인이나 아이들보다 더 깊이 문제를 캘 수 있었다."

바꾸어 말하면 지연된 학습은 항상 실패가 아닌 득이 될 수 있다. 이미 드러난 것처럼 아이들은 유년기가 길면 길수록 더 잘할 수 있다.

적기 학습

나는 교실 책상에 앉아서 와이어트의 유아 학교 교사가 일 년 내내 정리해 놓은 성적 파일을 살펴보았다. 큰아이의 성적을 살피자 교사는 나를 동정 어린 눈으로 바라보면서 "와이어트는 유치원에 갈 준비가 아직 되어 있지 않다는 말밖에 드릴 수 없습니다."라고 말했다.

나는 깜짝 놀랐다. 아이가 유치원에 갈 준비가 돼 있지 않다니 무슨 말입니까? 지점토? 사방치기 놀이? 교사는 와이어트가 학교에서 잘 지내고 친구도 잘 사귀고 부지런한 아이이며 수업 시간도 그녀와 재미있게 보낸다고 나에게 믿음을 주었다. "와이어트가 유치원의 엄격한 생활에 준비가 덜 되었다고 생각할 뿐이다."라고 나에게 말했다.

교사는 필수 요구사항, 숙제, 강도 높은 하루 일정 등 오늘날 유치원의 모습이 어떠한지 장황하게 설명했다. 그녀는 아이가 준비되기 전에 서둘러 다음 단계로 가는 것을 원하지 않았다. 유치원은 더 이상으로 심약한 아이들을 위한 곳이 아닌 것처럼 보였다.

나는 18세기 독일 유치원의 창시자인 프리드리히 프뢰벨이 5살 난 아이들에게 우리가 무엇을 할 수 있다고 생각했는지 궁금했다. 그는 "다른 것은 몰라도 아이, 소년, 남자는 모든 발달 단계에 도달하기 위해서 각 단계가 요구하는 것을 알아야 한다."라고 썼다.[3] 우리는 학교 시스템을 바꿀 수 없겠지만 아이들이 현재 발달 단계에서 성장하는 적절한 선택을 할 수 있다. 우리는 서두르거나 늦출 수 있다.

다른 부모와 대화를 해 보면 실제로 우리가 아이들을 재촉한다고 생각하는 사람은 거의 없다. 그러나 자기 아이들이 뒤떨어지고, 소외되고 부족한 채로 남기를 원하는 부모는 없을 것이다. 부모들은 축구팀에서 유치원까지 아이들이 이런 엄격함에 더 일찍 준비할 것을 강요한다. 이것이 나쁘다는 것은 아니다. 하지만 아이들이 하나라도 놓치지 않도록 가능한 한 쥐어짬으로써 결국 유년기도 함께 건너뛰어 지나게 한다.

심리학자이며 **재촉하는 아이: 빠르다고 더 빨리 자라지 않는다**(The Hurried Child: Growing up Too fast To soon)의 저자인 데이비드 엘킨트는 부모가 아이들을 성인기로 재촉하는 과정을 늦춰야 한다고 말했다.[4]

> 나는 부모, 교육자, 입법자에게 아이들의 한계를 넘어 더 잘하도록 압박하라고 말한 적이 없다. "나는 재촉을 믿지 않지만,"에는 항상 '하지만'이 따라붙는다. 어떤 부모는 "나는 재촉을 믿지 않지만, 아이를 축구팀에 넣지 않으면 내 아이는 놀 친구가 없고 팀도 구성할 수 없을 것이다."라고 말한다. 어떤 교육자는 "나는 재촉을 믿지 않지만, 유치원에서 읽기를 가르쳐야 한다고 교육과정에 규정되어 있다."라고 말한다. 어떤 입법자는 "나는 재촉을 믿지 않지만, 유권자들이 원한다."고 말한다. 날로 발전하는 세계 경제에서 경쟁할 수 있는 건강하고 행복한 아이들을 바란다면 우리는 '하지만'을 넘어서야 한다. 우리는 건강한 아동 양육과 교육에 관해 우리가 알고 있는 지식을 사용해야 한다.

우리는 아이들을 사랑하기 때문에 아이들의 결점을 없애려는 일이라면 절대 망설이지 않는다. 특별 수업에 등록하고 보충 프로그램을 신청하고 대학선수학점을 요구하고 격언을 붙이는 등 유년기가 빨리 지나도록 거듭 재촉한다.

유년기, 그것의 모든 결점, 미숙함은 가능한 한 빨리 건너뛰어야 할 '문제'가 되었다. 아이들을 성인기로 급히 내몰면 유능하고 잘 적응하는 사람이 될 것이다. 하지만 많은 죄를 덮으려는 과정에서 우리는 더 심한 죄를 범한다.

모든 유년기 '문제'는 가능한 한 빨리 아이들에게 가르칠 필요가 없다. 우리는 아이들이 정체성에서 자유롭게 하여 일부 발달은 나중에 오게 할 수 있다. 배울 시기가 있고 그냥 아이가 되게 할 시기가 있다. 아이들을 다음 단계로 빨리 발달시켜야 한다는 조급한 걱정에서 벗어날 때 아이들의 유년기를 즐겁게 할 수 있다.

야성+자유의 맘인 에린 아르미조(Erin Armijo)는 홈스쿨링의 이유를 다음과 같이 설명했다. "내 아이들과 함께 생활하면서 함께 배우는 것이 내 소원이었다. 사회적 기준에서 보면 아이들이 충분히 자랐을지 몰라도 내 아이들과 온종일 떨어져 지내게 되면 어쩐지 부자연스러웠다."

에린은 홈스쿨링을 항상 신성한 종류의 자유로 보았으며 다른 선택은 생각할 수 없었다고 말했다. 이것이 바로 돌파구가 아닌가? 우리는 사회에서 이탈하여 모진 압력을 견디며 결국 우리 모성의 본성을 붙잡고 아이들에게 바른 교육을 실천했다.

이윽고 에린이 도약하자, 그녀의 목적은 아이의 유년기 탈환으로 단순해졌다.

"처음 계획은 내 아이들을 다시 알게 되는 것이었다. 아마 어리석게 들릴 것이다. 우리는 항상 가족 간 긴밀한 유대관계를 유지했다. 하지만 학교는 내 아이를 바꾸어 놓았고 나는 그것의 탈환을 내 목적으로 삼았다."라고 에린은 말했다.

"나는 특별한 재능은 없다. 오직 열정적인 호기심만 있다."

–알베르트 아인슈타인(ALBERT EINSTEIN)

우리는 아이들의 유년기 기쁨을 방해하지 않는다. 우리는 아이들에게 미래 학습의 모든 기초를 제공한다.

되돌아보면 와이어트의 유아 학교 선생님은 내 아이에게 또 다른 유년기 시절을 선물했다는 생각이 든다. 그녀는 아이다운 마음, 경이로움으로 가득한 눈, 놀이의 즐거움을 경험하면서 그것을 빼앗기는 아이들을 보고 싶지 않았을 것이다. 14살에 두 권의 책을 쓰고 결심한 것을 모두 성취하기 위해 매일 자신을 단련하는 아이가 바로 이 아이다. 하지만 그는 진실로 아이가 되는 것을 사랑했다.

부모인 우리는 아이들을 위한 경계를 정하고 거절하는 법을 가르치고, 인생의 한순간에 지나지 않는 유년기를 지키는 수호자의 길을 선택할 수 있다. 우리는 아이들의 마음을 지키고 놀이를 보호하고 아이가 되는 데 집중하는 자유를 주어야 한다. 아이들의 미래는 거기에 달려 있다.

파도타기

나는 책을 좋아한다. 10대였을 때 금요일 저녁에 친구들과 외출하기보다 대부분 내 방에서 책을 읽으며 보냈다. 나는 헌책방에 가면 수 시간 동안 사라진다. 거실에 책장을 놓아 달라고 남편에게 부탁하기도 했다. 책이 내 손 안에서 느껴지는 감촉, 비가 오는 날 내 내면의 영혼을 적시는 느낌, 컬렉션으로서 책이 나에게 주는 의미를 좋아한다. 책은 위대한 사상과 이야기의 유품이다.

하지만 교육은 단순히 책에만 의존하지 않는다.

실제로 종종 책을 내려놓고 교육과정을 멀리하는 편이 더 좋다. 아이들은 행동하고, 탐험하고, 생활하면서 배운다. 이런 배움은 아이들의 교육이 녹슬지 않게 방지해 준다. 아이들은 배우는 데 매우 능해서 우리는 그것의 파괴를 원하지 않는다. 그것의 지속을 바란다.

홈스쿨러로서 우리는 아이들의 관심과 열정의 파도를 타게 된다. 우리는 자연학습을 최대로 이용하며 적절한 때가 되면 일정, 과정, 책으로 되돌아간다. 이는 아이들의 교육을 살아 숨 쉬게 하고 생기를 불어넣을 뿐 아니라 역시 짧은 시간에 프로젝트를 배우고 해결할 수 있게 하는 인간 본성의 일부이다.

존 홀트는 다음과 같이 말했다. "어떤 한순간에 아이들이 얼마나 많이 배울지는 아이들이 과제와 과제를 수행할 그 순간에 느끼는 자기 능력에 대한 감정에 좌우된다. 우리가 강하고 유능하다고 느끼면 우리는 어려움을 돌파할 수 있다. 어려움은 우리를 낙심시키지 않는다. … 가르치는 기술에는 부분적으로 학습자가 어떤 분위기에 있는지 파악하는 감지 능력이 있다."[5]

교육자로서 우리의 역할은 최적의 학습 환경을 촉진하고 아이들이 배우고 싶은 순간을 포착하여 지나치다 싶으면 한발 물러서는 일이다. 아이가 지루하거나 싫증을 내게 되면 전혀 기억에 남지 않기 때문에 "바쁘게 움직여라"라는 훈계는 실제 학습에 적합하지 않다.

아인슈타인의 말처럼 "교육은 학교에서 배운 것을 잊어버린 후에 남는다." 응용할 것과 엄격히 지켜야 할 것이 분명히 있지만 실제로 중요한 것들만 기억하는 것이 현명하다.

이런 물러남은 아이들의 감정과 관계없이 무조건 압박만이 부모의 일이라고 믿는 홈스쿨링 맘들에게 긴요한 조언이다. 확인란의 체크 표시와 교육과정의 과제가 엄마를 지배할 때 책을 내려놓고 그럼 "다음에 다시 하자." 라고 말할 수 있다면 얼마나 좋은 선물이 될 것인가. 찻주전자와 꿀, 작고 따스한 동그란 빵, 다정한 낭독은 묘책일 수 있다. 아니면 자연 산책, 뒤뜰에서 그림 그리기. 수업을 알리는 종소리는 분명히 아니다.

홀트는 다음과 같이 말했다. 아이들이 우울할 때 "다그치고 재촉해 봐야 소용없다. 아이가 놀라서 좌절할 뿐이다. 우리 일은 뒤로 한발 물러서서 압박감을 줄이고 아이들을 재확신시키고 위로하고 에너지를 회복할 충분한 시간을 주어 적절한 시점에 다시 과제로 돌아가도록 하는 격려다."[6]

아이들이 준비되면 학습 능력은 상상을 불허한다. 하나의 아이디어는 호기심을 들불처럼 번지게 하고 다양한 주제와 관심으로 옮겨붙게 한다.

내 친구 조디 모카비는 어느 날 아이들에게서 이런 일이 어떻게 일어났는지 그 과정을 다음과 같이 설명했다.

"아이들은 종이비행기에 꽂혀 있었다. 아이들은 비행거리, 무게, 모양, 스타일을 설계하여 여러 개의 종이비행기를 만들고 있었다. 카터(Carter)는 시간과 거리를 재고 애버트(Everett)는 다른 모양을 만들어 무게를 실험하고 있었다. 스칼렛(Scarlett)은 종이비행기 책을 보고 다양한 스타일을 만드는 법을 배우면서 동생에게 가르쳐 주고 있었다. 쌍둥이는 비행기에 색칠하며 경쟁의 대열에 합류했다.

"오후 늦게 우리는 간식을 먹기 위해 자리에 앉아 비행기에 대해 토의했다. 나는 아이들에게 공기역학의 개념을 소개하고 무게 대 양력, 인력 대 추력을 비교하여 보여주었다. 우리는 다양한 비행 테스트에 과학적 방법을 적용했고 아이들은 다음날 자기만의 가설, 변인, 결과를 자기 공책에 기록했다."

조디는 아이들에게 새 관찰과 비행기 역사를 이야기해 줄 생각이었다. 그러나 이야기를 꺼내기도 전에 아이들은 숲속에서 뛰어나오며 "방울뱀, 방울뱀"이라고 소리쳤다!

"방울뱀이 아니라 땅다람쥐인 것을 발견한 후 우리는 자연책에서 차이점을 찾고 반복하고 그것에 대해 서로 퀴즈를 냈다. 그것은 꼭 알아야 할 것들이었다. 다음날 애버트는 과학적 비행의 분석 방법을 기록하지 않고 뱀의 차이점에 관한 글을 쓰고 그림을 그렸다."라고 조디는 말했다.

이런 파도를 타게 되면 일일 교육과정의 요구를 완성하지 못할 수 있다. 하지만 잊을 수 없는 수업은 또 다른 수업으로 이어지고 아이들은 결코 싫증을 내는 일이 없을 것이다.

"전통적인 교육은 학습이 아닌 교수에 초점을 맞춘다. 그 배경에는 아무리 가르쳐도 학습자가 배우는 것은 미미하다는 잘못된 가정이 깔려 있다. 하지만 우리가 학교에 다니기 전에, 도중에, 후에 배웠던 것의 대부분은 가르침 없이 배운 것이다. … 교실 환경에서 가르치는 것의 대부분은 잊히기 마련이고 기억하는 것의 대부분은 교실과 전혀 무관한 것이다."

– 러셀 백오프(RUSSEL ACKOFF)

아이들은 타고난 학습자들이다. 그것은 아이들의 DNA에 내장되어 있다. 아이들은 조건이 충족되면 배우기 마련이다. 이런 특별한 능력을 최대로 이용하기 위해서 우리는 관심의 파도를 타고 가르칠 수 있는 순간을 포착하고 지나치면 물러서야 하는 법을 배워야 한다.

시간을 다 채우려고 노력하기보다 그것을 음미하면 어떨까? 아이들의 시간표를 과제로 채우기보다 좋아하는 것을 발견할 시간을 주면 어떨까?

아이들이 학습에 대한 사랑을 계속 유지할 수 있다면 우리는 엄마와 교사로서 성공할 것이다. 아인슈타인은 "교육은 지식의 나무에 열린 과일 자체가 아닌 과일을 따기 위한 사다리일 뿐이다."라고 말했다. 우리는 아이들에게 평생 배우는 방법을 가르쳐야 한다.

아이들이 우리를 기다리는 일 없이 주제를 발견하거나 문제를 연구할 모든 책을 탐독하며 독자적으로 배우는 모습을 상상해 보라. 아직 경험하지 못했다면 조금 기다려라. 홈스쿨링 맘이라는 느낌은 전혀 들지 않을 것이다.

"우리 아이들이 (1) 단어, 수, 아이디어를 정말 좋아하는 평생 학습자가 되고, (2) 쉽고 안전함에 대한 고착을 피하여, (3) 정교한 사고자가 되기를 원할수록 아이들이 점수를 잊을 수 있도록 모든 노력을 다 해야 한다."

– 알피 콘(ALFIE KOHN)

시험의 폐해

숲속에서 나무가 쓰러지면 들은 사람이 없어도 나무가 쓰러지는 소리가 나는지에 대한 오래된 질문은 교육에도 마찬가지로 적용된다. 즉 학생들이 학교에서 시험을 보지 않으면 실제로 배운 것이 있는가?

물론 아이들은 배웠다. 하지만 대부분의 사람은 시험 없는 학교라는 개념은 상상조차 할 수 없다. 나는 엄마들이 시험은 아이들이 어디쯤 위치하는지 정확히 아는 방법이기 때문에 시험점수를 아는 것이 좋다고 하는 말을 자주 듣는다. 이 말은 시험에 능한 아이들에게는 모든 것이 다 잘되고 좋을 것이다. 하지만 다른 분야에 재능이 있거나 시험이 보여줄 수 없는 것을 잘하는 아이들은 어떻겠는가?

실제로 시험은 아이들의 학습 결과를 나타내는 형편없는 지표일 뿐 아니라 아이들의 자존감을 훼손하여 정체성 발달을 방해한다. 이는 진실이다.

수잔 와이즈 바우어는 자신의 저서 **학교를 다시 생각하다**(Rethinking School)에서 이 문제를 명쾌하게 짚었다. "현재 표준화 시험은 학교가 역사, 과학, 음악, 예술, 외국어 대신 시험 준비만 독려하도록 한다. 역사, 과학 등은 대부분 시험과목에 해당하지 않는다. 표준화 시험은 아직 잠재력이 완전히 발달하지 못한 학생에게 불공정하다. 가난한 학생들과 중산층 백인 학생뿐 아니라 재능이 뛰어난 학생들과 똑같은 문화적 준거를 공유하지 못한 소수집단의 학생들에게 모두 부당한 결과를 가져온다. 그들은 객관식 문제에서 왜 하나의 답이 정답으로 간주되는지 항상 그 이유를 궁금해한다."[7]

시험은 아이 교육 중 단지 특정 부분만 측정할 뿐이다. 네모난 못을 모두 둥근 구멍에 박으려는 능력만 평가한다면 시험이 정말 무엇을 평가한다고 말할 수 있겠는가?

아인슈타인은 "아이는 모두 천재다. 하지만 나무에 오르는 능력을 기준으로 물고기를 평가한다면 물고기는 평생 바보로 생각하며 살아갈 것이다."라고 말했다.

2014년 베테랑 교육자인 마리온 브래트(Marion Bradt)는 표준화 시험을 언급하면서 "복합적인 감정을 걸러내고 경험에 기반하는 학습의 특질을 측정하는 기계는 없다. … 잘못된 것을 검증한다면 하등 점수를 매길 이유가 없다."라고 썼다.[8]

정보 보유의 능력이 재능인 점은 확실하다. 하지만 그런 재능을 단순 시험용보다 더 의미 있는 방식으로 돌리면 더 좋지 않겠는가? 울새가 둥지를 만드는 방법이나 밤하늘에 별들이 반짝이는 이유 등 아이가 아는 다른 수십억 가지는?

내 아이들은 회로와 로봇에서부터 아나콘다와 공기역학까지 내 상상보다 더 많이 나를 가르친다. 하지만 그런 것은 거의 시험에 나오지 않는다.

바우어는 시험을 "압박감 없는 개인화된 환경에서 학생의 학습과 표현 방식에 적합하게 만들어, 아이의 교육 욕구에 맞는 방법을 찾는 여러 가지 방법 중 한 가지로 취급할 때" 그 유용성을 인정한다.

아이에게 유용한 시험을 찾는다면 학교식 교육을 건강한 시험 방법과 통합할 수 있을 것이다. 하지만 그런 종류의 시험은 전통적인 학교 시스템에서 존재하지 않는다. 대신 학교는 러시안룰렛의 학업 버전으로 기능한다.

고도의 압박감을 느끼는 환경에서 틀린 답 하나는 아이의 정체감과 미래에 심각한 영향을 준다.

바로 시험의 적자생존이다.

"부모인 우리의 소망은 아이의 특별한 열정, 능력, 재능과 일치하고 아이에 대한 우리의 비전에 알맞는 교육 환경을 발견하여, 아이의 약점을 부드럽게 개선하고 강점을 가르치는 것이다."

– 수잔 와이즈 바우어(SUSAN WISE BAUER)

더 좋은 평가 방법

아이들의 평가 방법은 우리 가치를 반영한다. 시험을 모두 없애려고 한다면 우리 교육관이 학습을 주도해야 한다. 이것은 완전히 새로운 세계의 가능성을 열 수 있다.

아이가 실제로 배우는 것을 알고 싶으면 그냥 듣기만 하라. 무엇이 아이들에게 불꽃을 튀게 하는가? 무엇을 이야기하는가? 무엇을 크게 궁금해하는가? 읽거나 들은 것을 반복해 달라고 요구할 때 그들은 무엇을 드러내는가? 관계 속에서 배우는 학습은 함께 배우고 배운 것을 표현할 수 있는 풍성한 환경을 제공한다.

20세기에 샬럿 메이슨은 영국 전역의 여러 학교에서 내레이션 연습을 실행했다. 이야기나 말하기 기술은 고대 이후 줄곧 교육의 도구로 사용되었다. 그러나 메이슨은 이것을 통합하여 오늘날 많은 홈스쿨러가 일상적으로 실천할 수 있게 했다.

아이들의 대화에 참여하고 아이들이 구어나 문어로 배운 것을 우리에게 반복하게 하면 실제로 알고 있는 것을 더 잘 전달할 수 있다. 그뿐 아니라

간단한 이야기 활동은 보유와 이해를 통해 아이들의 고차원적인 사고 능력에 영향을 준다.

이런 연습은 단순한 언어 훈련이 아니다. 시간이 지나면서 아이들은 주의집중을 배우고 배운 것을 연결한다. 이윽고 하루 생활 속에서 자연스러운 이야기가 시작된다. 아이들은 뒤뜰에서 관찰한 새, 점심시간에 읽은 이야기, 최근에 만들고 있는 레고 작품에 대해 조잘거릴 것이다. 아마 그들의 이야기는 놀이 형태, 소품으로 구성한 연출, 만화 그리기에서 나왔을 것이다. 6살 난 애니의 경우라면 이야기의 출처는 동화책일 것이다. 그저 바라보기만 해도 멋진 풍경이다.

은연중 배우기

내가 대학에 다닐 때 언젠가 영어 교사가 될 희망을 품고 교육학 학위 과정을 이수했다. 나는 수업 첫 시간에 강의실에 들어가서 생머리에 우아한 미소를 띤 채 우리 앞에 서 있는 헤프치파(Hephzipah)라는 이름의 아름답고 위엄을 갖춘 여성을 발견했다.

교수는 책상 끝에 앉아서 읽은 책을 소개하기 시작했다. 나는 교수가 경험담을 이야기하고 등장인물, 배경, 문화를 응용해 가며 우리를 즐겁게 하는 모습을 보고 매료되었다. 그녀는 시간 내내 우리와 이야기를 나누고 나는 책 이름을 받아 적으며 내가 이미 작성해 둔 긴 도서 목록에도 불구하고 그 책만은 꼭 읽겠다고 다짐했다.

나는 매초마다 즐거웠다. 하지만 수업이 끝나고 나는 "가련한 여자, 방금 책에 관해 이야기하며 전체 수업 시간을 날렸구나."라고 생각했다.

다음 시간이 되자 헤프치파는 다시 다른 책에 관해 이야기했고 마찬가지로 이야기 줄거리를 들먹거렸다. 나는 그것을 다시 내 필수 독서목록에 추가했다.

이런 일은 다음 시간에도 연이어 일어났다. 나는 결국 빈칸을 채우고 사실과 암기를 반복하거나 고등학생들에게 영어를 가르치는 방법과 관련된 생명력 없는 목록을 작성하기보다 우리를 책에 대한 사랑에 빠지게 하려는 교수의 의도를 알아차렸다. 그녀는 교사가 되려는 훈련보다 우리가 가르치는 것을 사랑하는 것이 더 중요하다는 의도를 보여주었다. 교수는 우리가 아닌 아이들이 책에 대한 사랑에 빠지는 방법을 보여주었다.

나에게 중요한 순간이었다.

학기가 끝난 후 나는 교육학에서 영어로 전공을 바꾸어 모든 고전 문학을 섭렵했을 뿐 아니라 내 딸 이름을 헤프치파로 짓기로 맹세했다. 헤프치파는 결혼 후 근소한 차이로 부결되었다. 하지만 그녀는 여전히 내 마음속에 소중한 자리를 차지하고 있다.

"배움은 호흡처럼 자연스러운 활동이기 때문에 자연스러운 학습과정이 효과적이다."

– 엘렌 크리스(ELLEN CRISS)

왜 우리는 교육은 즐길 수 없으며 더 좋은 학습 평가는 어렵다고 가정하는가? **우아한 공간**(Gracious Space)의 저자인 줄리 보가트는 다음과 같이 썼다. "노력을 의심하면 성공을 의심하게 된다. 조금 더 생각해 보면 학습 증거로써 노력을 과대평가하는 것을 알 수 있다. 학습과 성장을 보여주는 더욱 확실한 증거는 기쁨과 즐거움이다."[9]

아이들의 뇌는 스펀지 같아서 많은 것을 흡수한다. 그러나 정보는 교육과 다르다. 아이들의 머릿속에 점점 더 많이 쟁이는 방법은 아이가 더 잘하게 만들지 못한다.

학교 교육의 교실 모델은 대규모 학생을 대상으로 하며 시험은 모든 아이를 한 번에 평가하는 효율적인 방식이다. 하지만 줄리 보가트의 말처럼 "우리는 양과 학습이 같다는 이런 생각을 극복할 필요가 있다."[10]

홈스쿨러로서 우리는 아이들의 교육을 아이들의 독특한 학습 스타일, 관심, 재능, 욕구에 맞출 기회를 가지고 있다. 우리는 아이들의 행동을 관찰하고 이야기와 의미 있는 프로젝트와 같은 도구를 사용하여 그들의 통찰을 이해할 수 있다. 그런 종류의 도구를 사용하면 학습의 폭과 깊이의 이해가 훨씬 더 쉬워진다.

우리 아이들은 상자 안에서 살거나 배우지 않는다. 삶은 어수선하고 혼란스러운 온갖 혼돈으로 가득 차 있다. 배움도 종종 마찬가지이다. 하지만 배운다는 것은 역시 멋지고 풍성하며 평화롭고 조용한 순간을 선물한다. 모든 아이가 행복하게 그리고 생산적으로 배울 때가 있다. 이는 아이들은 강압, 뇌물, 혹은 스티커에 의한 강요가 아니라 그들의 마음속에 열망이 있기 때문이다. 홈스쿨링은 관계에 관한 것이다. 개인화 교육이다. 아이들이 자기 관심을 자기 속도에 따라서 자유롭게 배우는 것이다.

우리는 할 수 있다.

10 엄격성의 신화

일부 사람들은 내가 차고에서 불법적인 의료행위를 하는 치과 의사를 피하는 것과 비슷한 이유로 홈스쿨링을 피한다. 나는 이해한다. 내 홈스쿨링에 대해서 나도 똑같은 질문을 했던 적이 있다. 즉 이것을 어떻게 학교로 인정할 수 있는가? 학업 요구를 어떻게 달성하는가? 내 아이의 미래를 망치고 있지 않은가?

일부 사람에게 학교는 대물림되는 가족의 명예가 걸린 문제다. 나는 그들이 어떻게 느낄지 안다. 나는 한때 뒤뜰에 3개월간 이달의 우수 학생상을 받은 자랑스러운 현수막을 걸어 두었다. 내 아이는 고작 유치원생이었다.

나는 야성+자유 이벤트에서 절망적인 엄마들을 만났다. 이들은 홈스쿨링을 숨기고 남편에게 여성 콘퍼런스에 참석한다고 거짓말을 한 사실을 나에게 털어놓았다. 그들은 작은 목소리로 자신들을 소개했다. "나는 홈스쿨링을 몹시 하고 싶으나 남편은 반대한다. 내가 어떻게 그를 승선시킬 수 있겠는가? 그는 홈스쿨링을 히피라고 단정한다."라고 말했다.

이런 엄마들은 목적이 같은 동지를 만나는 순간 득의양양함을 경험하기 때문에 나는 콘퍼런스에 들어가면 기쁨, 자유, 흥분으로 설렌다. 여기는 우리 자신이나 홈스쿨링에 대한 우리의 결의를 방어할 필요가 없는 장소다. 경계심을 풀고 아무에게도 양해를 구할 필요 없이 이런 라이프스타일을 축하하는 장소다.

나는 한때 홈스쿨링에 대해 자문자답하는 가운데 해답을 얻었기 때문에 홈스쿨링의 정당성 문제를 이해한다.

모든 것은 엄격성으로 귀결된다.

우리는 학교는 바쁘고, 지루하고, 성과를 내기 위해서는 잔인할 정도로 엄격해야 한다는 신화를 믿게 되었다.

홈스쿨링 공동체의 성원들조차 부엌을 책상, 칠판, 혹은 조직도, 교과서가 완비된 학교 교실로 개조하면서 거짓말을 했다. 집 안에 교실을 복원하면서 우리는 마음의 죄의식을 위로한다.

하지만 정당성의 인식은 어떤 것이 진실이냐를 따질 문제가 아니다.

수십 년간 엄마들은 아이들의 상처를 소독하기 위해서 갈색의 과산화수소 병을 사용할 때마다 따끔거리는 아픔은 틀림없이 효과를 보장한다고 믿었다.

상처를 소독하는 덜 고통스러운 방법이 있다. 한 유명한 의사가 과산화수소는 "건강한 세포를 해치고 치료 기간을 연장하기 때문에 상처에는 결코 사용해서는 안 된다."라고 말했다.[1] 몇몇 기업은 대안으로 통증 없는 소독제를 개발했으나 그것을 파는 가게는 없었다. 사람들은 아프게 느끼는 소독제를 좋아했다. 그들은 우리가 알고 있는 것이 효과적이라는 믿음에 조건화되었다.

이와 같은 질문을 홈스쿨링에도 적용할 수 있다. 놀고, 탐험하고, 자기 속도대로 배우는 이런 시간을 모든 아이에게 주게 되면 어떻게 합당하고 엄격한 교육을 할 수 있겠는가?

사회적 압력에도 불구하고, "전문가"가 하는 말에도 불구하고, 두려움에도 불구하고, 우리가 그것을 수용할 수 있는지, 실제로 학습이 어떻게 일어나는지에 정답이 있다.

의미 있는 일

어린아이들은 일을 좋아한다. 엄마가 마루를 훔치고 쿠키 반죽을 하는 동안 엄마의 발밑에서 놀고 있는 걸음마 아기들을 보라. 그들은 돕기를 원하고 거절하지 않을 것이다.

내 3살 난 아이 밀리는 우리 집의 부지런한 일꾼이다. 밀리는 흘린 것을 닦고 의자를 주방 조리대까지 밀고 재료를 휘젓거나 밖으로 뛰어나가 차 안에서 식품을 가져오기까지 한다. 덧붙이면 종종 알몸으로 그렇게 한다.

슬프게도 우리는 일을 빨리 끝내거나 바르게 처리할 욕심으로 종종 귀여운 도우미를 외면한다. 아이들에게 장난감 걸레와 진공청소기를 사 주고 진짜 일을 즐기기보다 일하는 척하게 만든다. 하지만 아이들은 얄팍한 대안을 좋아하지 않는다. 그들은 선천적으로 의미 있는 일을 좋아하는 존재들이다.

아이들에게는 무엇을 주기보다 많은 공간을 제공할 필요가 있다. 아이들은 의도성, 시간, 창의성을 갈망한다. 다음은 놀이와 일에서 내 막내아이가 좋아하는 활동이다.

- 창문이나 차 등 닦기
- 세탁물을 개고 흩어진 파일을 모으기
- 부엌의 잡동사니나 서랍 정리하기
- 특별한 감촉으로 침대 정돈하기
- 식물에 물을 주고 이름 붙이기
- 낙엽을 끌어모아 더미 만들기
- 양동이로 눈을 옮겨 성 쌓기

풍성한 유년기를 제공한다고 해서 아이들이 실제로 배우지 않는 것이 아니다. 수잔 셰퍼 매콜리는 자신의 저서 **아이들을 위한 라브리 가정교육**(For The children's Sake)에서 다음과 같이 말했다. "우리는 아이가 편안하게 지내도록 배려하기 위해서 종종 의미 없는 일에 아이의 손발을 묶어 놓는다. 어린 시절의 성장기를 앗아가는 과중한 일의 책임이 아이의 일상에 부담이 되지 않도록 건강한 균형을 확립해야 할 필요가 있다. 하지만 아이들은 다른 사람과 함께 일하기를 좋아한다."[2]

아이들은 점점 성장하면서 자기가 좋아하는 일에 이런 노동관을 적용한다. 스케이트보드, 요리, 피아노 연습, 목공 등 아이들은 자기 열정을 배우는 데 필요하다면 무슨 일이든 열중할 것이다.

어느 오후에 우리 집을 방문하면 아늑한 독서 공간에서 최근에 작성한 자기 원고를 타이핑하는 14살 난 아이, 아이무비(iMovie)에서 비디오를 정교하게 다듬으며 노트북 앞에 웅크리고 있는 12살 난 아이, 뒤뜰에서 닌자 전사의 경기장을 만드는 9살 난 아이를 볼 수 있을 것이다. 6살 난 딸 아이는 벽난로 위의 목각 인형으로 마을을 만들고 3살 난 아이는 단계별로 색깔이 다르게 만든 블록으로 성을 쌓을 것이다.

나는 아이들에게 이런 것을 가르친 적이 없다. 다만 그들에게 자기 관심을 탐구할 자유를 주었을 뿐이다. 아이들은 복잡한 피아노 편곡에서부터 산림지대에 은신처를 만들고 녹음기를 고치는 것까지 힘든 노력을 요구하는 새로운 프로젝트를 가지고 매일 나를 놀라게 한다.

아이들이 오직 보상을 노리고 일할 것으로 가정한다면 아이들에게 나쁜 결과를 초래할 것이다. 아이들이 게으르다고 가정하는 것도 마찬가지다. 일단 아이들이 의미 있는 프로젝트의 완성에서 흘러나오는 자부심과 기쁨을 경험하게 되면 힘든 노력이 요구되는 모든 동기가 활성화된다.

부모인 우리는 이런 자연스러운 관련성을 교육의 강으로 흐르게 할 수 있다. 자신의 저서, **프로젝트 중심의 홈스쿨링**(Project-Based Homeschooling)에서 로리 피커트(Lori Pickert)는 아이들은 자신의 중요한 일을 하기 위해서 헌신적인 멘토의 조력이 필요하고 유익하다고 썼다.[3]

> 아이들이 자기가 관심 있는 일을 배우는 것은 좋다, 하지만 그것을 의미 있고 엄격한 방법으로 수행하도록 돕는 것은 더 좋다. 자유와 선택은 좋다, 하지만 생각하고 배우고 행함이 풍부한 삶은 더 좋다. "하고 싶으면 무엇이든지 네 맘대로 해라."라는 말로는 충분하지 않다. 아이들이 능숙한 사고자와 학습자가 되고 아이들이 만들고 실천하는 사람이 되도록 돕기 위해서 우리는 그런 경험을 중심으로 살아야 한다. 우리는 아이들이 원하는 것을 성취하는 방법을 보여주어야 한다. 우리는 원하는 삶을 살도록 아이들을 준비시켜야 한다.

"아동 중심은 엄격함이나 표준이 없는 것이 아니다. 변화하는 아이들의 관심과 능력에 부합하는 합치점을 찾는 것이다."

– 데이비드 엘리킨트(DAVID ELIKIND)

아이들이 자기 주도 학습을 하게 되면 특정 주제에 깊이 파고들어 연구에 필요한 기술을 배우고 무언가를 완성한다. 이는 지적인 소통을 가능하게 한다. 아이들에게 의미 있는 일, 즉 자기 관심을 추구하는 노동관의 육성을 통해 대학뿐 아니라 형식교육 이후의 삶을 준비하는 훌륭한 방법이다.

종종 전통적인 학교가 추구하는 환경에서는 이런 일을 놓치는 일이 다반사다. 학문영역에서는 탁월할지 모르지만 다른 영역에서는 뒤떨어지는 학생들이 있을 수 있다. 그렇다고 모든 아이에게 헌신적인 멘토를 배정하기는 불가능한 일이다. 개인 멘토야말로 홈스쿨링의 본질이다.

표준의 엄격성

엄격함의 문제는 당연히 전통적인 학교에서 적용된다. 나는 졸업생 대표가 되는 영광을 위해 경쟁하는 학생들이 분명히 있으며 선수학점을 취득하는 수업은 대부분 열심히 노력하는 최상의 학생들이 차지한다고 확신한다. 하지만 알다시피 아마 전통적인 교육기관이나 사립학교의 단순한 출석은 엄격한 교육으로 볼 수 없다.

학교는 시험점수를 근거로 학생들을 평가하고 성취도를 근거로 예산을 지원받는다. 물론 엄격함이란 말은 흔히 사용하는 유행어다. 그러나 엄격함이란 무엇인가?

자신의 저서 **가르침의 재설정**(Teaching from Reset)에서 사라 매켄지(Sarah Mackenzie)는 다음과 같이 말했다.[4]

> 우리는 우리 아이들에게 소위 학문적으로서 "엄격한" 교육을 소망한다. …
> "엄격함"이란 단어는 "무감각, 뻣뻣함, 경도, 단단함, 거침, 무례함"을 의미하

는 라틴어의 리고(rigor), 리고리스(rigoris)에서 나왔다. 사후경직은 실제로 "죽음의 뻣뻣함"을 의미한다. 이는 우리가 홈스쿨링을 하는 목적이 아니라는 데 모두 동의할 것이다! … 대신 우리는 엄격함을 "부지런히" 일하라는 의미로 생각한다. "근면(diligence)"은 라틴어 디지제레(diligere)에서 유래했으며 "선발, 가치, 존중, 상, 사랑, 열망, 기쁨, 감사"를 의미한다.

"만약 우리가 아이들을 사랑하는 것이 목표라면 사랑스러운 것을 사랑하는 법을 배워라. 위대한 대화에 참여하라. 그리고 영혼을 배양하여 아이들이 코앞에 놓인 관심에 도전하고 대학 입시에 역행하는 만반의 준비를 갖추게 하라."

– 사라 매켄지(SARAH MACKENZIE)

야성+자유 공동체는 이것을 지향성이라고 부른다. 내가 아는 대부분의 홈스쿨링 맘들은 사려 깊고, 배려하며, 부지런한 인간 양육을 강하게 지향한다. 초창기에 나는 야성+자유를 '홈스쿨러와 목적지향 부모 공동체'라고 불렀다. 우리는 아이들의 자유를 희생하거나 새로운 것을 발견하려는 아이들의 타고난 욕구를 훼손하지 않으며 아이들에게 최고의 교육을 제공하는 열정적인 부모들이다.

확실히 모든 홈스쿨러는 모두 똑같이 형성되지 않는다. 하지만 홈스쿨러는 그 자체가 부지런히 일하는 방법을 모르는 게으른 학생들과 다르다. 나는 그것과 정반대의 사실을 발견했다.

댄 컴벌랜드(Dan Cumberlad)는 성장 과정에서 홈스쿨을 했으며 사람들이 자신의 삶에서 직업을 찾도록 조력하는 의미 추구 운동의 단체를 결성하여 기업가가 되었다. 댄은 다음과 같이 말했다.

"내 홈스쿨링 경험에서 가장 큰 선물은 스스로 배우는 능력이었다. 나는 부모님의 지도를 받으며 다방면에 걸쳐 자기 학습을 했다. 그것 때문에 나는 뭔가 자발적으로 선택할 수 있는 기업가의 필수능력을 터득했으며 그 결과 오늘날 기업 경영자가 되었다. 나는 매주 다음 도전과제를 해결할 방법을 알아야 했다. 나는 그런 것을 스스로 처리하곤 했기 때문에 해결 방법을 알 수 있었다.

"마찬가지로 나는 역시 자기 동기를 부여하여 자발적으로 처리하는 데 익숙하게 되었다. 나는 항상 내 수업을 먼저 챙겨 종이 울리거나 수업이 시작될 때까지 기다릴 필요가 없었다. 나는 스스로 시작하여 빨리 끝내고 밖에 나가 놀 수 있었다. 주도적인 일 처리 방법을 배웠다. 내 생계는 일할 수 있는 내 능력에 달려 있기 때문에 나를 대신해 일해 줄 사람은 없다는 것을 안다. 홈스쿨링은 나에게 그런 노동관을 심어 주었다고 생각한다."

놀이에 열중하라

홈스쿨링 공동체에 봉사하던 초창기에 나는 엄마들이 더 좋은 교육과정을 구하여 교과서를 복습하거나 매일 수학 수업을 하기 위해서 교육청의 허락을 구할 필요가 없다는 것을 알았다. 오히려 엄마들은 그런 일을 금지해주도록 요구해야 한다.

내 말을 끝까지 들어주기를 바란다.

수 세대 동안 인류는 삶과 학습, 놀이와 생산성을 결합했다. 아이들은 셰익스피어와 대수학 강의를 듣지 않았고 야간에 숙제하고 기술 수업을 듣지 않았다. 삶은 매일 경험 학습이 일어나는 실험실이었다.

가족은 농부, 대장장이, 빵 굽는 사람, 혹은 가게주인으로서 함께 일했다. 일찍 일어나 집안일을 하고 이어서 아침을 먹고 쓰고 수를 익혔다. 이야기를 듣고 악기를 연주하고 저녁에는 둘러앉아 시를 읽었다. 아이들은 나무에 오르고, 개울에서 헤엄을 치거나 숲속을 달리며 몇 시간씩 놀 기회가 있었다.

"옛날 옛적에 모든 아이는 홈스쿨을 했다. 그들은 매일 집에서 멀리 떨어진 아이들만의 장소로 보내지 않고 실제 세계에서 성인과 복합 연령 집단의 아이와 함께 살고 배우고 일하며 놀았다."

– 레이첼 개처콜(RACHEL GACHERCOLE)

일, 놀이, 교육은 하나로 아름답게 짠 태피스트리(tapestry)다. 현대 사회에서 아이들의 일정이 맞벌이 부모가 아이의 돌봄과 감독을 맡겨야 하는 시간과 완벽히 일치하는 점은 어쩔 수 없다. 이는 분명히 결코 가볍게 여길 수 없으며 일부 사람들에게 아이의 돌봄과 감독을 맡길 수 있는 기관이 필요하다. 하지만 방과 후 활동 시스템이 있다고 해서 반드시 유익하다고 생각할 수 없다.

놀이를 위한 놀이는 멸종 위기에 처한 종이 되었다. 이제 놀이는 아이가 입장하려면 키가 커야 하는 제한 구역으로 지정되었다. 신이 잔디의 얼룩을 금지했기 때문에 운동장은 인조 잔디로 대체되었다. 아이들이 예정 시간을 벗어나 놀면 하늘은 아이들을 돕는다. 놀이가 다시 돌아오고 있다. 모든 곳의 홈스쿨러들에게 감사하자.

놀이는 학습이 금기시하는 한 부분이다.

놀이, 일, 학습을 한 번의 노력으로 모두 하나로 짠다면 결과는 생산적이며 행복한 홈스쿨의 삶이 될 것이다.

내 친구인 야성+자유의 맘인 니콜 홀제(Nichole Holze)는 최근 세 명의 아이 모두를 하나로 묶었던 방법을 공유했다. 니콜과 아이들은 미켈란젤로, 특히 시스티나 성당의 천장화를 연구하고 있었다.

“나는 밖을 내다보다가 둥근 지붕이 아이들이 서서 그림을 그리기에 완벽한 모양이라는 생각이 떠올랐다. 그러고는 곧장 뛰어나가 우리 둥근 지붕의 천장 내부에 미친 듯이 종이를 붙이기 시작했다. 내가 아이들의 물감통을 가득 채우자 아이들은 내가 만든 작품을 보기 위해 밖으로 나왔다. 그런 경험은 예술 프로젝트가 정점에 이르기를 희망했던 바로 그 순간이었다. 종종 우리가 아이들에게 줄 수 있는 최고의 경험은 순수한 순간에 함께 얻을 수 있는 영감이다.”

유년기를 보존하여 아이들에게 자기만의 속도대로 배우고 성장할 시간을 준다고 해서 약한 교육이 아니다. 우리는 유년기와 교육 두 가지를 모두 중시하는, 즉 학습은 풍성한 환경의 자연적인 성장이라는 이해를 바탕으로 가족 문화를 창조할 수 있다.

우리가 가장 두려워하는 점은 성인으로서 ‘직업 생활’을 제대로 준비하지 못할 수 있다는 우려다. 하지만 아이들이 자기 경로를 주도하는 새로운 미래를 창조한다면 어떻겠는가? 아이들은 모든 것을 흡수하기 때문에 자기 시간이 필요하다. 아이들은 우리가 당연시 하는 것에도 흥분한다. 그들의 어슬렁거림을 음미하면 어떻겠는가?

아이들은 놀이에 열중하면서 자기가 좋아하는 일을 한다. 그런 놀이는 엄청난 일처럼 보인다. 아이들은 그냥 아무거나 만들고 있지 않다. 공학과 건축의 기초를 배우고 있다. 그냥 식당 놀이를 하지 않는다. 잠깐 소기업 경영의 기초 작업에 손대고 있다. 오후에 밖에서 보내는 시간을 낭비로 생각하지 마라. 아이들은 자기를 발견하고 자기 미래를 움직이게 할 정체성을 획득하는 중이다.

하루에 한 번 적어도 한순간만이라도 책을 내려놓는 것을 당신의 권한으로 간주하라. 우리가 삶, 놀이, 일, 학습 환경을 가꾼다면 경이로움을 느끼고, 탐험하고, 조사하려는 욕구에 영감을 주게 될 것이다. 삶이 주는 환경은 아이들의 정신과 마음속에 불을 밝히는 불꽃이다. 놀이는 아이들이 생각하고 창조하는 영감을 준다. 그렇다, 열심히 놀아라.

11 대학 진학의 신화

아마 아이의 홈스쿨링을 고려하지 않는 가장 큰 이유 중 하나는 대학진학일 것이다. 대학진학을 준비하는 자료들은 대부분 전통적인 학교 학생들에게 초점을 맞춘다. 홈스쿨링에 회의적인 가족들과 친구들은 홈스쿨링의 이런 점을 우려하여 우리를 더 큰 두려움의 충격에 빠지게 한다.

간단히 말하면 많은 사람은, 대학은 홈스쿨링 학생들에게는 불가능하다거나 적어도 홈스쿨링은 좋은 대학에 진학할 기회를 방해한다고 믿는다. 나는 내내 아이들의 대학진학에 필요한 형식 요건이나 준비를 제대로 할 수 없어 두려워하는 엄마들의 메시지를 받는다. 이들은 초등학교 시절까지 홈스쿨링은 개의치 않지만, 고등학교 진학이 다가오면 아이 앞날이 두려워 재빨리 낙하산 줄을 당긴다.

하지만 이는 진실과 거리가 너무 멀다. 일반적으로 홈스쿨러들은 대학 수능 시험(SAT)이나 대학 입학 학력고사(ACT)에서 전국 평균보다 더 높은 점수를 얻는다. 그러므로 그런 진로에 따라 진학을 결정하면 홈스쿨러들은 매우 특출한 대학생이 될 수 있다.

부모로서 우리는 대학진학의 과정과 자격 요건을 충분히 아는 것이 중요하다. 그렇게 하면 아이들이 진로를 결정할 때 그 길을 갈 수 있도록 조력할 수 있다.

성공을 위한 만반의 준비

많은 홈스쿨링 가족에게 대학은 궁극적 목적이 아니다. 그들의 목적은 아이가 창조적이고 기업가 정신으로 인생을 살도록 충만하고 생산적인 삶으로 안내하는 일이다. 내가 아는 유명한 기업가들이 홈스쿨 출신이거나 자신의 아이를 홈스쿨 하는 일은 결코 우연이 아니다.

홈스쿨링은 아이가 고등학교 졸업장을 받기 위해서 기다릴 필요 없이 자기가 좋아하는 것을 발견하고 계속 추구할 수 있는 까닭에 설득력이 있다. 10대들은 자기가 원하는 분야의 취업에 대학 졸업장이 반드시 필요하지 않다는 것을 알고 있다. 많은 10대는 창의적이고 혁신적인 창업에 열정을 쏟는다.

알렉스 맥그래스(Alex McGrath)는 홈스쿨링 출신으로 여러 가지 밴드를 결성해 연주했다. 그중 한 밴드는 전국을 순회하고 영화 음악을 제작했다. 그는 다음과 같이 말했다.

"내 홈스쿨링 경험의 가장 분명한 장점은 내 속도에 따라 스스로 배우는 능력이었다. 그것 때문에 나는 여러 주제로 빠르게 이동하여 음악과 예술 등 내가 가장 관심 있는 분야에 많은 시간을 집중적으로 투입할 수 있었다. 내가 대수학을 통과하게 된 계기는 그것을 마쳐야 드럼 연주가 가능한 사실을 알았기 때문이었다."

홈스쿨링을 하지 않았다면 자기 능력을 키우고 자기 재능과 열정이 필요한 시간에 집중할 수 없었을 것이라는 알렉스의 말은 당연하게 들린다.

"나는 드럼치고 기타연주하는 데 수많은 시간을 소비했다. 내가 음악과 관련된 것을 탐구하지 않을 때면 항상 야외에 나가 내 상상력을 집중하여 뭔가를 그렸다. 아이들의 상상력 발달에 자유시간은 필수적이다. 나는 그런 시간에 감사한다."

일단 학생들이 자기만의 맞춤식 교육에 묘미를 느끼고 일상생활에서 목적과 열정을 발견하게 되면 신경외과, 법학, 치과, 다른 전문지식 분야에 별 뜻이 없는 홈스쿨러라면 4년간의 대학 생활에서 얻는 이득은 초라하기 그지없을 것이다. 비용, 불편, 불가피한 부채를 고려할 때 홈스쿨러들이 대학에서 자기교육의 길을 계속할 수 없다면 최종 결과는 거의 무가치할 것이다.

블레이크 볼스(Blake Boles)는 전통적인 학교 밖의 10대를 위해 봉사하는 자기 주도 학습의 주창자이며 **고등학교 없는 대학**(College Without High School)과 **대학보다 더 좋은 것**(Better than College) 등의 저술가이다. 그는 대학의 장점뿐 아니라 단점에 대해 폭넓은 이야기를 들려준다. 볼스는 면허장을 요구하는 일부 전문직에서는 어느 정도 전통적인 대학이 필요하나 대학(college)과 고등교육(higher education)을 혼돈하지 말도록 상기시킨다. "글로벌 경쟁과 급변하는 기술 등 우리가 자주 언급하는 현대 사회에서의 고등교육은 말할 나위 없이 중요하다. 고등교육은 급변하는 변화에 대처하는 시각과 도구를 제공한다. 하지만 고등교육은 오직 대학에서만 나온다는 가정은 맛있는 음식은 모두 오직 레스토랑에서만 나온다는 가정과 다르지 않다."[1]

탑 셰프(Top Chef)라는 방송 프로그램을 본 적이 있다면 많은 유능한 요리사가 힘든 노력, 헌신, 멘토링을 통해 스스로 터득하고 익힌 사실을 알 것이다. 스타벅스 바리스타와 대졸 출신의 우버 택시 기사 등 그런 현대 직업에 종사하는 사람 수는 기대 이상이다. 이제 대학 졸업장은 더 이상으로 안정된 경제생활의 미래를 보장하지 못하게 되었다.

부모인 우리는 아이들에게 최고로 좋은 것을 주어 그들이 행복하고 건강하고, 경제적으로 안정된 삶을 살기를 소망한다. 우리 중 누구도 아이들이 지닌 잠재력의 훼방을 원하지 않는다. 설령 그렇다고 하더라도 대학 졸업장이 그런 모든 결과를 보장하는 길이라는 거짓말은 믿지 마라. 빌 게이츠(Bill Gates), 스티브 잡스(Steve Jobs), 오프라 윈프리(Oprah Winfrey), 마크 저커버그(Mark Zuckerbrg)를 생각해 보라. 이들은 모두 대학을 중퇴하고 그들의 열정과 기개를 이용하여 현재의 자리에 오른 사람들이다.

수많은 홈스쿨링 졸업자들은 기업가 정신이야말로 더 만족스러운 삶의 경로라는 점을 증명할 것이다. 아이가 대학을 건너뛴다고 해서 고등교육을 희생하고 있다는 생각은 한순간도 하지 마라. 대부분 홈스쿨 학생들에게 이는 단지 시작에 불과하다.

대학진학

아이들을 대학에 보내려는 사람들은 홈스쿨링 아이들이 대학진학뿐 아니라 대학에서도 우수한 성적을 거두는 것을 잘 안다. 홈스쿨러들은 명문대학에 들어가 최고의 성적으로 졸업하고 대학원에서 학위를 얻고 의사나 변호사 등 전문직에 종사하며 대학교수가 된다. 통계적으로 보면 홈스쿨러들은 전통적인 학교 아이들처럼 대부분 대학에 진학하며 동료들보다 더 높은 비율로 대학을 졸업한다. 동료들의 졸업률이 57.5%인 데 비해 홈스쿨러들은 66.7%를 나타낸다.[2]

홈스쿨의 환경이 발견 문화를 장려하는 까닭에 학생들은 자기교육에 더 능숙하며 이는 대학에서 강점이 될 수 있다. 마조리 한센 샤비츠(Marjorie Hansen Shaevitz)는 작가이며 대학 입시 상담자이다. 그는 대입 전형에서 홈스쿨 학생들을 포함한 수천 명의 학생을 상담하고 지도했다. 마조리는 다음과 같이 말했다. "대학이 원하는 모든 것을 보여줄 가능성, 즉 호기심, 자신감, 정보력, 도전의 대처 능력 등 그 밖에 무엇이든 그것은 모두 홈스쿨 학생들이 지닌 능력 중 일부다."[3] 간단히 말하면 홈스쿨링은 대학진학 시 단점이 아닌 장점이 된다.

야성+자유 공동체는 새로운 운동이며 대부분 젊은 가족이 주축을 이룬다. 하지만 우리 공동체의 수많은 선배는 대학을 졸업하고 성공한 아이들을 배출했다. 예를 들어 우리 팟캐스트의 운영자인 제니퍼 페피토(Jennifer Pepito)의 딸은 아일랜드 법학전문대학원에 재학 중이다. 인기가 굉장한 야성+자유의 진행자인 테리 우즈(Terri Woods)의 아들은 공학을 전공한다. 이런 운동을 주도하는 줄리 보가트와 샐리 클락슨(Sally Clarkson)과 같은 홈스쿨러 선배들의 자녀들은 미국과 영국의 대학원에 다니고 있다.

"교육의 비밀은 아이의 존중에 있다. 아이가 무엇을 알고 무엇을 할지는 우리 선택이 아니다. 선택은 이미 정해져 있으며 오직 아이만이 비밀의 열쇠를 가지고 있다."

– 랄프 왈도 에머슨(RALPH WALDO EMERSON)

이런 증거는 단순한 일화로 그치지 않는다. 2012년 **유에스에이 투데이**(USA Today)는 다음과 같은 보도를 냈다. 홈스쿨링 학생들은 "일반적으로 SAT와 ACT에서 전국 평균 점수보다 더 높으며 종종 전통적인 학교 학생들보다 더 높은 성적으로 대학에 들어간다. 보통 홈스쿨링 학생들은 평균적으로 대학 1학년 때 더 높은 학점을 받으며 동료들보다 더 높은 졸업률을 나타낸다."[4]

바꾸어 말하면 홈스쿨 아이들은 대학에 진학하여 대학에서 뛰어난 성적을 올린다. 미국의 명문 대학은 이런 사실을 알고 있으며 현재 이런 대학의 83%가 홈스쿨링 지원자들을 별도로 전형하는 공식적인 입학전형 시스템을 갖추고 있다. 이런 대학은 표준화된 성적표 대신 종종 추천서, SAT 점수, 포트폴리오 등을 요구한다.

대학은 홈스쿨 학생들이 가정에서 배양한 독특한 관점과 재능을 인정한다. 아이비리그를 포함한 많은 대학 입학처의 웹사이트에는 홈스쿨 학생만을 위한 특별 코너를 제공한다. 특별한 우대나 혜택은 없으나 대학은 홈스쿨러들에게 가능한 좋은 기회를 주려고 노력한다.

예를 들어 프린스턴 대학의 웹사이트를 보자. "우리는 홈스쿨링 학생으로서 당신의 경험이 전통적인 학교 학생들과 어느 정도 다른 점을 인정한다. 우리는 학생의 학업 분야의 기록과 비학업 분야의 관심, 특별한 홈스쿨링 교육과정과 경험 맥락에서 학생이 공들인 노력을 살필 것이다."

프린스턴 대학은 홈스쿨링 지원자의 비율이 적은 사실을 밝혔으나 지원자의 수는 매년 증가하고 있다. 종종 SAT와 SATⅡ 시험점수뿐 아니라 고등학교 생활기록부 제출이 더욱 강화되는 추세다. 다시 프린스턴 대학의 웹사이트로 돌아가 보자, "고등학교 재학 중에 수행한 실적, 학업적이거나 비학업적 내용을 기술한 기록물을 더 많이 제출할수록 학생에게 더 유리할 수 있다."[5]

물론 모든 홈스쿨 학생이 프린스턴 대학의 진학을 목표로 하지 않지만 매우 많은 대학이 대안교육의 배경을 갖는 아이들에게 개방적이며 수용적인 태도를 보이는 점은 긍정적인 신호이다.

대학진학 준비

대학진학을 놓고 전통적인 학교 학생들과의 경쟁을 걱정한다면 용기를 내라. 대부분 대학은 학업뿐 아니라 특별한 전문 영역에 전력을 쏟는 학생들을 찾는다. 홈스쿨링의 경험은 아이에게 특별한 강점을 길러 준다.

전 대학 입학 면접관이며 학생들의 명문대 입학을 지원하는 컨설팅 회사의 책임자인 시라크 헴마시안(Shirag Shemmassian)은 대학은 단지 학문적인 면에서 우수한 학생을 찾지 않는 점에 동의했다. 고급반에 등록하여 높은 시험점수를 얻고 모든 특별활동에 참여하여 자신을 차별화하려는 전략을 꾀하기 때문에 학생들은 모두 똑같은 과정을 거치게 되어 결국 두드러진 학생이 없게 된다.

시라크의 말은 전통적인 학교 학생들에게 초점을 맞추고 있으나 그의 경험과 조언에서 우리가 귀담아들을 것이 있다. 시라크는 다음과 같이 말했다. "현장에서 실제로 최고 수준의 지원자를 선별하는 기준은 학생들이 교실 안이 아닌 교실 밖에서 수행한 실적이다." 고등학생이 자기 시간을 모두 학문적인 교과에 집중하며 보내게 되면 다른 활동을 할 시간은 거의 없게 될 것이다. 우리는 10대들이 10대가 되기를 바란다."

대학은 다방면에 뛰어난 학생을 찾지 않는다. 대학은 전문가들을 찾는다. 아이들은 활동을 넘어 다음 단계로 도약하게 되면 예술, 과학, 혹은 스포츠 전문가가 된다. 이런 것은 다른 사람을 멘토링하고 공동체에서 자원봉사하고 자기 실적을 증명하는 포트폴리오일 수 있다. 자기 열정에 집중적으로 시간을 투입하여 창출한 새로운 패러다임은 차별적인 경쟁력의 핵심이며 대학입학에서 유리하게 작용할 수 있다.

조지타운 대학의 교수이며 작가인 캘 뉴포트(Cal Newport)는 이것을 실패한 시뮬레이션 효과(failed simulation effect)라고 불렀다. 그는 "설명하기

힘든 성취는 단순히 이루기 힘든 성취보다 훨씬 더 인상적일 수 있다."라고 말했다.[6]

홈스쿨링을 하든 하지 않든 아이의 대학진학을 준비하기 위해 부모로서 할 수 있는 가장 좋은 방법은 필요한 정보를 미리 알아 두는 일이다. 대학의 웹사이트를 검색하고 직접 대학을 방문하여 요구사항을 숙지하라.

포트폴리오 작성

내가 이 글을 쓸 때 내 큰아들은 고등학교 1학년이었다. 나는 이런 날이 올 줄 알고 있었으나 이처럼 금세 올 것으로 생각하지 않았다. 아이가 2학년이었을 때 홈스쿨을 한 이후 교육에 틈이 있었던 점은 분명했다. 하지만 어떤 아이들에게도 틈이 있기 마련이다. 교육이 매우 포괄적이라고 해도 결코 완전할 수 없다.

하지만 아이에게 자기 문제를 해결할 시간, 도구, 기회를 제공하여 평생학습자로 양육한다면 아이가 할 수 없는 일은 거의 없을 것이다. 우리는 온 세계에 성공담을 전하고 있다고 자부한다.

나는 남편과 함께 연구했다. 우리는 이런 흥미진진한 시즌을 준비해 왔다. 우리는 졸업 후에 어떤 결정을 하든 상관없이 4년 후에 일어날 일과 그것을 증명할 방법에 대해 와이어트와 이야기했다. 우리는 모두 그것에 흥분했다.

우리는 큰아이가 읽고 배우고 성취한 모든 것을 생생하게 기록하여 자신의 모든 성취를 보여주는 온라인 포트폴리오를 만들도록 도왔다.

블레이크 볼스는 그런 포트폴리오를 만드는 기본 방법을 다음과 같이 제시했다.

1. 어려운 것을 하라
2. 수행실적의 증거를 만들어라(블로그 포스트, 사진, 비디오, 짧은 에세이, 웹사이트, 견본 등)
3. 온라인 포트폴리오에 증거를 게시하라
4. 네트워크를 이용하여 자기를 홍보하라 [7]

큰아이가 9학년이 되는 올해 반드시 공부할 교과목을 정해 두었다. 우리는 선택 부분은 자유를 허용하고 그렇지 않은 부분은 함께 배운다. 개인 온라인 포트폴리오에서 와이어트는 자기 독서목록을 굿리드(Goodreads) 사이트에 연결하고, 유튜브에 자기 비디오를 올리고, 팟캐스트를 생성하여 사운드클라우드(SoundCloud) 사이트에 링크하고, 인스타그램의 사진첩에 기록하고, 블로그에 에세이를 올린다.

우리는 프로젝트 관리 앱을 이용하여 진보 상황을 기록하기 때문에 와이어트는 프로젝트를 확인하고 다음 과제로 넘어갈 수 있다. 우리는 구독 서비스를 이용하여 화학 수업을 외부에 맡기고 개인교수를 채용하여 수학을 지원하고 기타 수업을 계속하면서 역사와 문학 수업에 활기를 불어넣기 위해 가능한 한 여행을 많이 한다.

우리는 로버트 E. 리(Robert E. Lee) 장군이 남북전쟁에서 율리시스 S. 그랜트(Ulysses S. Grant) 장군에게 항복했던 곳을 방문하고 마틴 루터 킹 주니어(Martin Luther King Jr)가 "나에게는 꿈이 있습니다."라고 연설했던 국회 의사당 쇼핑몰 길을 걷고 미국 혁명의 탐방로를 하이킹한다.

우리 일곱 명은 모두 여권이 있어서 언제라도 런던의 글로브 극장을 방문하여 셰익스피어를 재연하거나 2차 세계대전에서 배웠던 노르망디 해변을

걸을 수 있다. 우리 가족의 목적은 단순히 책이 아닌 우리 발밑에 있는 것, 살아있는 교육을 하는 데 있다.

와이어트는 틀림없이 음악, 영화 촬영, 독서, 글쓰기 등 그 순간에 매료된 분야에서 자기 전문성을 계속 발전시켜 나갈 것이다. 그러는 도중에 새로운 열정과 관심이 생기리라 확신한다. 이 모든 것은 그가 대학에 지원하거나 추구하는 것이 무엇이든 후대를 위해 사용할 수 있는 온라인 포트폴리오에 증거로 남을 것이다.

대학을 준비하는 고등학생이 없을지라도 아이들의 모든 홈스쿨 경험을 포트폴리오로 만들어 즐길 수 있다.

야성+자유 맘인 엘시 이우디첼로(Elsie Iudicello)는 매년 포트폴리오를 만들었던 방법을 공유했다. "내 아이를 위한 새 학년 계획을 세울 때마다 나는 조각 이불을 준비한다고 상상한다. 테이블 위에 놓인 다양한 자료에서 다채로운 영감의 조각을 얻고 많은 모양을 가지고 놀고 궁리한다. 창의적인 작업은 주로 내 동료 이불 제작자, 다양한 취향, 성격, 능력을 지닌 네 명의 야생 소년 손에 달려 있어서 마지막 패턴은 내가 만들지 않는다."

엘시는 플로리다에 살고 있다. 플로리다주는 홈스쿨링 가족이 아이들의 학업을 꾸준히 감독할 것을 요구한다. 하지만 그녀는 그 기회를 이용하여 아이들 유년기 여행의 다른 것을 기록했다. "주 정부에 제출하는 포트폴리오는 내가 보관한 가정용과 항상 조금씩 차이가 있다. 가족용 연간 포트폴리오는 아이들이 되어 가고 있는 경로에 대한 일종의 표식인 여행 일기다. 우리 집에서 일어나는 학습은 너무 많아서 평가할 수 없다. 대신 잠깐 시간을 내서 아이들, 그들을 독특하게 만드는 것, 그들의 노력에서 불꽃이 튀는 모든 것을 생각해 보라. 아이들이 세상과 그 안의 자기 위치에서 발견하는 모든 새로운 것을 생각해 보라. 우리는 이 아름다운 모든 것을 기록하여 보존할 수 있다!"

고등학교 졸업장과 성적 증명서

아마 당신은 고등학교 졸업식, 모자와 가운, 졸업장도 없다는 생각에 침통한 느낌이 들 것이다. 이런 것들은 결국 대부분 10대의 통과의례이다. 12년 교육의 종결을 이 외에 어떻게 다른 방식으로 나타내겠는가? 그 과정을 조금 설명해 보자.

졸업식은 학업의 마무리를 축하하는 의식이다. 우리는 좋은 장소를 선택하여 의식 중 가장 중요한 부분을 중심으로 가족과 친구들의 축하를 받으며 졸업식을 한다. 모자와 가운은 아마존에서 사고 졸업장은 모든 교육 사무용품 상점에서 구할 수 있다.

홈스쿨러들은 인증기관이 아닌 부모로부터 졸업장을 받는다. 일부 홈스쿨링 협회와 연합에서 홈스쿨러의 졸업식 참가를 요청하나 필수적인 것은 아니다. 주 정부가 수여하는 졸업장이 학생의 대학진학에 방해가 되지 않는 것처럼 우리 자체의 졸업식도 아이의 대학진학에 걸림돌이 되지 않는다. 모든 점에서 대등하다. 하지만 대학에 따라 홈스쿨링 학생은 더 상세한 성적 증명서를 제출해야 한다.

모든 필수교과 수업에서 확인이 필요한 교육과정을 사용한다면 성적 증명서 제출은 조금 힘들 수 있다. 하지만 불가능하지 않다. 모든 교과목에 학점이나 시간, '경험한' 사실까지 기록하면 된다.

예를 들어 컴퓨터 과학의 교육과정을 따르지 않았으나 아이가 캐릭터의 움직임을 일시 정지하는 스톱 모션 애니메이션을 만드느라 많은 시간을 보냈다면 아이에게 학점을 줄 수 있다. 언어기술 교육과정을 사용하지 않았으나 아이가 소설을 쓰는 데 상당한 시간을 보냈다면 역시 학점을 줄 수 있다.

홈스쿨링 학생들이 학점을 얻는 또 다른 방법은 지역사회 대학에서 강의를 듣는 것이다. 많은 가족은 이 방법이 부모가 집에서 다루고 싶지 않은 수업에 아이들을 참여시킬 뿐 아니라 대학편입 시 학점을 인정받는 좋은 방법임을 알게 되었다. 야성+자유의 기고자인 제니퍼 페피토(Jennifer Pepito)는 10대 아이들의 고등학교 전 기간을 지역사회 대학에 의존했다.

고등학교 성적 증명서를 작성하는 데 필요한 많은 유용한 자료는 베테랑 홈스쿨러들에게서 얻을 수 있다. 용감한 작가 사이트의 줄리 보가트, **대학입학 및 장학금을 위한 홈스쿨 성적 증명서 작성법과 과정 설명**(Setting the Records Straight : How to Craft Homeschool Transcript and Course Descriptions for College Admission and Scholarship)의 저자인 리 빈즈(Lee Binz), 앰블사이드 온라인(Ambleside Online) 등이 대표적이다.

대학입학을 위해서 관심 주도 교육을 양보할 필요는 없다. 이 점은 반드시 기억해야 한다. 우리는 고등학교 시절을 비판적인 시각에서 보기 때문에 시험에 굴복하여 현재 우리가 수행하는 모든 것을 바꿀 필요가 없다. 거시적으로 보면 핵심 교과에 맞추는 데는 거의 시간이 걸리지 않기 때문에 개인 관심을 추구할 기회를 얼마든지 살릴 수 있다. 이 모든 것은 아이들의 학습방해 없이 성적증명의 과정으로 연결될 수 있다.

미래를 바라보는 양육

우리는 아이들이 어떤 경로를 따를지 알지 못한다. 대학진학을 찬성하든, 반대하든 아이들은 궁극적으로 자기가 가고자 하는 길을 결정할 것이다. 아이들이 어떤 길을 선택하든 우리는 아이들이 그 길로 나아가도록 조력할 뿐이다. 이는 아이들이 강점이 없는 분야에 힘을 쏟는 것이 아니라 자기가 관심 있는 분야의 전문가가 되도록 시간과 공간을 제공하는 것을 의미한다.

"부모의 시간, 고도의 창의력, 우정이 이처럼 필요했던 세대는 없었다."

– 수잔 셰퍼 매콜리(SUSAN SCHAEFFER MACAULAY)

수잔 와이즈 바우어는 버지니아의 윌리암스버그에서 열린 야성+자유 콘퍼런스에서 기조 강연을 했다. 수잔은 홈스쿨링 졸업생이며 현재 홈스쿨링 부모이고 대학교수다. 그녀는 부모님이 자신과 형제들이 자기 관심을 탐구하도록 허락한 시간의 선물에 관해 이야기했다. "우리 부모님은 일부 과목의 수업을 최소화하여 우리가 각각 다른 관심 분야로 나가게 했다. 결과적으로 이는 우리 한 사람 한 사람을 현재 직업에 종사하게 했다."

아이들에게 제공하는 넉넉한 시간은 언젠가 아이들이 될 개인을 위한 비옥한 씨앗이다. 이 선물이 아이들에게 얼마나 큰 영향을 미칠지 우리는 거의 상상할 수 없다.

우리는 모두 자기만의 별난 점, 사각지대, 단점을 가지고 있다. 아이들의 미래가 우리 실패에 좌우되지 않는다는 사실은 좋은 소식이다. 우리는 지적 정신, 창조적 열정, 무한한 가능성이 있는 유연하고 놀라운 아이들을 양육한다.

거짓은 진실이 아닌 불안과 두려움을 먹고산다. 우리가 충분히 잘하고 있지 않다는 생각은 떨쳐라. 우리는 아이가 꼭 필요로 하는 엄마와 교육자이다.

바우어는 다음과 같이 말했다. "아이가 고등학교에 들어가면 '아이를 결코 대학에 보내지 못할 거야'라고 당신의 등 뒤에서 수군거리는 소리를 듣게 될 것이다. 우리는 모두 그런 소리를 들으면서 살았다. 교수인 나도 내내 그런 소리를 들었다. 그런 두려움은 모든 부모에게 항상 있기 마련이다."

그러므로 자신에게 가해지는 중압감을 버려라.

당신이 할 수 없기에,

모든 것을 망칠 수 있다는 생각을 버려라.

걱정만큼 부지런히 준비하면 괜찮다. 미지의 세계에 관한 두려움은 이 여행에서 경험하는 기쁨과 진정한 자유의 훼방꾼이다. 우리 집에는 그런 것이 들어 설 자리가 없다.

여러 가지 면에서 지금이 최고의 해다. 홈스쿨링은 10대들에게 부적합하다는 두려움에 떨거나 낙심하지 마라. 형태는 보이지 않지만 아이는 당신이 필요하다. 하지만 그것은 아이들에게 전통적인 학교가 필요하다는 의미가 아니다. 지금은 모든 힘든 일이 천천히 멋진 열매를 맺기 시작할 때다. 이 여행을 신뢰하고 10대 아이의 열정과 재능이 충돌하여 놀라운 열매로 변하는 순간을 지켜보는 이 아름다운 시간을 받아들여라.

당신의 목적이 대학이고 아이의 목적도 대학이라면 함께 길을 찾을 것이다. 당신의 어린 시절에 그랬던 것처럼 매일 조금씩, 매달 조금씩, 매년 조금씩 나아가라. 목적에 충실하라, 학습은 평생 여정이다. 이 점을 기억하라. 이는 오직 서막일 뿐이다.

야성과 자유의 부름

The Manner
매너

12 홈스쿨 스타일 개발

홈스쿨링에 관한 한 "누구에게나 맞는 방법"은 없다. 홈스쿨러들은 모두 다양한 형태와 스타일, 감화와 관심, 기호와 특별함을 가지고 시작한다. 홈스쿨러는 가정주부와 사업가, 도서 애호가와 모험가, 제빵사와 보석 가공업자, 교육과정 생산자와 STEM 연구자, 오락물 제작자와 장거리 여행가 등 매우 다양하다. 그러므로 홈스쿨링은 사람에 따라 재능, 개성, 복잡한 형태에 따라 각각 달라 보일 수밖에 없다.

구식 홈스쿨링 모델은 모든 사람을 똑같은 범주로 묶었다. 하지만 시간이 지나면서 홈스클러들은 발도르프와 몬테소리 교육에서부터 고전 교육학의 부활과 샬럿 메이슨의 저서에 이르기까지 수많은 교육모델을 발견했다. 다양한 방법의 접근은 많은 이익을 주었으나 자기 진영 주변을 빙빙 돌고 비교와 경쟁심을 조장하는 낭비적인 결과도 초래했다.

감각 학습자들은 수험자들에게 기술 스카프를 흔들었고, 기억력 훈련자들은 문학 애호가들의 낭독에 매료되었다. 그들은 모두 오랫동안 유지해 온 지도자들의 유산을 지키며 홈스쿨러가 준수해야 할 '정석'의 증거로 삼았다.

홈스쿨링 공동체에 대한 전반적인 정의는 매우 다양하다.

모든 사람이 각각 다른 방법으로 홈스쿨링에 접근하기 때문에 야성+자유 공동체의 차별성은 우리를 하나로 묶는 가치를 수용하고 대부분 비본질적으로 여기는 자유를 찬양하는 점에서 찾을 수 있다.

"아이가 우리가 설계한 경로에 따르도록 보장하기 위해서 엄청난 시간과 노력을 쏟는 대신 아이에게 우회로를 조금 허용하면 아마 우리는 아이가 자신의 목적지에 안착하도록 응원할 수 있을 것이다."

– 신시아울리치토토국제 전기 표준회의(CYNTHIA ULRICH TOBIAS)

모두 같은 방식으로 홈스쿨링을 하지 않을지라도 우리는 한 배를 탔다. 아이들의 학습에 대한 열정에 불꽃을 일으키는 방법을 발견한다면 가정 교육자로서 더없는 기쁨일 것이다. 항상 쉽지 않지만 힘내라. 답은 바로 당신 앞에 있다. 아이와 방법이 일치하지 않을 때는 아이를 믿어라.

홈스쿨링을 고려하고 있다면 안심하라. 야성+자유 방식의 홈스쿨링을 위해서라면 특정 홈스쿨링 프로필에 맞출 필요가 없다.

홈스쿨링 협회가 당신을 언짢게 하거나 실행상의 안전성을 들어 한 상자 분량의 교육과정을 사게 한다면 가입할 필요가 없다. 자신을 교사 유형으로 보거나 성과를 내기 위해 일찍 일어나거나 블록 시간표를 짜거나 고급 책상을 살 필요는 없다(재미있기는 하지만). 우리 주변에 홈스쿨러들이 많이 있는 까닭에 방법론에 집착할 필요가 없다. 오직 당신만의 개성, 스타일, 재능을 아이들의 책상 앞으로 기꺼이 가져와 독특한 학습경험의 생산에 사용할 필요가 있다.

어떤 스타일을 선택하더라도 이 학습 여정에 담긴 관계, 유대감, 진정한 대화, 열정 발견, 살아있는 자기 이야기를 결코 잊어서는 안 된다. 나는 리사 머피(Lisa Murphy)가 말한 이 간단한 조언을 좋아한다. "아이들이 교육과정이다."

그렇다. 정말 그렇다.

당신의 스타일 탐색

당신에게 궁합이 맞은 방식을 발견하기 전에 몇 가지 방식을 시도해 볼 수 있다. 나는 이것을 '당신의 스타일 탐색'이라고 부른다. 그 이유는 내가 시도했던 난관에 직면하는 것보다 더 낫다고 생각하기 때문이다.

내 아들이 1학년을 마친 후 집으로 데려오기로 처음 결정했을 때 나는 홈스쿨링에 대해 전혀 몰랐다. 나는 내부자 대화, 서로 다른 진영 사이의 견해 차이, 홈스쿨링 스타일의 다양성에 관해 알지 못했다. 실제로 나는 교육과정의 선택 방법은 물론 교육과정에 관해서도 아는 것이 없었다.

내 친구인 스테파니 비티(Stephanie Beaty)는 홈스쿨을 계획하고 있어서 이미 많은 연구를 축적해 둔 상태였다. 나는 우물쭈물하면서 잠깐 방문하여 그녀가 아는 것을 살필 수 있는지 물었다. 아기가 잠든 어느 날 저녁 스테파니는 나에게 주요 교육과정의 보고서를 건네주었고 우리 두 사람은 기쁨 중심, 학문 기반, 풍성한 관계와 비슷한 방식의 교육을 서로 원하는 것을 알았다.

이 방식은 홈스쿨링의 첫해에 가장 좋은 것으로 보였기 때문에 우리는 우리 아들들의 나이에 맞는 한 상자 분량의 교육과정을 같이 주문했다. 이 교육과정은 처음에 우리 방식의 정당성을 보증했다. 우리가 유능한 교사가 되도록 도와 아이들에게 공인된 교육을 제공했을 뿐 아니라(상자 안의 것일지라도), 아이들의 교육을 안내하는 토대를 제공했다. 우리는 교육이 부분의 총합 이상이며 우리가 원하는 만큼 사용할 수 있는 것을 알았다. 최소한 우리는 기본 단계에서 좋은 책을 함께 읽을 수 있었기 때문에 그것을 성공이라고 불렀다.

그 첫해 우리 두 사람은 개인 취향과 홈스쿨링 스타일에 관한 많은 것을 알게 되었다. 나는 아이와 함께 읽는 고전이 의미 있는 관계를 형성하여 믿기 어려운 대화의 문을 여는 것을 알았다. 와이어트는 타고난 수학적 재능과 왕성한 독서력의 소유자인 것을 알았다. 딜런은 열정적인 학습자, 타고난 언어학자, 똑똑한 이단자라는 것을 알았다. 내가 살기 위해서 교육과정을 고집할 수 없다는 것을 깨달았다. 책은 훌륭했지만 다른 모든 것은 너무 대본처럼 느껴졌다. 내가 쏟아붓는 막대한 투입에도 불구하고 나는 매일 즉석에서 창의적인 수업만 생각하고 있었다.

2년째 접어든 몇 주일 후 아름다운 가을날 나는 우리 집 뒤뜰에 앉아 스테파니와 통화를 하고 있었다. 산들바람이 내 스웨터의 어깨 언저리를 감싸고 태양은 내 얼굴을 따스하게 비추고 사내 녀석들은 나뭇가지로 원뿔형 천막을 만들고 있었다. 나는 이런 라이프스타일이 우리에게 선물하는 자유를 만끽했다.

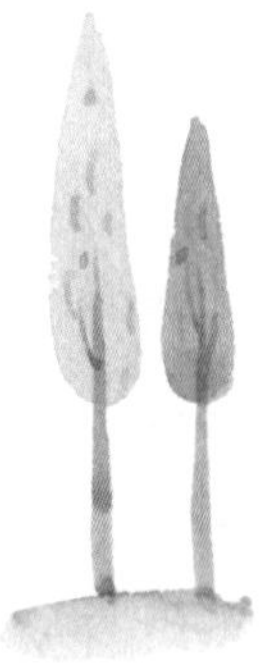

스테파니와 가족이 최근 플로리다로 이사했기 때문에 나는 우리 시간을 가질 수 없었다. 그녀가 가까이 없으면 홈스쿨링은 약간 더 외롭게 느껴졌으나 오늘만은 옛날과 같이 느껴졌다.

우리는 어떻게 지내는지 우리 두 사람이 우리 가족에게 맞는 리듬을 어떻게 알아냈는지 등을 이야기했다. 나는 우리 모험과 우리가 좋아하는 자연 탐사 도보여행, 공예, 자연 일기 등 몇 가지 활동을 공유했다.

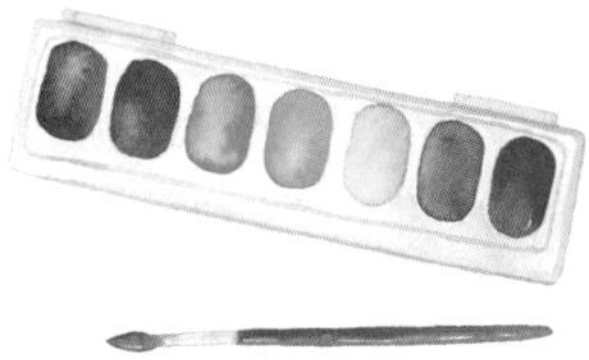

스테파니는 "아인스, 너는 정말 샬럿 메이슨이야."라고 말했다.

나는 그 말이 무슨 뜻인지 몰랐다. 스테파니는 자기가 읽었던 책, 카렌 안드레올라(Karen Andreola)의 **샬럿 메이슨 친구들**(A charlotte mason Companion)을 나에게 소개하고 읽기를 권했다. 책 제목은 메모해두었으나 결코 주문한 적이 없는데도 이틀 후 그 책이 문 앞에 놓여 있었다. (고마워, 스테파니.)

이 책은 다양한 홈스쿨링 스타일에 관한 학습 여행의 안내서였다. 나는 여전히 배우고 있다. 나는 친구들과 그들이 좋아하는 홈스쿨링 방법과 관련된 이야기를 좋아한다. 많은 사람은 자신에게 매력적인 스타일을 선택하여 가장 순수한 형태를 추구하나 일부 사람들은 절충적인 스타일을 취하여 다른 방식으로 접근한다.

다른 홈스쿨러들이 그것을 어떻게 정의하든 별 관심이 없는 사람이 있는가 하면 자기 스타일에 매우 열정적인 사람들도 많이 있다. 당신은 사람들이 자신을 "고전적인 성향의 샬럿 메이슨 가정 교육자", "발도르프 홈스쿨러", "레지오 영감을 받은 언스쿨러", 그리고 전 세계의 많은 엄마가 지금 나처럼 자신을 '야성+자유'의 맘이라고 하는 말들을 들을 것이다.

다양한 학습 스타일을 이해하게 되면 아이들의 교육에 대한 비전을 세우고 욕망의 목소리를 듣고 아이들 각각에 적합한 개별교육에 접근할 수 있다.

당신의 스타일 만들기

홈스쿨링 스타일 외에 비전통적인 학교 교육을 설명하는 용어들이 매우 많이 있다. 홈스쿨링, 월드 스쿨링, 자연학교, 로드 스쿨링, 가정교육, 자기주도 학습, 등등. 이런 표현은 많은 사람 사이에 명확히 구별되는 중요한 차별적 의미가 있다.

예를 들어 어떤 사람은 **홈스쿨링**보다 **가정교육**을 더 좋아한다. 이는 전통적인 의미와 학교로부터 자신을 구별하려고 하기 때문이다. 다른 사람은 **가정**이라는 말을 포함하지 않기를 바란다. 이는 학습을 가정으로 한정하는 것이 싫기 때문이다. 세계, 숲, 공동체 등 아이들이 어디에 있든 아이들은 항상 배우고 있다.

하지만 부모는 교사이고 아이는 학생이라는 의미를 여전히 수용하지 않는 사람들도 있다. 그래서 이들은 교육이나 학교 교육에 대해 어떤 말도 하지 않는다.

언어는 우리 생각을 형성하고 차례로 우리 신념을 형성하여 필경 우리 행동을 결정하기 때문에 매우 중요하다. 하지만 우리가 무슨 일을 하든 우리 소망은 전통의 사슬을 끊고 우리 자신만의 모험적인 삶을 살기 위해 야성+자유 공동체가 되는 것이다. 누가 뭐라 말하든 지나친 관심은 금물이다. 어떤 방식의 의미를 부여하든 우리 여정을 자유롭게 말할 수 있다.

우리가 하는 일을 어떻게 부르든 학습은 시스템, 방법론, 혹은 일을 마쳤다는 점검표가 아닌 점을 기억하라. 학습은 조건이 충족되면 언제든지 일어나는 유기적 과정이다. 우리 역할은 아이들이 성장할 뿐 아니라 번창하는 환경을 창조하는 안내자와 설계자다. 더 나아가 우리는 아이들과 함께 배우고, 아이들을 위해서 배우고, 아이들에 관해 배우는 공동 학습자다.

어떤 방법을 선택하든 그것은 당신의 개성을 반영하는 것을 알아야 한다. 우리는 그 개성이 당신 아이의 개성이기를 희망한다.

그래서 여기 엄마, 가정주부, 변화의 창조자, 재미있는 사람, 미친 사람, 어리석고 진지한 사람이 모였다. 새로운 길을 개척하는 겁 없는 사람들. 계속 망가지는 사람들. 오래된 영혼과 자유로운 영혼. 기획자와 보조자. 우리는 매일 마법을 일으키는 사람이다.

우리 홈스쿨링 여행을 독특하게 만드는 마법은 우리가 하는 일이 아니다. 바로 우리다.

13 홈스쿨링의 다양한 접근

가정기반 교육은 "집에서 하는 학교 교육"이 아니다. 아이들이 자연적인 환경에서 자기만의 방식, 자기만의 속도로 배우도록 자유를 주는 교육이다. 홈스쿨링은 세계의 모든 사상과 접촉하고 발전하면서 다양한 교수 스타일을 통합했다. 그 과정에서 우리는 제한적인 방법이 아닌 다양한 방법의 영향을 받았다. 우리에게 홈스쿨링의 자유가 있는 것처럼 우리는 역시 교수 스타일뿐 아니라 접근 방법을 우리 아이들의 욕구, 학습 스타일, 개성에 맞게 조정할 자유가 있다.

이는 결코 다양한 방법에 관한 철저한 연구는 아니다. 하지만 지난 세기 동안 교육에 영향을 미치고 '야성+자유'의 탄생 과정에서 가치 형성에 도움을 준 몇 가지 잘 알려진 접근 방법을 소개한다.

고전주의

고전주의의 교육 방법은 고대 이집트와 그리스 세계에 뿌리가 있다. 오늘날 세계의 많은 학자로부터 인정받고 있는 고전주의 방법은 과거 수백 년간 크리스천과 세속 학자들로부터 지지를 받아 온 마르티아누스 카펠라(Martianus Capella)가 중세에 교수학으로 발전시켰다. **교육**을 "진선미에 영혼의 자양분을 공급하여 지혜와 덕성을 함양하는 것"으로 정의한다면 고전교육은 3학 4과를 통해 이런 노력을 시도했다고 볼 수 있다.[1]

이 철학에 따르면 아이들은 문법, 논리학, 수사학의 3단계에 따라 배운다. 아이들이 노래, 성가, 리듬을 통하여 기억하는 자연적인 발달 성향을 나타내는 시기인 기초단계(초등학교 6학년)에서는 문법이나 언어 중심으로 배운다. 아이들은 과학, 수학, 지리, 라틴어, 영문법, 역사, 예술 등 다양한 교과목을 통해 사실을 이해하는 시기를 보낸다. 이 단계는 모든 미래 교육의 토대가 된다.

중학교 시기의 논리학 단계는 만물의 뒤에 숨은 '왜'를 알려는 중학교 아이의 욕구를 중심으로 설계한다. 이 단계의 학생들은 권위에 도전하는 논쟁을 좋아하기 때문에 교육자는 이 단계를 이용하여 논리, 추론과 유창한 논쟁 방법을 가르친다. 간단히 말하면 학생들은 스스로 생각하여 글쓰기, 읽기, 수학, 과학, 역사 등 모든 과목에 적용하는 논리를 배운다.

고등학교 시기의 수사학 단계는 적절한 아동 발달을 반영하여 역시 10대들에게 설득력 있는 연설과 효과적인 글쓰기의 활용 방법을 가르치는 데 치중한다. 이는 학생들이 이전 학습 단계에서 배운 지식과 논리를 모두 적용하거나 수잔 와이즈 바우어가 말한 학생들이 "자기표현 방법을 학습하는" 시기다. 이것으로 모든 초기 단계 교육은 정점을 찍는다.

고전적 방법은 학습이 일어나고 덕성을 가르치고 마음을 훈련하는 시스템을 제공한다. 20세기 전환기에 도로시 세이어스(Dorothy Sayers)는 현저하게 감소한 고전교육을 개척하여 부활시킴으로써 이 철학의 발전에 큰 영향을 미쳤다. 그 결과 수많은 책, 교육과정, 프로그램이 그녀의 영향력 있는 말로 채워졌다. 도로시는 다음과 같이 말했다. "우리는 종종 아이들에게 '교과'를 가르치는 데 성공할지라도 슬프게도 총체적인 사고 방법을 가르치는 데 실패한다."

일부는 고전교육을 구식 방법으로, 일부는 너무 엄격한 교육으로 생각할 수 있으나 이 방법의 주창자들은 고전교육의 고대 기원이나 엄격함에는 아무런 결함이 없다고 주장한다. 사실 이는 현대 사회에서 고전교육의 의미와 목적만 강화할 뿐이다.

수잔 와이즈 바우어는 자신의 저서인 **잘 훈련된 마음**(The Well-Trained Mind)과 **잘 교육된 마음**(The Well-Educated Mind)을 고전교육의 필수요소로 만들어 집에서도 고전교육이 가능하게 했다. 바우어는 다음과 같이 주장했다. 엄격한 방법은 아이들에게 태만한 습관 대신 덕성을 개발하고 "모티머 아들러(Mortimer Adler)가 말한 '위대한 대화' 즉 시대를 통해 계속되는 위대한 사람들의 대화에 참여하는 시스템을 제공한다. 대부분 현대 교육은 지나치게 절충적이어서 아이들이 과거 사건과 현대 사회의 정보홍수를 연결할 기회의 여지가 거의 없다."[2]

이 방법은 위계적이고 체계적인 구조를 갖추고 있다. 하지만 진정한 고전교육의 중심에는 어떤 엄격함이나 제약도 찾아볼 수 없다. 진실을 말하면 이런 학습 방법은 '적을수록 좋다'는 현대교육사상을 수용하여 분과교육에서 벗어나는 자유를 제공한다.

고전교육연구소(CiRCE)에 따르면 고전 교육자들은 "지혜와 덕성을 함양하는 방법은 명상과 사물에 대한 통찰이라고 믿는다." 그러므로 위대한 고전과 예술작품에 대한 명상법과 소크라테스의 대화에 기반한 사상분석법으로 학생들을 안내하는 일이 그들의 역할이다.[3]

이는 쉬운 일은 아니지만 사상으로 충만한 라이프스타일의 육성은 가치 있는 노력이다.

지난 20년간 고전학파의 부활뿐 아니라 가정에서 배우는 고전교육 방법에 영감을 준 홈스쿨링 자원이 꾸준히 개발되었다. 바우어가 설립한 잘 훈련된 마음 아카데미와 앤드류 컨(Andrew Kern)이 창업한 고전교육연구소는 고전교육의 자원, 교육과정, 고전 교육자의 세미나 등을 지원하는 대표적인 조직이다.

많은 홈스쿨러는 레이 보틴스(Leigh Bortins)가 개발한 고전 대화(Classical Conversation)를 사용한다. 레이는 항공우주산업의 엔지니어에서 전업주부로 돌아선 특이한 경력자로 1977년에 일곱 명의 학생을 데리고 이 프로그램을 시작했다. 현재 45,000가구 이상의 가족이 세계 여러 지역의 지부에 등록하는 등 크게 발전하여 가장 인기 있는 현대 고전교육 프로그램이 되었다.[4]

고전 대화, 흔히 부르는 CC는 1주일에 한 번씩 모여 개인 교수에게서 배우는 한편 가족들이 집에서 고전 방법을 사용하는 실용적인 구조를 제공한다. 이 프로그램은 문법, 논리학, 수사학 등 삼학을 추구하여 학생들을 다음과 같이 3개 수준으로 분리한다. 기초(문법), 필수(논리학), 도전(수사학).

야성+자유 맘인 브레 장(Bre Chang)은 각 수준을 이사에 비유하여 재미있게 설명한다. "나는 기초를 짐 꾸리기 단계라고 말한다. 아이의 뇌는 움직이는 트럭과 같다. 기초단계에서는 얻을 수 있을 만큼 트럭에 가득 채울 수 있다. 필수단계는 '짐을 푸는 단계'이다. 저장된 모든 정보를 수집하여 이삿짐을 풀고 내부에 있는 것을 조금씩 알아내고 배워서 어느 방에 속하는 것인지 이해한다. 도전단계는 의견형성의 시작 단계로 이삿짐을 거실에 풀어놓고 보관하고, 기부하고 싶은 것과 정말 흥미로운 예술품을 어떻게 생각할지 결정한다. 이제 집을 가정으로 꾸미기 시작한다."

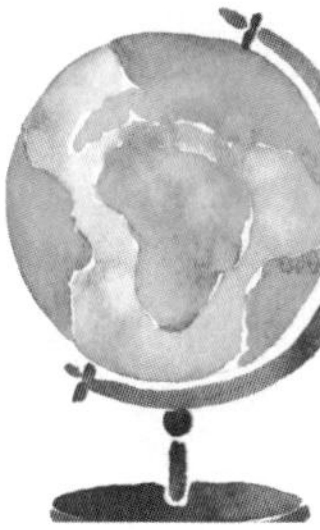

CC는 많은 가정 교육자들에게 가정에서 손쉽게 실천할 수 있는 구조화된 학습 계획을 제공한다. 이 프로그램은 과학, 수학, 지리, 라틴어, 영문법, 역사, 예술, 대중연설 등 교과를 포괄한다. 하지만 프로그램 그 자체는 지식과 지식의 표현, 두 가지를 모두 배양하고 덕성과 미를 추구함으로써 사고 방법과 학습 능력을 아이들에게 심어 주는 등 더 원대한 목적을 지향한다.

보르틴스(Bortins)는 자신의 저서 **질문**(The Question)에서 "인간은 관계를 욕망하며 어려운 문제를 흥미 있는 방법으로 함께 생각하면 매우 유익하다."라고 말했다.[5] 고전 대화의 목적은 아이들이 바로 그렇게 하는 방법의 길을 트는 데 있다.

고전교육에서 중요한 부분은 라틴어 학습이다. 많은 현대 교육자들이 라틴어는 구식이고 아동교육에 거의 쓸모가 없다고 믿지만 고전 옹호자들은 정반대의 주장을 펼친다. 영어 어휘의 거의 50% 이상이 라틴어에서 나왔을 정도로 거의 모든 현대어는 라틴어에 뿌리를 두고 있을 뿐 아니라 다양한 품사 학습을 강화한다.

세이어스(Sayers)는 자신의 저서 **잃어버린 학습 도구**(The Lost Tools of Learning)에서 다음과 같이 썼다. "나는 교육의 가장 튼튼한 기초는 라틴어 문법이라고 단호히 말할 것이다. 그 까닭은 이것이 전통적이고 중세적이기 때문이 아니라 단지 가장 기본적인 라틴어의 지식이 거의 모든 과목을 배우는 수고를 최소한 50% 정도 줄여 주기 때문이다. 라틴어는 로망스어(Romance languages) 어휘와 구조, 튜토닉어(Teutonic languages) 구조뿐 아니라 모든 과학의 기술언어와 고문서를 포함하여 전 지중해 문명의 문학을 이해하는 열쇠이다."[6]

많은 사람이 라틴어를 배우는 이유는 여전히 무궁무진하다고 주장한다. 고전교육연구소를 설립한 앤드류 컨은 라틴어를 배우는 목적과 유익함에는 차이가 있다고 말했다. 라틴어를 배우고 아는 목적을 이해하지 못하면 많은 유익함이 사라진다. 컨은 다음과 같이 설명했다.

> 많은 사람이 라틴어와 그리스어를 배울 필요는 없다. 오직 정치학, 법학, 신학, 의학, 오락, 철학, 교육학, 자연과학, 윤리학 등 학식이 필요한 직업에 종사할 사람에게만 필요할 뿐이다. 모든 사회가 라틴어와 그리스어를 아는 사람들로 채워질 필요는 없다. 오직 자유와 진리를 사랑하는 사회에서만 필요할 뿐이다. 나는 라틴어와 그리스어가 본질상 다른 언어보다 더 우수한지 잘 알지 못한다. 다만 사람들이 그것을 2,000년 이상 언급해 온 언어였다는 사실만 알 뿐이다. 그런 유산을 잃게 되면 가난하고 노숙하고 궁핍하게 된다.[7]

수많은 책이 고전교육을 다루고 있는 데는 이유가 있다. 대부분의 교수방법과 마찬가지로 간단한 개요로 요약하여 설명하기는 쉽지 않지만 다른 방법들처럼 그것을 추구하는 사람들에게 의미를 부여하여 깊이를 더하는 아름다움이 있다.

엘시 이루디첼로(Elsie Iudicello)는 고전교육학을 배우는 학생 신분으로 고전 대화 프로그램을 운영하는 책임을 맡고 있다. 엘시는 다음과 같이 썼다. "고전교육은 우리 가족의 교육목적을 변화시켰다. 우리는 더 이상 학습을 각각 분리되어 서로 무관하게 단절된 교과로 보지 않는다. 학습은 전체적이고 조화롭고 통합적이다. 수학은 각각 그것을 서로 관통하는 역사, 과학, 음악, 지리의 한 부분이다. 우리가 마주했던 모든 것에는 이야기와 기원이 있었고 개인으로서 그리고 인류의 일부로서 우리에게 의미 있는 것

을 제공했다. 우리는 가능한 한 빨리 가능한 한 많은 것을 가르치려는 광란 문화의 집착에서 벗어나 우리 시대에는 '적을수록 좋다'는 더 적은 교과에 대한 더 깊은 침잠을 강조한다. 무엇보다 우리는 지혜와 덕성의 함양을 배우는 교육의 핵심을 찾았다. 우리는 특정 직업에 적합한 노동자를 배출할 목적으로 교육하지 않는다. 영혼에 자양분을 공급하여 그들이 진선미에 정착하기 위해 교육한다. 이는 기계가 아닌 영혼 학습이다."[8]

교육철학의 자잘한 점에 빠지기는 쉽다. 하지만 각각 마음의 렌즈를 통해 그것을 보면 더 유익할 것이다.

앤드류 컨은 우리에게 "아이들은 평가될 결과물이 아닌 양육할 영혼이다."라고 다시 한번 말한다.

아마 아이들은 항상 그런 존재일 것이다.

몬테소리

마리아 몬테소리(Maria Montessori)는 이탈리아의 교육자이다. 그녀는 1936년 자신의 저서인 **아동기의 비밀**(The Secret of Childhood)에서 "준비된 환경의 첫 번째 목적은 자라나는 아이를 가능한 한 어른으로부터 독립시키는 일이다."라고 말했다. 전통을 깨고 이탈리아에서 최초의 여의사가 된 몬테소리는 아이가 어리다고 무시하지 않았다. 몬테소리는 아이는 사회 통념보다 훨씬 더 많은 것을 할 수 있다고 믿었다.

몬테소리는, 손은 아이의 최고 교사라고 주장했다. 그녀는 무료 진료소에서 장애아들을 위해서 일한 경험을 통해 아이들에게 내재하는 타고난 호기심과 지능을 볼 수 있었다. 아이들은 모든 것, 특히 몬테소리가 사용했던 지능검사 도구를 만지고 느끼는 것을 좋아했다. 몬테소리는 이런 도구를 아이들에게 학습 도구로 사용하여 교실에서 큰 성과를 거두었다.[9] 마침내 자신의 학교를 세웠으나 결코 자신을 몬테소리 교육 방법의 창시자라고 말하지 않았다. 몬테소리는 "내가 몬테소리 교육 방법을 창안했다는 말은 사실이 아니다. 나는 아이를 연구했고 아이가 나에게 제공한 것을 받아들여 표현했을 뿐이다. 이것이 몬테소리 방법이다."라고 말했다.[10]

몬테소리 교육의 핵심 원리는 자유, 질서, 아름다움, 실재, 사회, 지적 환경 등이다. 그녀는 교육이란 "아이의 자연스러운 수행 과정이며 언어로 듣는 것이 아닌 환경에서 획득하는 경험이며 감각은 배움의 문을 여는 세계의 탐구자."라고 말했다.

오늘날 몬테소리 교실은 아이들이 독립적으로 때로는 서로 어울려 놀고 배우는 다양한 공간을 제공하는 평화로운 환경이다. 아이들은 동료들과 공유하고, 놀고, 갈등을 해결하고, 상호작용하고 배우며 여러 공간으로 자유롭게 이동하고 자기 주변을 정리한다.

몬테소리의 중요한 관점은 교실에 초점을 맞추지 않는 데 있다. 그러므로 전체적인 환경은 자극적이며 가구와 선반에서 이젤과 세면대에 이르기까지 모든 것을 아이의 몸에 맞게 조정한다. 종종 각 재료의 품목은 하나뿐이어서 아이들은 특정 품목을 사용하려면 자기 차례를 기다리며 혼자 작업한다. 한 아이가 손잡이가 달린 실린더를 사용하는 동안 네 명의 아이는 마루에서 '세계 여러 나라 깃발' 퍼즐을 함께 맞춘다. 혹은 몇 명의 아이가 간단한 일을 준비하는 동안 세 명의 아이는 미술실에서 그림을 그린다. 몬테소리가 좋아했던 것처럼 모든 작업은 아이들의 자유로운 선택, 직접적인 체험활동, 독립적인 욕구를 지원한다.

야외 환경도 마찬가지로 중요하다. 아이들은 전체가 참여하는 중요한 자연 활동에서 상당히 많은 시간을 보낸다.

홈스쿨링 맘인 제시카 뮤엘(Jessica muelle)은 "몬테소리 방법은 아이들에 대한 관찰 중심 교육이며 실제 자료와 활동에 근거하여 아이의 관심과 능력에 맞추는 총체적 접근법이다."라고 말했다.

제시카는 몬테소리 철학의 몇 가지 교리는 "아이 존중, 한계 내에서의 자유, 준비된 환경, 존중과 질서, 자연과 실재, 보상 회피의 추구다."라고 말했다.

제시카는 대학 시절 강의 시간에 교육학 교수 중 한 명이 몬테소리 방법을 "아무런 구조도 없는 완전히 자유로운 환경에서 아이들이 누구 간섭도 받지 않고 하고 싶으면 무엇이든지 자유롭게 할 수 있는 방법"이라고 말하면서 그 철학을 비웃었을 때를 기억한다. 그녀는 그때 대학에서 처음으로 몬테소리를 접했다.

제시카는 다음과 같이 말했다. "물론 그것은 어리석은 아동 교육 방법처럼 들렸다. 하지만 불가불 몬테소리 초등학교 교실에서 보조 교사로 일하게 되었다. 내가 직접 몬테소리를 경험하고 아이들이 상호작용하고, 배우고, 진정으로 즐기는 경험을 관찰하고 혼자 연구하기 시작하면서 비로소 그것이 진정 내 아이들이 원했던 교육이라는 것을 깨닫게 되었다."

몬테소리 방법은 학습과정에서 풍부한 감각 자료와 함께 환경이 중요한 역할을 하므로 주로 학교 중심의 학습 방법이다. 덧붙이면 교실은 전적으로 그 방법을 실행하는 데 필요한 부분이다.

몬테소리에게서 영감을 받은 프랑스 홈스쿨러인 이브 헤르만(Eve Hermann)에 의하면 "마리아 몬테소리는 적어도 30명 정도의 복합연령으로 구성된 수업을 상정했다. 그것은 선택이 아니라 전체를 적절히 기능하게 하는 필수적인 구성 요소였다. 그녀는 모든 아이가 독자적인 작업을 하지만 전체 집단에 유익한 벌집처럼 수업의 생명은 사회를 반영해야 한다고 생각했다. 이 점이 집에서 몬테소리 환경을 재현하기 어려운 이유다."

이브처럼 집에서 순수한 형태의 교실을 재현할 수 없는 제약에도 불구하고 여전히 많은 부모는 몬테소리의 원리를 사용하는 교육 방법을 선택한다. 결과적으로 값비싼 자료를 사들이고 모든 방법을 엄격히 고수하는 것은 마리아 몬테소리 사상을 적용하는 데 필요하지 않다.

많은 엄마는 자신의 홈스쿨 스타일뿐 아니라 육아 지침으로 특히 초기에 몬테소리 철학을 많이 받아들인다. 아이들이 자기 학습을 책임지도록 격려하고 독립적 사고자, 창의적인 문제 해결자, 위험 감수자, 공동체의 존중받는 구성원이 되도록 하는 권한 강화의 환경을 집 안에 조성하는 방법은 매우 다양하다.

예를 들어 부모는 주요 생활 공간에 아이들만을 위한 공간을 따로 마련할 수 있다. 아이들을 놀이방으로 내쫓는 대신 정해진 공간에서 장난감을 허용하여 아이들은 소중한 존재이며 어떤 환경에서도 환영받는다는 점을 상기시킬 수 있다.

아이들 몸에 맞춘 책과 장난감을 보관하는 선반, 정리된 바구니, 쟁반 등은 아이가 사용 여부를 알고 치우는 일을 쉽게 해 준다. 집 안에서 실행하기에 간단한 또 다른 방법은 아이들이 접근할 수 있는 열린 옷장이다. 이 목적은 아이가 혼자 하기에 손쉬운 아동 친화적 환경 조성이 아닌 아이들이 선택하고 자기 물품을 정리하고 적절히 치우는 권한을 강화하는 데 있다.

몬테소리는 교육은 삶의 준비라고 믿었다. 그래서 아이들이 자기 주변 세계를 경험할 수 있는 감각 자료가 풍부한 환경을 조성했다. 아이들은 경험학습을 통하여 수학, 언어, 과학, 지리, 사회문화, 예술, 음악 등 다양한 교과를 탐구한다.

손으로 아름답게 만든 장난감과 학습자료를 수집하는 데는 시간이 걸릴 수 있지만 불가능한 일은 아니다. 중고시장 쇼핑, 자연 뒤지기, 집에서 만들기 등은 처음 시작하기에 가장 좋은 방법이다. 단독 교실을 짓는 것이 아니라 가정을 확장하는 점을 기억하라. 양이 아닌 질이 핵심이다.

많은 가정 교육자는 아동 중심 환경과 잘 만든 수공예 자료뿐 아니라 몬테소리의 수학 방법을 좋아한다. 이 방법은 수학적 개념을 시각적으로 표현하기 위해서 아이들이 눈으로 볼 수 있는 아름다운 조작 방법을 사용한다.

제시카는 자기가 이런 철학에 빠진 이유 중 하나가 바로 이런 수학 방법 때문이었다고 말했다. 그녀는 "마리아 몬테소리는 '손은 뇌의 최고 교사'이며 자료는 구체적인 것에서 추상적인 것으로 나아가도록 설계해야 한다고 믿었다."라고 썼다.

"예를 들어 1에서 10까지, 10에서 100까지, 100에서 1,000까지 단위의 교환을 가르치기 위해 단위 구슬은 1을 나타내며, 10개의 단위 구슬은 1개의 막대(10개의 구슬을 꿴 막대)와 교환되며, 막대 10개는 10의 제곱과 같으며(10개 막대의 10개), 10개의 세 제곱은 1,000과 같다. 그래서 단순히 1을 0의 무리로 보는 대신 아이는 숫자의 물리적 양을 보고 작업할 수 있다."

내 다른 친구인 미쉘 가렐스(Michell Garrels)는 아이 중 한 명의 타고난 수학적 재능을 발견하지 못했을 당시 집에서 몬테소리 방법을 사용했다.

미쉘은 다음과 같이 말했다. "우리는 3가지 수학 교육과정을 시도했으며 수업은 매일 힘들게 진행되었다. 나는 몬테소리 체험 접근 방식과 우리가 사용했던 일부 언어 교재를 통해 뇌 발달의 효과를 알고 있었다."

미쉘은 먼저 촉각 방법을 이용하고 나중에 암기 작업의 기초를 닦는 식의 학습 방법을 좋아했다. 이는 대부분의 전통적 수학 접근 방법과 반대되는 것이었다.

그녀는 자기 아이가 철저한 예술가여서 몬테소리 수학 교재의 아름다운 특성과 촉각적 특성이 적합할 것으로 생각했다고 말했다.

"나는 어떻게든 아름다운 것을 재미있게 만지게 하는 것이 수학에 공감하게 하는 유일한 기회라는 점을 알았다."

몬테소리 기반의 교육과정은 암기보다 통달을 강조한다. 이는 아이가 나이와 관계없이 자기 속도에 따라 배우도록 허용하기 때문에 아이는 교재를 통달하고 나면 다음 단계로 이동할 수 있다. 종종 같은 몬테소리 교실에서 다양한 나이의 아이들을 볼 수 있는데 이런 이유 때문이다. 몬테소리 방법은 다양한 연령대의 자녀를 둔 홈스쿨링 맘들에게 힘이 될 수 있다. 이 점에서 원룸 학교는 해결할 문제가 아닌 더 실제적인 학습 방법이다.

집에서 몬테소리 방법을 적용하는 것이 목적이든 단순히 그 철학을 이해하여 교육 방법에 관한 지식을 증진하든 이 열정적이고 위대한 사상가가 유아기 발달에 끼친 강력한 영향은 부인할 수 없다. 이 방법에서 무엇을 얻을 수 있다면 그것은, 아이들은 인간으로서, 타고난 학습자로서 성인의 존중을 받을 충분한 가치가 있다는 점이다. 마리아 몬테소리의 말을 빌리면 "유아기의 교육목적은 아이만의 학습 욕구를 촉진해야 한다."

그 이상도 그 이하도 아니다.

샬럿 메이슨

20세기 전환기에 영국의 교육자인 샬럿 메이슨(Charlotte Mason)은 아이들에게 광범위한 자유교육을 제공하는 비전을 공유했다. 자신의 저서 **교육철학**(A Philosophy of Education)에서 샬럿은 "교육은 환경, 훈육, 삶"이라고 말했다.

이 혁명적인 말은 가정, 가족, 학교의 기초를 구축한 여섯 권의 저서에 촘촘히 기술되어 있다. 샬럿 메이슨이 표방했던 이 좌우명은 전 세계의 교육에 영향을 미쳤다.

홈스쿨링 맘이며 야성+자유 공동체에서 '현대 미스 메이슨'으로 많은 사람에게 잘 알려진 레아 보덴(Leah Boden)은 다음과 같이 말했다. "미스 메이슨은 우리 교육의 시대를 좌우할 3가지 도구 혹은 그녀가 말한 '방법'을 우리에게 건넸다. 이 도구는 하나가 다른 하나를 능가할 정도로 중요하지 않으나 교육받은 삶을 형성하는 튼튼한 토대를 구축한다. '환경'은 집 안의 시각적 정서뿐만 아니라 가족을 정의하는 의도적이며 비의도적인 풍토, 분위기를 조성한다. '훈육'은 우리 시대까지 생명, 힘, 일관성을 가져다준 학습 리듬과 습관을 형성한다. 그리고 좌우명의 '삶'은 위대한 사상을 낳는 마음을 기르는 동력(책)에 해당한다."

메이슨의 교육철학은 자신의 신앙과 자신의 교직 경험을 바탕으로 형성되었다. 그녀는 종종 아이들이 사회에서 경시되던, 즉 "아이들은 얌전히 있어야 한다('Seen but not heard')."는 시대에 아이들을 가르쳤다. 메이슨은 아이들은 한 개인으로 대우받고 완전하고 풍성한 교육 기회를 누려야 할 "타고난 **사람**"이라고 주장했다. 신앙과 습관에서부터 이야기와 자연 연구까지 통찰력과 실용성이 넘치는 메이슨의 교육철학은 오늘날 신앙과 세속을 불문하고 전 세계의 수많은 홈스쿨러들의 사랑을 받는다.

메이슨은 교사였다. 하지만 가르침은 아이의 자기 발견을 방해하기 때문에 가르침보다 아이들이 아이디어에 접근하도록 격려하고 스스로 생각하도록 촉진했다. 메이슨은 아이들에게 많은 책, 직접 경험, 자유 놀이 시간을 충분히 제공하면 상상력을 촉진하여 스스로 생각하는 방법을 배워 삶의 세계를 이해할 수 있다고 믿었다.

메이슨은 아이들 앞에서 "잔치를 베풀고", 그들의 마음이 그것을 소화하게 하라는 비유를 즐겨 사용했다. 보덴은 다음과 같이 말했다. "이는 우리가 아이들에게 제공하는 관대한 교육과정에 관해 샬럿 메이슨이 말한 가장 강력한 비유 중 하나이다. 세계가 소유한 최고의 위대한 사상이 실제로 책 속에 모두 들어 있다면 아이들은 허기진 마음을 채워 영감이 넘치는 학문과 삶을 누릴 수 있을 것이다. 하지만 먼지가 쌓인 서가는 해당하지 않는다."

보덴이 상기시킨 이미지는 학습을 촉진하는 위대한 학문, 자연 연구, 예술, 음악, 공예, 환경의 형태로 집 안에 흩어져 있는 수라상 중 하나다.

보덴은 계속해서 말했다. "배우기 위해 모일 때 아이들은 이런 사상과 이야기의 낭독을 듣고 그것을 우리 집 주변에 흩뿌려 두고 바구니와 식탁 위에 잔뜩 쌓아 둘 필요가 있다. 잔치는 모험과 흥미로 가득 찬 아이들의 머리와 마음에 자양분을 공급하는 아이디어, 경험, 이야기의 컬렉션이다. 잔치는 우리가 학습을 통해 아이들의 눈, 손, 마음에 가져다주는 선과 미를 아이들이 '마음껏 먹는 것'이다."

메이슨은 아이들이 지루함을 느끼지 않고 내적 학습 욕구에 불꽃을 일으키길 원했다. 그녀는 아이들의 열정을 위해 짧은 수업 시간, 초등학생은 15분, 중학생은 30분, 고등학생은 45분을 사용하고 아이들이 지치기 전에 다른 과목으로 이동할 것을 조언했다. 메이슨의 교육목적은 "아이가 얼마나 많이 배웠는가?"가 아니라 "아이가 얼마나 많은 관심을 보이는가?", "얼마나 많이 마음을 쓰는가?"에 있었다.

이런 목적을 위해서 메이슨은 아이들은 홀로 두어야 하며 그런 습관 훈련은 아이들이 자기교육을 담당하도록 조력하는 관건으로 믿었다. 어린 시절에 건강한 습관을 형성하면 나이가 들어서도 자기 주도적인 학습자가 될 것이다.

메이슨은 "엄마들이 아이들에게 좋은 습관을 길러 주기 위해 애쓰면 평온하고 편안한 나날을 스스로 확보할 수 있다."라고 말했다. 그녀는 "끊임없이 계속되는 명령과 지시로 아이들을 괴롭히는" 생각에 반대하면서 아이들이 자기 길을 가며 스스로 성장하는 것을 지지했다.

오늘날 샬럿 메이슨 가정 교육자들은 교과서를 사용하기보다 오히려 '살아있는 책'을 읽는다. 이 용어는 메이슨이 만든 신조어이며 아이들의 상상력에 불꽃을 일으키고 읽기와 쓰기의 기초를 제공하는 고품질의 학문을 설명하기 위해 사용했다. 살아있는 책에는 성인과 아이 모두에게 생명을 불어넣고 영감을 주는 이야기, 고품질 글쓰기, 존경하는 인물들과 아이들이 본받을 사람 등이 포함되어 있다.

야성+자유 맘인 에이미 시거스(Amy Seegers)는 샬럿 메이슨의 방법을 "예술, 역사, 자연, 인격 함양, 풍부한 성경 중심의 학습 스타일"로 요약했다. 시거스는 자기 학습 스타일에 적합할 뿐 아니라 좋은 책, 예술, 자연을 사랑하는 이유로 가족을 위해 그 방법을 선택했다고 말했다.

시거스는 다음과 같이 말했다. "자갈길 도랑에서 흰 유액의 분비 식물을 발견하든, 카약을 타고 모래톱에 멈춰 동물 뼈를 찾든, 아니면 큰 물고기를 잡으려다 알 낳는 모습을 보고 집으로 달려가 수채화로 그리거나 자연 일기장에 기록하든 그것은 우리가 집 밖으로 나와 주변 세계를 배우는 것이다."

샬럿 메이슨 방법은 역시 공예 실습을 장려한다. 공예는 손으로 만드는 모든 활동이다. 상당한 수준의 학습기술을 요구하고 아이들이 최선을 다해 작업하도록 촉진하여 유용한 최종 결과물을 만들어 내게 한다. 몇 가지 공예의 종류를 살펴보면 목공, 바느질, 스크랩북 만들기, 코바늘 뜨개질, 오일페인팅, 가죽 공구, 직물 짜기, 도자기, 서예, 뜨개질, 꽃꽂이, 철제 조각상 만들기 등이 있다. 메이슨은 아이들이 항상 유용한 기술을 배워서 성인이 되었을 때 생업에 종사하도록 돕는 일에 힘썼다.

시거스는 다음과 같이 말했다. "내가 공예를 좋아하는 이유는 공예는

배우는 것처럼 느껴지지 않으나 이미 배우고 있다는 사실 때문이다. 우리는 목판을 깎고, 바느질하고, 빗장걸이 방법을 배우고, 뜨개질하고, 코바늘 뜨개질하고, 수채화를 그린다. 나는 내 아이들에게 자기 손으로 물건을 만들 때 느끼는 깊은 만족감을 보여주기를 좋아한다."

자연 연구는 샬럿 메이슨 교육의 또 다른 교리이다. 메이슨은 가족은 야외에서 하루에 몇 시간, 정확히 말하면 6시간을 보낼 것을 추천했다. 도시에 사는 엄마들이라도 이것을 최우선 순위에 놓고 1주일 한 번씩 기차를 타고 시골에 가거나 가까운 공원을 산책하라고 촉구했다.

자신의 저서 **아이들을 위한 라브리 가정교육**(For the Children's Sake)에서 수잔 셰퍼 매콜리는 다음과 같이 썼다. "샬럿 메이슨은 아이들이 꿈꾸는 이상 세계는 현관 밖 자연에 있다고 말한다. 메이슨은, 준비된 수업은 오전에 끝내고 매일 오후에는 아이들이 정원, 목장, 숲, 길에서 자유롭게 놀고 즐길 수 있어야 한다고 생각했다."[11]

샬럿 메이슨은 학교뿐 아니라 아이들을 집에서 교육하는 엄마들에게 큰 영향을 준 교육 혁명가였다. 메이슨은 엄마와 아이들이 자기 길을 따라 자유롭게 배우는 해방교육을 소원했다. 그녀는, 엄마의 역할은 평생 자기 교육자의 양육에 있다고 믿었다. 거의 150년 전 메이슨은 "엄마가 아이를 양육할 수 없는 이유는 전혀 없다"라고 썼다.

나도 전적으로 동의한다.

발도르프

발도르프 교육모델은 예술가, 음악가, 정신 철학자인 발도르프 슈타이너(Rudolf Steiner)가 1차 세계대전의 여파로 20세기에 개발했다. 슈타이너는 '인류의 평화를 증진'하는 교육모델의 창안을 요청받았다. "최초의 발도르프 학교는 독일 슈투트가르트의 발도르프 담배공장의 노동자를 위해서 1919년에 문을 열었다."[12]

슈타이너는 몸, 마음, 정신의 전인적 아이를 교육하려고 했다. 발도르프 교육과정은 아동기에서 성인기까지의 기본 발달 단계를 반영하여 설계했다. 유아기에는 주변 세계를 발견하고 중학교 시기에는 예술적 노력을 하고 고등학교 시기에는 과학적 태도로 나아가도록 고안했다.[13]

많은 교수 방법과 달리 발도르프 방법은 아이의 상상적인 면을 크게 중시한다. 교육이 주로 물질세계에 초점을 맞춰 발달했던 시대에 이 철학은 아이들의 학습경험과 거리가 있는 통합적인 방법을 제공했다.

오늘날 전 세계에는 천 개가 넘는 발도르프 학교가 있으며 많은 홈스쿨러는 가정에서 발도르프 교육과정을 사용한다. 발도르프에 영감을 받은 교실과 홈스쿨러들은 예술적 표현이 중핵 가치이기 때문에 자연자료, 아동주도적 놀이, 다양한 예술의 관점, 움직임 등을 강조한다. 많은 발도르프 실천가들은 칠판과 자연물을 모아 놓은 자연 테이블부터 영감을 주는 장난감과 독서자료에 이르기까지 계절별로 전시회를 개최한다.

이상적으로 말하면 모든 교실은 스토리텔링과 예술적 표현을 통해 배우며 전인적 아이를 강조한다. 수학에서 과학, 철자에 이르기까지 모든 교과는 발도르프 교육과정으로 통합되며 학문 교재도 대부분 이야기와 이미지를 통해 가르친다.

야성+자유의 맘인 레이철 코박(Rachel Kovac)은 14살 난 큰아이가 아기였을 때부터 발도르프 방법을 계속 연구했다. 코박은 현재 6년간 홈스쿨링을 하면서 발도르프 방법이 자기 가족들에게 잘 맞는 것을 알게 되었다. 레이첼은 "발도르프 교육은 서두르지 않는 환경에서 전인적 아이, 몸, 마음, 영혼에 자양분을 공급하는 통합교육이다. 아이들은 교육과정에 기반한 덕성을 기르는 아름다운 이야기, 상상 놀이, 수작업, 종합예술을 통하여 기쁨이 넘치는 평생학습의 사랑에 빠진다."라고 썼다.

발도르프 방법은 학습에서 상상력을 강조하고 통합적 방법으로 아이의 지적, 실제적, 예술적 발달을 촉진하는 데 핵심이 있다. 결과적으로 상상력을 불러일으키는 동화, 신화, 이야기를 크게 강조한다.

슈타이너는 "상상력의 욕구, 진리 의식, 책임감이 바로 교육의 핵심인 3가지 힘이다."라고 썼다.

아동기를 보존하고 보호하는 목적은 발도르프 철학의 또 다른 중요한 측면이다. 어린아이는 조기에 학문에 접근하는 주지주의에 휩쓸리지 않기 때문에 형식적 학문 중심 수업은 첫 발달 단계에서 권하지 않는다.

코박은 이 점을 다음과 같이 설명한다. "아이들은 형식적인 학습에 평생을 바친다. 하지만 그들이 상상력이 주는 마법의 영역에 깊이 몰입하고 놀이에 흠뻑 빠지는 시기는 이 짧은 기회뿐이다."

그렇다고 학문이 중요하지 않다는 말은 아니다. 흔히 말하는 그런 발도르프 교육자들은 아이의 지적, 정서적, 신체적 능력의 동시 함양을 목적으로 한다. 그들은 이를 머리, 가슴, 손 모델로 부른다. 학교에서처럼 발도르프 홈스쿨러들은 아이의 머리, 가슴, 손을 살리는 활동을 바탕으로 일상 리듬을 만든다.

예를 들어 오전 시간은 문법과 수학 등 항상 주요 학문 중심 수업에 초점을 맞춘다. 아이들이 하루 중 중간에 정신적 휴식이 필요하면 초점은 정서 활동으로 이동한다. 최종적으로 오후 시간은 수작업 활동 중심으로 구성한다. 공예나 수작업은 바느질, 요리, 혹은 만들기 등 기술을 가르치는 동안 아이들의 에너지가 흐르게 한다.

야성+자유의 홈스쿨러인 디안나 맥카스랜드(DeAnna McCasland)는 다음과 같이 말한다. "내 가족에게 발도르프는 단지 내 아이들을 교육하는 방법 그 이상이었다. 긍정적인 라이프스타일의 변화가 분명했다. 소박함과 자연으로 돌아가 아이를 완전한 인간으로 양육하는 평온한 육아였다. 초점은 단지 아이들의 마음뿐 아니라 손과 가슴에 맞춰져 있다. 나는 내 아이들이 어려운 나눗셈을 이해하길 바라는 것만큼 자기가 먹는 식물을 키우고, 털모자를 뜨는 방법을 알길 바란다."

발도르프 교육의 또 다른 독특성은 학생들이 교과서를 읽거나 연습문제집을 사용하지 않는 점이다. 오히려 아이들은 모든 과목마다 각각 자기만의 교과서를 만든다. 아이들은 활동, 이야기, 이미지, 토론을 일상 경험에서 끌어내서 배운 것을 자기 말과 그림으로 증명한다. 시험도 점수도 없으나 학생들에게 자기 작품을 만드는 자유를 부여하고 최고 수준의 작업을 하도록 격려한다.

맥카스랜드(McCasland)는 홈스쿨링에서 이것을 언어기술에 적용하는 방법을 설명했다. "아이들은 유치원에서 알파벳 대문자를 배우고 있다. 그래서 본 수업 전날 밤 우리는 잠자리에서 새로운 문자와 관련된 동화책을 읽는다. 다음 날 아침 우리는 동화에 대해서 토의하고 동화와 관련된 문자와 그림을 칠판에 소개하여 이 모든 것을 다시 문자와 연결한다. 아이들은 자기만의 문자를 그리고 그것을 본 수업 책의 이야기와 연결한다. 남은 1주일 동안 우리는 야외에서 먼지 길을 걸으며 막대기나 다른 자연 발견물로 문자를 만들어 연습한다. 우리는 문자 모양으로 빵을 굽거나 밀랍으로 문자를 만들기도 한다. 아이들은 역시 게임을 하면서 내가 무슨 문자인지 추측하는 동안 내 손이나 등에 문자를 그린다. 그 반대도 마찬가지다. 잔디에 문자 모양으로 밀가루를 뿌리고 아이들이 몸으로 문자 위를 '걷는' 또 다른 게임도 있다. 시는 일찍부터 도입한다. 아이들은 시와 리듬을 암송하여 문자 소리를 이해한다. 이 수업은 단순히 머릿속에 넣는 것 이상이다. 우리는 당연히 손과 가슴을 연결한다."

루돌프 슈타이너의 교육철학은 자신의 정신철학에 기반하며 인지학, 형식교육, 치료, 창조적 시스템으로 부른다. 그는 "주로 몸과 정신건강, 행복을 최적화하는 자연적 수단으로 사용할" 목적으로 그것을 개발했다.[14] 슈타이너의 교육철학은 모든 인간이 과거, 자연 세계, 상호 연결에 초점을 맞추며 그 자체로는 종교가 아니다. 오히려 과학, 예술, 종교를 하나의 방법으로 연결하기 위해 노력한다.

슈타이너가 자신의 정신적 관점을 발도르프 교육의 근거로 사용한 점에 대해 일부 사람들 간에 논쟁이 일고 있다. 하지만 사람들은 사람과 방법을 분리하여 받아들이며 교수 방법의 아름다움을 알고 선택한다. 인지학적 관점이 교육과정의 구조에 영향을 미친 것은 사실이지만 대부분 발도르프 학교에서 아이들에게 철학 자체는 가르치지 않는다.

예술적이고 상상적인 요소, 아동 발달의 단계, 리듬 형성의 중요성, 본 수업 교과서 창조, 방법론 외에 발도르프 방법은 교사의 역할을 중요시한다.

슈타이너는 교사는 개인과 전체적인 면에서 아이들의 삶에 핵심적인 역할을 한다고 믿었다. 그는 교사가 자신의 타고난 재능과 통찰력을 사용하도록 권한을 강화하고 학생들이 교사와 똑같이 하도록 조력하려면 교사는 연구, 명상, 예술적 표현을 통해 상상력을 배양해야 한다고 믿었다.[15]

그는 역시 교사 자격증에 대해 비전통적인 견해를 나타냈다.

코박은 발도르프 학교의 교사 역할에 대해 다

음과 같은 의견을 공유했다. "루돌프 슈타이너는 발도르프 학교의 교사들에게 특별히 전통적인 방식의 훈련을 요구하지 않았다. 대신 개인에게서 내적 특성을 찾았기 때문에 발도르프 교사는 각계각층에서 배출되었다.

"슈타이너가 찾는 첫 번째 특성은 일반적인 아동 발달의 지식이었다. 두 번째는 자신의 내적 발달을 위해 부단히 노력하는 무한한 자발성이었다. 세 번째는 아이를 각각 특별한 개인으로 이해하고 알고자 하는 욕망이었다."

슈타이너는 이 점을 다음과 같이 말했다. "교사가 가르침이 무엇인지를 알기 위해 읽을 수 있는 책이 어디에 있는가? 아이들 자신이 그 책이다. 우리는 아이들 자신이 구성하여 우리 앞에 펼쳐 놓은 책이 아닌 다른 책에서 가르치는 것을 배워서는 안 된다."

실제로 아이들이 교육과정이다.

레지오 에밀리아

레지오 에밀리아(Reggio Emilia)는 아이들이 자기 학습을 주도하고 다른 아이들과 모든 주변 환경과 관계에 대한 말하기와 쓰기 외에 다양한 방식으로 자기를 표현할 수 있는 조기 교육 철학이다. 이 철학은 2차 세계대전의 영향을 받아 심리학자인 로리스 말라구찌(Loris malaguzzi)가 이탈리아의 도시 근교에서 창안했다.

이 독특한 교육 방법은 1991년 레지오 에밀리아 유아 학교가 세계 10위권의 유아 학교 중 하나로 선정되면서 세계에 처음 알려졌다. 방법론에서는 장소와 공동체가 독특한 학습의 기초라고 주장하기 때문에 레지오 에밀리아 지역 밖에서 이 철학을 채택한 모든 학교는 "레지오에서 영감을 받은" 것으로 간주한다. 학교 교사들은 학생들을 지도하기 위한 훈련을 받았으나 각 공동체의 요구를 수용하도록 장려했다. 결과적으로 어느 두 학교도 결코 닮아 보이지 않게 되었다.

이 접근 방법의 핵심은 아이는 존중의 대상이고, 유능한 능력의 소유자이며 자기 학습의 능동적 참여자라는 개념이다. 아이들에게 만지고 움직이고 듣고 관찰하는 경험학습을 허용하는 한편, 부모와 교사는 아이들의 아이디어와 관찰에 깊은 관심을 기울이고 충분한 학습 환경을 준비하는 역할을 한다. 한마디로 부모와 교사는 아이들의 공동 학습자이다.

말라구찌는 교수와 학습에 대하여 "반대편 강둑 위에 서서 강물이 흘러가는 모습을 마냥 바라만 봐서는 안 된다. 대신 물속으로 뛰어들어 함께 여행해야 한다. 능동적이고 호혜적인 교환을 통해 교수는 학습 방법의 학습을 더 튼튼하게 할 수 있다."라고 믿었다.[16]

목적은 아이들에게 정답을 제공하는 것이 아닌 탐구, 호기심, 토론을 촉진하는 데 있다. 즉 아이들의 생각을 기록하고, 아이들의 아이디어에 관심을 보이고, 질문하고, 학습자료를 제공하여, 아이들이 자기 발견을 통해 문제해결 방법을 배우는 것이 목적이다. 그렇지 않으면 아이들에게서 끈기와 독창성의 발달 기회를 빼앗는다고 그들은 말한다.

레지오 교사는 아이들과 함께 호기심을 탐구하고 명확한 목표 없이 프로젝트를 시작하거나 실행 과정에서 일어나는 실패를 허용하는 등 공동 학습자의 역할을 강조한다. 탐구 과정에서 교사는 아이들의 생각을 주의 깊게 듣고 대화를 끌어내고 아이들의 생각과 논리를 존중하고 반복하면서 아이들과 상호작용한다. 교사는 종종 아이들의 다양한 표현 중 하나인 신체 형태로 자기 생각을 나타내도록 장려한다.

교사는 간혹 대화와 활동을 하는 과정에서 단순한 질문의 탐구범위를 확장해 갈 수 있다. 루이스 보이드 캐드웰(Louise Boyd Cadwell)은 자신의 저서 **집에서 실행하는 레지오 에밀리아**(Bringing Reggio Emila Home)에서 이

과정을 다음과 같이 설명했다. "연못에 던진 조약돌이 동심원을 만들어 멀리 멀리 퍼져 나가는 것처럼 첫 번째 과정은 다음 과정 그리고 또 다음 과정으로 계속 이어진다."[17]

많은 홈스쿨러는 레지오 교육 방법의 일부 원리를 가정문화에 맞게 조정하여 실행한다. 사전에 계획된 교육과정이 전혀 없는 까닭에 사람들이 매우 막연하게 느낄 수 있으나 아이들에게 자기 관심을 추구할 자유를 주게 되면 모든 연령대 아이들과 모든 학습 스타일에 적용할 수 있다. 유아기에 초점을 맞춘 이 접근 방법의 목적은 전인적인 아이와 모든 아이의 학습 능력을 소중히 여겨 아이의 성장을 촉진하는 데 있다.

홈스쿨러인 아만더 존(Amander John)은 레지오 교육 방법에 대해 "학습은 유기적인 전개 과정에서 나오며 도착지가 아닌 여정이다."라고 말했다.

최종적인 결론은 삶과 학습을 분리할 필요가 없는 삶 속에 녹아든 학습이다.

레지오 에밀리아는 말하기와 쓰기는 아이들이 세계에 의미를 부여하여 자기 생각을 공유하는 방법 중 극히 작은 부분이라고 가르친다. 충분한 시간, 자원, 기회를 제공하면 아이들은 세계에 의미를 부여하고 '100가지 언어'를 통해 자기 생각을 공유할 수 있다.

"펜, 종이, 물감은 예술작품을 창조할 뿐 아니라, 생각과 아이디어를 구체화하는 무한한 언어 데이터베이스가 될 수 있다."라고 존은 말한다.

환경은 수업만큼 중요하다. 학교에는 두 명의 교사가 있고 환경은 세 번째 교사로 생각한다. 교실은 자연채광, 유기물, 아름다운 고품질 미술 용구로 가득 차 있어 아이들에게 영감을 주고 모든 감각과 '언어'로 탐험하도록 초대한다.

하지만 환경도 지리적인 위치와 전반적인 공동체와 관계가 있다. 이 두 가지는 모두 학습이 전개되는 장소와 방법에 많은 것을 제공한다. 이 점은 특히 존에게 매력적이다. 그는 "홈스쿨러로서 우리는 공동체와 자연에서 배우는 큰 이점이 있다."라고 말했다.

가정에서 레지오 철학을 실천하는 홈스쿨러들은 학습자로서 아이의 역할을 존중하는 문화창조에서부터 시작한다. 부모는 충분한 시간과 자원을 제공하고 탐험을 장려하고 사려 깊고 열린 질문을 하면서 적어도 아이가 상당한 시간을 주도하게 한다. 하지만 부모는 교사가 아닌 촉진자의 역할을 한다.

교육자로서 부모는 학습자가 되어 아이들이 부모를 새로운 것을 배워 그들의 영혼에 자양분을 공급하는 사람으로 보게 해야 한다. 아이들은 자연으로 나가 공동체를 탐험하고 거기서 모든 것을 발견하여 그들 주변 세계를 배운다.

세계 2차대전 이후 말라구찌는 사회재건의 수단으로 아름다움, 창의성, 아이의 독특성을 중요시하는 이 방법을 발전시켰다. 그는 "창의성에 관한 우리 책무는 아이들이 가능한 한 자기 산에 높이 오르게 하는 일이다. 누구도 그 이상 할 수 없다."라고 말했다.[18] 그처럼 어수선한 시기에 이런 교육 모델은 유일한 지식의 전달자인 성인을 뒷자리로 내몰고 아이들이 자신의 교육 방법을 주도하게 했다.

이 모델은 훌륭한 교육 방법 그 이상이었다. 이는 아이들에게는 마땅히 우리에게 소중한 것을 가르쳐 주는 뭔가가 있다고 일깨우는 중요한 신호였다. 경험 중심, 놀이 중심, 관심 주도 학습을 강조하는 에밀리아 접근 방법은 아이들에게 다시 한번 경이로움을 추구하는 자유를 주었다.

특히 부모들이 현대 교육시스템이 보내는 위험 신호를 감지하기 시작하면서 왜 이 방법이 세계적으로 유명하게 되었는지 그 이유를 쉽게 알게 되었다. 레지오 에밀리아의 원리가 유아기용으로 설계되었으나 어린 시절에 집에서 이 방법을 실천하면 아이들의 성장문화와 학습 환경의 조성에 도움이 될 수 있다. 이 접근 방법은 가정교육이나 그 밖의 다른 교육과 관계없이 미래의 모든 교육의 기초가 될 것이다.

교육과정에 상응하는 구체적인 방법을 찾는 가족들에게 이 접근 방법은 다른 방법에 비해 실용적이지 않을 수 있다. 하지만 레지오의 열린 교육에는 아름다움이 있고 스타일과 관계없이 아이 교육의 동반자가 될 수 있어서 어느 홈스쿨 가족에게도 훌륭한 출발점이 될 수 있다.

언스쿨링

언스쿨링(Unschooling)은 교육 방법보다는 교육 이론에 더 가깝고 아이들은 학교나 교육과정 없이 자기 관심을 추구하며 배우고 성장한다고 주장한다. 언스쿨링은 1970년대 작가이며 교육자인 존 홀트가 유명한 세븐업 '언콜라(Uncola)' 광고 캠페인을 뒤틀어서 만든 신조어이다. 언스쿨링의 아버지로 일컫는 홀트는 교사이며 학교 개혁자였다. 그는 진정한 학교 교육은 불가능하다고 믿고 홈스쿨링으로 마음을 바꿔 헌신했다.

홀트는 언스쿨링을 '학교의 교수학습과 닮지 않은 교수학습'으로 정의하고[19] 아이들을 학교 교육에서 해방하는 일에 부모들이 자신과 동참할 것을 요구했다.

비슷한 시기에 크리스천 심리학자인 레이먼드 무어(Raymond Moore) 박사도 역시 국가 재정으로 운영되는 유아 학교에서 조기에 시작하는 형식교육에 반발하여 홈스쿨링을 주장했다. 1970년대 내내 홀트와 무어는 서로 손을 잡고 홈스쿨링 운동을 전개하고 부모들의 법적 지원체제를 확립하여 전 미국의 세속적 홈스쿨러와 종교적 홈스쿨러를 하나로 단합시키는 데 공헌했다.

많은 사람이 아이들이 자기 관심을 추구하며 형식교육의 제약을 받지 않고 자유롭게 배우는 홀트의 비전통적인 교육사상을 따랐다. 그들은 자신들의 노력을 정의하기 위해 **언스쿨링**이라는 존경받는 교육자의 용어를 이용하여 '집 안에 있는 학교'의 개념에 반발하며 전통적인 홈스쿨러들과 자신들을 구별했다.

홀트의 이론은 수년간 보스턴의 사립학교와 가정에서 학생들을 관찰한 경험에 근거한다. 그는 "삶은 배움이며 아이들이 활발하고 충만하고 행복한 삶을 살게 되면 그것이 무엇인지 우리가 알지 못할 때도 아이들은 많이 배운다."라고 주장했다. 자신의 저서 **아이들은 어떻게 배우는가**(How Children Learn)에서 홀트는 아이들을 가르치면서 아이들의 관점에서 관찰한 이야기 하나하나를 인용했다. 그는 학습의 핵심은 아이들과 그들의 성장과 함께 전개되는 자연스러운 과정에 대한 신뢰라고 말했다.

대부분의 주에서 학교 중퇴가 트라우마로 생각되던 시대에 홀트는 친권을 주장하고 나섰다. 그는 "무슨 종류의 교육 경험이든 부모가 원하는 아이의 교육 경험을 찾거나 실천할 자유가 보장되어야 한다."라고 믿었다.

언스쿨링의 방법은, 배움은 항상 일어나며 강요할 수 없고 해서도 안 된다는 신념에 따른다. 즉 아이들은 불안하고, 수치스럽고, 평가받는다는 느낌이 들면 배울 수 없다고 주장한다. 결국 언스쿨링 아이들은 자유롭게 자기 길을 가면서 자기가 원하는 것을 배우고 새로운 관심을 발견한다. 부모의 역할은 아이들을 안내하고 지원하고 능력 발달을 조력하고 탐험에 필요한 자원을 제공하는 일이다.

언스쿨링 이론은 아이의 기상 시간과 학습할 내용에서부터 자기 시간을 보내는 방법, 취침 시간까지 모든 일에 대한 아이의 자기 결정을 지지한다.

아이가 무엇이 필요한지 알려면 먼저 아이를 존중해야 한다. 부모는 아이들이 모든 일을 스스로 다 할 수 없는 점을 이해하기 때문에 촉진자의 역할을 한다. 즉 아이들이 스스로 자기 일을 하고 자기 주도적 학습자가 되고 성공적인 삶에 필요한 능력을 획득하도록 조력한다.

야성+자유 맘인 루이스 기븐스(Louise Gibbens)는 이 점을 다음과 같이 설명한다. "언스쿨링은 실제로 완전한 삶의 방식이다. 이런 삶은, 학습은 자연적이며 항상 일어난다는 신뢰에 기반한다. 진정한 학습은 강요도 없고 지루함이나 어려움도 있을 수 없다. 학습은 가르치거나 지식을 가득 채우거나 시험 준비를 하거나 특정 목표에 도달하는 것이 아니다."

기븐스는 계속해서 다음과 같이 말했다. 라이프스타일로서 "배움은 재미있고 관심에 이끌리고 유의미해야 한다. 우리가 배우는 방법은 우리 생김새처럼 개별적이고 독특해서 매우 다양하다. 이 모든 특성을 고려하는 점이 언스쿨링의 아름다움이다. 언스쿨링은 진정한 아동 중심, 관심이 이끄는 과정이다."

기븐스는 이 두 가지를 목적으로 아이를 학교에서 데리고 나와 언스쿨링을 시작했다. 기븐스는 다음과 같이 말했다. "8살 난 내 아이는 학교에서 데리고 나온 이후 상당 기간 아무것도 배우지 않았다. 물론 아이에게 갑자기 학습을 강요하거나 무엇을 하라고 지시한 일도 없었다. 아이는 보여줄 만한 학습 내용이 거의 없었다. 대신 자기가 좋아하는 일을 하며 자유롭게 놀았다. 이제 학습이 일상의 대부분을 차지하여 일과 학습의 분리는 불가능하게 되었다."

언스쿨링의 또 다른 원리는 학습의 유의미성이다. 학습이 강요될 수 없는 것처럼 '진정한' 요점, 정보와 관련된 방법인 '실제 세계'의 유용성을 모르면 결코 학습은 일어나지 않는다.[20]

작가인 로리 피커트(Lori Pickert)는 다음과 같은 신념을 밝혔다. 매우 어린 아이일지라도 "창의적인 생각과 결정적인 행동 능력이 있다. 그들은 가치 있는 아이디어를 가지고 있다. 그들은 지각적으로 연결한다. 그들은 독특한 관심, 재능, 다양한 선호 등 출발점부터 개인적이다. 그들은 제공할 뭔가를 가지고 있으며 사물의 한 부분이 되기를 원한다."

아이들은 무의미한 과제나 시간을 채우기에 급급한 바쁜 일을 싫어한다. 그들은 자기 아이디어와 자기 창의성을 연결하는 의미 있는 것을 열망한다.

피커트는 무엇을 하는 방법을 배우기 위해서 "우리는 누군가가 부여한 과제가 아닌 우리가 창조하고 싶은 것, 우리가 이해하고 싶은 것에 몰입하는 실제적인 것이 필요하다. 이는 공허한 연습이 아닌 자기가 선택한 유의미한 일이다."라고 주장한다.

언스쿨링의 실천은 가족에 따라 다를 뿐 아니라 언스쿨링의 실천 정도에 따라 천차만별이다. 실제로 홈스쿨러 중 약 50%가 "모든 것을 아이에게 완전히 맡기는 방법에서부터 아이 교육에 대한 한계와 목표를 설정해 두고 자기 주도 학습을 통합하는 중간 정도의 균형점에 이르기까지" 다양한 방식의 언스쿨링을 실천하고 있다.[21]

언스쿨링을 둘러싼 일반적인 오해는 구조적인 학습 시간이 없는 까닭에 언스쿨링 가족은 태만하고 규율이 없다는 주장이다. 나는 종종 엄마들이 정규 교과목에 맞출 수 없어서 자기는 언스쿨링을 한다고 말하는 우스갯소리를 듣는다.

하지만 실제로 언스쿨러에게 이런 방법은 매우 자연스러울 뿐이다. 그들은 언스쿨링은 교육 방법이 아닌 라이프스타일이라고 반박한다. 언스쿨링을 선택한 부모와 아이는 모두 규칙부재와 자기통제 원리를 강조할 뿐 아니라 자기가 참여하는 활동과 프로젝트에 매우 신중한 의도를 가지고 접근한다. 비록 외부인들에게는 불완전한 목적처럼 보일지라도 실제로 모든 결정은 의도적이다.

언스쿨링 아이의 부모이며 홀트의 매거진 **학교 교육 없는 성장**(Growing Witout Schooling)의 전 발행인인 패트릭 파렌가(Patrick Farenga)는 언스쿨링의 광의의 개념을 다음과 같이 정의한다. "언스쿨링은 부모가 편안할 정도의 자유를 아이들에게 주어 아이들이 자기 방법으로 주변 세계를 탐험하는 학습이며, 아이의 욕구가 부모를 지배하거나 그 반대가 아닌, 파트너십의 관점이 언스쿨링이다."[22]

언스쿨링에 대한 비판적인 논의는 여전히 난제이다. 구조적인 학습, 시험 점수, 분명한 공동체가 없는 언스쿨링은 종종 외부의 혹평을 꿋꿋하게 이겨 낸다. 기븐스는 "언스쿨링에 대한 가장 힘든 부분은 가까운 가족들과 종종 남편마저도 도대체 아이들이 무엇을 배우고 **있는지** 증명하라는 무언의 압박감이었다."라고 말했다. 하지만 그녀는 "아이들은 자기가 배우고 싶은 것을 자기가 배우고 싶을 때 배울 것이다. 종종 이는 학교에 다니는 동료들을 앞서 나갈 것이며 시간이 지나면 특정 능력이 발달할 것이다."라고 확신한다.

구조화된 학교식 방법은 아이들이 배우는 한 가지 방법에 불과할 뿐이다. 학생들의 성취를 평가하는 표준은 아이들을 퇴보시키는 바로 그것일 수 있다. 언스쿨링은 아이들을 퇴보시키기 위해서 설계되지 않았다. 반대로 언스쿨링의 목적은 아이들이 솟구쳐 날아오르도록 조력하는 것이다.

아름다운 홈스쿨링

홈스쿨링의 아름다움은 우리 가족과 아이들을 위해서 꼭 한 가지 방법만 선택할 필요가 없는 데 있다. 최고의 홈스쿨링은 우리 개성, 우리 아이의 개성, 그리고 우리가 함께 배우는 것에 가장 잘 맞는 방법이다. 이런 찰떡궁합은 우리 관심뿐 아니라 우리 아이들의 관심과 재능을 반영한다.

일부 사람에게는 다양한 방법의 적용이 소중할 수 있지만 다른 사람들은 그냥 한 가지 방법에 깊이 빠지는 편이 더 의미 있을 수 있다. 한 가지 방법에서 마법을 불러올 수 있다면 그것은 정말 굉장할 것이다. 하지만 모든 방법을 알거나 특정 스타일만 고집하면 홈스쿨링에 도움이 되지 않는다. 우리는 오직 자유 때문에 홈스쿨링을 한다는 사실을 기억하라.

역사상 모든 교육 방법은 특정 시대의 특정 사람을 위해 설계했다는 점에 유의하면 좋을 것이다. 하버드 교육대학원의 교수인 하워드 가드너(Howard Gardner)는 다음과 같이 썼다. "교육 방법이나 시스템이 매우 훌륭해도 그것은 항상 지역 조건을 배제할 수 없다. 존 듀이의 뉴잉글랜드 학교를 에밀리아 로마냐 들판으로 옮길 수 없는 것과 마찬가지로 다이애나 레지오 학교를 뉴잉글랜드로 옮기는 일은 불가능할 것이다. 하지만 현재 전 세계의 예술품을 관람하는 '벽 없는 박물관'이 있는 것처럼 우리는 지금 '벽 없는 학교'에서 전 세계의 교육 방법을 알 수 있다."[23]

물론 한 가지 방법으로 홈스쿨링을 시작할 수 있지만 당신 아이에게 맞지 않은 점이 발견될 수 있다. 아니면 당신이 아이를 가르치는 최고의 교육 방법, 당신의 특성, 당신의 집안 환경과 충돌할 수 있다. 만약 다른 누군가의 방법을 모방하여 그대로 실행하게 되면 홈스쿨링은 불행한 경험이 될 수 있다.

뭔가 당신 가정과 맞지 않다면 그것의 폐기를 두려워하지 말고 다른 방법을 시도하라. 당신 가족에게 가장 적합한 방법을 발견할 때 비로소 학습은 기쁨이 된다.

야성+자유의 맘인 에이미 휴스(Amy Hughes)는 샬럿 메이슨에서 언스쿨링으로 바꿨다가 막내 아이에게는 다른 방법이 필요하다는 것을 알고 되돌아간 경험을 이야기했다.

"나는 6년간 6권의 메이슨 책을 완전히 통달했다. 6년간 샬럿 메이슨의 교육을 완벽히 실행하여 내 첫 홈스쿨링 졸업생을 대학에 보냈다."

어느 날 11살 난 딸이 **마담은 어떻게, 숙녀는 왜**(Madam How and Lady Why)라는 책을 벽에 던지며 "이 책이 싫어! 왜, 나는 쉬면 안 돼?!"라고 울부짖었다. 휴스는 이 사건이 일어나기 전까지 다른 아이들에게도 모두 똑같은 일을 수행하도록 계획을 세워 관리할 만큼 샬럿 메이슨의 열렬한 추종자였다.

소스라치게 놀란 내 친구는 이 사건을 계기로 "나는 어른이 아니기 때문에 쉴 수조차 없다."라는 쪽지를 써 놓고 가출하겠다며 위협했던 자신의 어린 시절로 돌아갔다. 그녀는 아이들이 결코 그런 감정을 느끼는 일이 없도록 하겠다고 결심했으나 자신이 들은 소문에서 자유로울 수 없었다. 휴스는 일별, 월별, 연도별로 아이들의 일상을 계획했다. 점검표와 마감일을 작성하고 심지어 아이들의 여름 방학 계획까지 수립했으며 수학은 쉬는 날이 없었다.

"내가 맨 처음 자유 홈스쿨을 시작했을 때 나는 나도 모르는 사이에 아이들에게 제자리를 찾아주었다는 사실을 믿을 수 없었다."라고 휴스는 말했다.

그녀는 언스쿨링에 관한 모든 책을 다 읽고 아이들에게 이제 학교는 없으며 "만인을 위한 절대적인 자유의 영역으로 완전히 들어간다."라고 말했다. 아이들은 바깥에서 놀고 읽고 싶은 책을 읽고 도서관, 공원, 해변에서 시간을 보냈다.

두 달 후 지루함이 시작되었다. 아이들이 집에 머무는 시간이 점점 더 늘어나자 서로 불평하고 다투는 일이 많아졌다. 두 달 전 책을 벽에 내던졌던 바로 그 딸이 엄마에게 뭔가 하게 해 달라고 애걸하게 되었다.

그래서 휴스는 일정을 다시 바꾸고 몇 가지를 조정해서 아이들이 중단했던 지점을 바로 찾았다. 그녀는 다음과 같이 말했다. "그럴지라도 나는 뭔가 알아차렸다. 내 아이들은 왕성한 식욕을 느끼고 자기 수업에 매료되었다. 그들은 책으로 돌아와 몰입하기를 좋아했다. 아이들의 이야기는 길고 서술적이었다. 그들은 수학도 마다하지 않았다. 두 달의 시간은 아이들의 학습에 기쁨을 주어 생기를 되찾고 새로워지게 해 주었다."

두 가지 접근 방법 사이를 들락거렸기 때문에 휴스는 현재 자신을 언스쿨러나 샬럿 메이슨 교육자로 생각하지 않는다. 그녀는 양 진영의 순수 추종자들이 얼마나 열정적인지 그 이유를 잘 알기 때문에 많은 사람에게 이 말을 하지 않는다고 우스갯소리를 했다.

새로운 시도는 우리 가족에게 더 적합한 방법을 발견하기 때문에 좋은 점이 있지만 어떤 때에는 우리가 줄곧 올바른 길을 걸어 왔다는 사실을 확인시켜 준다.

홈스쿨링은 자유에 관한 것이다. 하지만 부모 마음대로 하는 자유가 아니다. 아이들을 위한 자유에 관한 것이다. 우리가 처음에 이 일을 시작했던 이유를 잊을 정도로 우리 방법론을 너무 고집하지 말자. 아이들은 결국 타고난 사람이다.

14 홈스쿨링의 리듬 탐색

리듬은 어떤 가족에게나 필수적이다. 하지만 특히 홈스쿨러에게 그렇다. 아이들의 특성이 무엇이든 그들은 일관성에 더 잘 반응한다.

건강한 리듬은 집안의 평화를 증진하지만 역시 우리 가치를 대변한다. 리듬은 우리가 중요한 일에 집중하게 한다. **단순한 육아**(Simplicity Parenting)의 저자인 킴 존 페인(Kim John Payne)은 "의미는 반복 속에 숨어 있다. 우리는 이것이 중요하기 때문에 매일 혹은 매주 반복한다."라고 썼다.

물론 삶은 예측이 불가하며 우리 리듬은 때에 따라서 종종 사시사철 방해받기 일쑤다. 집안에 아기가 탄생하고 독감으로 한 사람씩 쓰러지고 사랑하는 사람이 죽는다. 또한 놓칠 수 없는 수많은 약속이 있다. 이런 방해는 홈스쿨링의 일상에 혼란을 가져온다.

이는 시간표보다 리듬이 더 좋은 이유다.

리듬과 시간표는 다르다. 시간표는 융통성이 없다. 숨이 막

힌다. 시간표는 준비상태와 관계없이 특정 시간에 시작할 것을 명령한다. 리듬은 하루 일을 예측 가능한 흐름으로 만든다. 리듬은 시계가 아닌 우선순위에 따라서 움직인다.

일련의 엄격한 요구 사항보다 유연한 틀을 갖추게 되면 당신 가족은 힘찬 아침을 시작으로 하루 내내 이 활동에서 저 활동으로 흘러갈 수 있다. 뭔가 계획을 방해하더라도 당신은 그날을 실패로 규정하기보다 쉽게 변화를 꾀할 수 있어서 조정의 여지가 있다.

삶은 변화의 연속이다. 일단 홈스쿨링을 선택하면 아이 교육은 평생을 변화 속에서 보내게 될 것이다. 그렇다고 우리가 가족의 리듬을 지키기 위해서 최선을 다하거나 필요할 경우 가능한 시간이 언제인지 정중하게 알려주어야 한다는 것이 아니다. 언제든지 통제를 벗어날 가능성을 인정한다는 의미다. 그런 경우 항상 전체 리듬을 버릴 필요는 없다. 종종 당신 가족에게 가장 중요하거나 가치 있는 것을 선택하여 한 시즌 내내 거기에 매진할 수 있다.

예를 들어 아이들이 독감에 걸릴 수 있다. 아픈 아이를 간호하고 어린아이를 돌보고 음식을 준비하고 청소하면서 개인별 수학을 지도하기 위해 자리에 앉히거나 언어와 역사 수업을 위해 모든 아이를 식탁에서 불러서 모을 수는 없다. 하지만 레몬 벌꿀 차를 만들어 소파에서 모든 아이에게 몇 분간 책을 읽어 주는 것은 가능하다.

바쁜 시즌, 혼잡한 날, 또는 전체적으로 어려울 때는 일을 완결짓기보다 관계를 이어 가는 활동에 초점을 맞춰라. 홈스쿨링의 주된 이유 중 하나는 아이들과의 관계 증진이다. 하루 일보다 관계를 우선시할 때 성공한다. 이런 일은 사소하게 보이지만 단순한 수업보다 의미 있는 순간이 아이들의 가슴과 마음속에 더 오래 남는 법이다.

리듬은 사람마다 다르게 보이지만 괜찮다. 하루를 일찍 시작하여 근사한 아침 식사를 즐기는 가족이 있는가 하면 늦게 일어나 아침 늦게까지 홈스쿨링을 시작하지 못하는 가족도 있다. 홈스쿨링을 모험으로 대신하며 모든 시간을 여행으로 보내는 가족도 있다. 그런데도 사람들은 변화하는 삶의 계절에 맞추기 위해 리듬을 조절한다.

우리 가족은 여름 휴가철에도 홈스쿨링을 중단하는 일이 없다. 유감스럽게도 우리 아이들은 늦잠을 자지 않는다. 해변 근처로 이사 온 후 우리는 1년 내내 상당한 시간을 '여름 휴가'로 보낸다. 어느 해 나는 아이들에게 3개월 동안 학기 내내 배우기만 할 것인지, 아니면 1년 내내 자기 관심을 즐길 것인지 물었다. 아이들은 후자를 선택했다. 전혀 변화가 없지 않지만 우리는 현재까지 매일 오전 시간에 수학과 글쓰기 공부를 한다.

물론 우리는 심신을 달래고 생기를 북돋기 위해 여름철에 형식 수업을 잠깐 멈추고 짧은 휴식기를 갖는다. 하지만 내가 좋아하는 재미있는 친구인 테리 우즈(Terri Woods)의 말에 따르면 "아이들이 3개월 동안 매일 수영장에 갈 필요는 없다."

물론 여름을 먹고 사는 가족이라면 그것도 괜찮다.

내 친구이며 야성+자유 맘인 한나 마요(Hannah Mayo)는 다음과 같이 말했다. "해마다 가족에 따라 나타나는 독특한 특성을 볼 수 있다. 일부 가족에게 효과적이지만 다른 가족에게는 그렇지 않을 수 있다. 나는 다른 가족의 홈스쿨링 방식에서 영감을 얻는다. 하지만 궁극적으로 내 가정, 내 나이, 현재 계절에 맞는 리듬을 만들어야 한다."

리듬 형성

어린아이들에게 리듬은 하루 내내 정신적 지주의 역할을 한다. 아침 산책, 간식 시간, 가족과의 저녁 식사, 잠자리 독서는 모두 유년기의 초석이 된다. 이런 리듬은 안전, 평화, 편안함을 제공한다. 아이들이 점점 성장하게 되면 리듬은 전혀 중요하게 보이지 않는다. 하지만 일관성은 걸음마 아기뿐 아니라 10대에게도 못지않게 중요하다.

페인(Payne)은 "가족이 오랫동안 유지해 온 리듬에 10대들이 짜증을 부리는 것은 당연하다. 불평은 발달상 그들이 하는 일이다. 그렇다고 그에 대한 대응으로 전통을 버리고 끝내라는 의미는 아니다."라고 썼다.

가족의 리듬은 통제가 아니다. 가족 구성원이 자기 시간을 어떻게 보내야 하는지에 대한 지시가 아니다. 오히려 가족 간의 관계를 증진하고 한 지붕 밑에서 자유롭게 살며 배우는 틀이다. 아이들이 독립심이 강해지고 10대가 되면 친구들이 많아지고 집 밖으로 나가는 활동이 많아지기 때문에 우리는 유연함을 배워야 한다. 새로운 인생 단계를 수용하여 신뢰를 구축한 사람들과 이런 경이로움을 축하해야 한다.

하지만 예외가 있는 만큼 가족 식사처럼 유지할 전통도 있다. 최근 나는 격년으로 대학에 진학할 예정인 아이가 있는 홈스쿨링 아버지와 이야기를 나누었다. 그는 매일 밤 아이들을 저녁 식탁에 불러 놓고 음식을 나누며 지난해를 보냈다. 처음에 아이들은 자기 사회생활이 중요하다고 꽁무니를 뺐으나 큰아들이 대학으로 떠나자 그들이 함께 보내는 시간을 소중히 여겼다.

일상 리듬의 틀을 형성할 때 단순하게 시작하여 자발성의 여지를 남겨 두어라. 리듬의 틀에 들어갈 몇 가지를 제시하면 다음과 같다.

- 아침 식사
- 오전 시간
- 자연 산책
- 간식 시간
- 추가 과목
- 소리 내서 읽기
- 자유시간
- 저녁 식사

- 본 수업
- 점심
- 가족 시간
- 잠자는 시간

우리 리듬은 이와 다를 것이다. 하지만 계속 추가하고 버리면서 우리 가족에게 가장 적합한 리듬을 찾아 바꿀 수 있는 점은 좋은 소식이다. 효과 없는 리듬의 폐기를 두려워 마라. 새로운 실험을 주저하지 마라.

시간표와 달리 리듬은 모든 특성에 효과적이다. 점검자 엄마에게 리듬은 준수해야 할 틀을 제공한다. 자발적인 엄마에게는 혼합할 자유를 준다. 아침 시간은 날마다 다르게 보일 수 있다. 아침 시간을 공원에서 보내거나 노래 대신 게임을 할 수 있다. 본 수업은 매일 똑같은 암기 내용이 될 필요는 없다. 교과목을 대체하고 교과서 중심 학습을 조작 활동으로 바꾸거나 장소를 변경하라.

식사 시간과 잠자는 시간처럼 항상 타협이 어려운 것이 있다. 하지만 우리가 아이의 개성에 따르면 다소 유연해질 수 있다. 유연함은 부모 노릇의 일부분이다. 시간표가 아닌 리듬을 형성하게 되면 폭넓은 시간적 여유를 갖고 일정을 변경할 수 있어 아이들에게 매끄러운 흐름과 기대감을 줄 수 있다.

단지 일상 리듬뿐 아니라 월, 계절, 연도별 리듬도 중요하다. 나는 3년간 고전 대화 프로그램에 참여한 후에 아이들이 흥미진진한 학습을 계속하기 위해서 색다른 뭔가가 필요한 사실을 깨달았다. 우리는 1년에 두 번씩 창작물을 만들어 판매하는 야성+자유의 공예 박람회에 참가한다. 1년에 한 번씩 함께 책을 읽고 지역 극장에서 이야기 공연을 관람한다.

우리는 수년간 '금요 현장학습'을 계속했다. 아이들이 나이를 먹고 성장해 가면서 한때 좋아했던 이런 전통에 흥미를 잃고 음악 수업, 청소년 단체, 친구 모임을 등 외부 활동에 더 자주 참여하게 되었다. 그래서 지금 우리의 금요일은 조용하고 더 가족 중심이다.

모든 홈스쿨링 가족에게 달력은 당신이 좋아하는 것에 따라서 채워지는 빈 서판이다. 모든 사회관습은 내팽개쳐졌다. 당신이 인정하고 선택하지 않는 한 휴일, 주말, 학기는 없다. 학교 종소리, 신학기 쇼핑, 금요일 밤도 없다. 가족 리듬을 형성하기 위해서라면 새로 만들거나 빌려야 할 것이다. 24시간 당신만 바라본다고 겁내지 마라.

그것은 아이들에게 영감을 주는 무한한 가능성의 하루를 상징한다.

아침 시간

아침이 가면 하루가 다 간다. 인정하고 싶지 않으나 나처럼 야행성인 사람에게 아침은 정말 중요하다. 이는 아이들이 일찍 시작하는 것이 아닌 목적을 가지고 시작하라는 의미이다. 나를 믿어라, 나는 그 일을 조금 다른 방식으로 시도했다. 일단 아이들이 침대에서 튀어나오면서 다음 몇 시간을 어떻게 보내느냐에 따라 하루 분위기가 정해진다.

내 친구이며 야성+자유 맘의 동료인 샤론 맥키먼(Sharon McKeeman)은 홈스쿨의 하루는 전날 밤 취침 시간에서 시작된다고 말한다. "반론이 있을 수 있으나 우리가 맞을 내일은 오늘 밤 내 아이가 어떻게 잠자리에 드는지에 따라 결정된다."

아이들이 이야기, 노래, 자애로운 기도와 함께 편안한 잠자리에 들면 아침에 일어나 사랑과 신선함을 느끼며 새로운 하루를 준비한다. 샤론이 이 중요한 사실을 알아낸 것이다.

아침은 전날의 정서적 잔여물을 깨끗이 씻어 낸다. 어제 무슨 일이 일어났든 떠오르는 태양은 시각과 관계를 새롭게 시작하게 만든다.

아침 시간은 신디 롤린스(Cindy Rollins)가 책, 노래, 게임 등 이런 의도적인 시간을 설명하기 위해서 사용한 신조어다. 이것은 조디 모카비의 **아침 모임**(morning collective), 팸 반힐(Pam Barnhill)의 **아침 바구니**(morning basket)로 부르기도 하며 아이들 중심으로 오늘 하루의 분위기를 결정한다. 여기에 커피, 팬케이크, 모든 사람의 관심을 끄는 대화가 따라올 수 있다. 이는 모두에게 상생이다.

근사한 아침 식사, 야외놀이, 또는 더 구조적인 수업 리듬이든, 당신에게는 이미 당신에게 효과적인 아침 리듬이 있을 것이다. 홈스쿨링 초기에 나는 내 아들들이 아침에 먼저 밖에 나가 놀고 오는 날에는 더 열심히 이야기를 듣고, 쓰기 연습을 하고 미술 프로젝트를 하는 경향을 발견했다. 그래서 수년간 우리는 자연으로 나가 하이킹을 하거나 뒤뜰에 요새를 짓는 일로 하루를 시작했다. 우리의 아침 시간은 점심 이후까지 계속하지 않는다. 매일 2, 3시간 동안의 삶과 학습에는 아름다운 이야기, 시, 음악, 공예, 대화의 심포니가 교차한다.

아들들이 커 가면서 어렸을 때처럼 자주 '야생' 문제의 해결을 위해 아침에 먼저 밖에 나갈 필요가 없어졌다. 하지만 그 자리에 새로운 리듬이 없게 되자 무책임한 말다툼과 자유 활동으로 이어졌다.

벤은 나보다 더 일찍 일어나고 나는 아침에 야성+자유 공동체의 업무가 많아서 하루를 시작하기 전에 벤이 아이들을 식탁으로 불러 모으는 역할을 맡기로 했다. 아이들은 처음엔 불평하며 늘 하던 일을 하지 않았다. 그런 습관을 버리는 데 2~3주 정도 걸렸지만 결국 전혀 부르지 않아도 아이들은 자발적으로 모이기 시작했다. 벤에게는 아이들에게 삶의 교훈을 가르치고 새로운 이야기에 관한 의견을 나누고 성경을 읽는 기회가 생겼다.

몇 년이 지났어도 나는 여전히 오후에 아이를 모두 불러 모아 고전을 읽고 유의미한 프로젝트를 수행한다. 하지만 아침 시간은 우리 집에서 점점 더 강해지고 있으며 전 세계 가정의 대들보가 되었다. 하루를 긍정적인 방향으로 시작하면 홈스쿨링은 저절로 굴러간다.

야성+자유 맘인 레이철 칼리시(Rachel Carlisi)는 아침 시간은 그녀의 홈스쿨 하루 중 핵심이었다고 말했다. "아침 시간에 우리는 모두 하나가 되어 한 집단으로 배운다. 책을 읽고, 시를 암송하고, 노래하고, 카드놀이를 하고, 이동게임과 보드게임을 하고, 퍼즐을 완성하고, 간식을 먹는 등 다양한 활동을 한다. 아침 시간은 그날 전체의 분위기를 결정한다. 학습활동에 들어가기 전에 아침 바구니로 하루를 시작하면 덜 당혹스럽고 어떤 날에는 밖으로 나가서 여름 아침을 실컷 즐기면 좋겠다는 느낌이 들 때가 있다."

모든 사람이 같은 방식으로 아침 시간을 맞지 않는다. 샤론 맥키먼은 아침 시간을 이용하여 자기가 가장 좋아하는 교과목을 생산적으로 가르친다. 샤론은 다음과 같이 말한다. "몇 년 안 되어 나는 내가 가장 활발하고 집중하기 좋을 때 가장 좋아하는 교과목을 가르치기 위해서는 아침 시간이 좋은 점을 알았다. 그래서 우선 수학을 중단하고 대신 모든 주지 교과, 예술, 글쓰기 중심의 역사로 하루를 시작했다. 비록 아침 시간에 아이들에게 모든 것을 쏟아부으면, 이후의 시간에 영향이 미칠 수 있었지만 나는 성취감을 느꼈고 아이들 역시 충만감을 느꼈다. 우리는 수학을 적절히 조정하고 다른 것은 나머지 하루 동안에 해결하기로 했다."

현대사회에서 가족이 한자리에 모이는 일은 점점 어려워지고 있다. 맞벌이 부부들은 어느 때보다 힘든 장시간 노동에 시달리는 가운데 아이들을 축구연습장과 피아노교습에 데려가는 등 정신없이 바쁜 시간을 보내고 있다. 이런 상황에서 가족이 모이는 아침 시간은 아이의 마음을 안정시키는 치료제다. 매일 아침 아이들이 한자리에 모이도록 가르치는 데는 수 주일이 걸릴 수 있으나 시간이 지나면 우리는 그것을 멀리할 수 없을 것이다.

그것을 무엇이라고 부르든, 어떤 방법으로 사용하든, 아침 시간은 하루를 좋은 분위기로 시작하여 아름다운 홈스쿨링 리듬의 안착하는 데 도움이 된다.

자기 주도적 리듬

홈스쿨링 맘으로서 우리 목적은 아이들에게 호통치고 명령하거나 생각 없이 일을 위한 일을 하도록 강요하는 것이 아닌 열정적인 평생 학습자로 육성하는 것이다. 유연한 틀을 만들면 아이들에게 자기 관심을 추구할 자유를 주어 교육에 필요한 필수 조건을 충족하면서 스스로 배우는 기회를 제공할 수 있다.

이브 헤르만(Eve Hermann)은 "홈스쿨링은 아이를 양육하는 것이며 학업보다 습관형성이 더 중요하다."라고 말했다.

몬테소리의 영감을 받은 이브는 자기 딸에게 스스로 탐험하는 시간을 더 많이 제공하는 홈스쿨 리듬을 계획했다. "우리는 아침 시간에 교과를 배우지만 엄밀히 말하면 학교 방식으로 배우지 않는다. 아이들이 각자 원하는 주제를 선택하는 조용한 시간이다. 누구도 방해받지 않는 3시간의 작업 시간이다."라고 그녀는 말했다. 이브의 딸들은 항상 계속할 수 있는 프로젝트가 있거나 선반 위의 교재를 선택할 수 있다. 역시 아이들은 호기심을 끄는 주제를 연구하고 실험하며 낭독 시간도 결정한다. 아이들에게 한순간 특별한 관심이 생기지 않으면 이브는 안내하고 아이디어를 지원한다.

아침 시간은 이브의 하루 중 중요한 부분이다. 이브는 촛불을 밝히고 부드러운 음악을 배경으로 안정된 학습 분위기를 조성한다. 아침 식사 후 식탁에 둘러앉아 자기 관심과 하루 시간표에 관한 이야기를 나눈다.

이브는 다음과 같이 말했다. "나는 아이들이 스스로 결정하는 능력을 좋아한다. 내 목표는 아이들이 점점 더 독립적으로 성장하여 자기 학습을 자기 주도적으로 수행하는 것이다. 나는 언젠가 아이들이 더 이상으로 나를 필요로 하지 않거나 그럴 때조차 함께 재미있게 배우는 삶을 소망한다."

이브는 학습에 방해가 되지 않도록 행동에 주의한다. 그녀는 아이들에게 학습을 강요하기보다 아이들이 배우고 싶은 것을 선택하면 실제로 학습을 더 즐기고 더 많이 배울 수 있다고 믿는다. "알 필요가 없다면 아이는 배움 뒤에 숨어 있는 기쁨을 발견하지 못할 것이다. 목적지보다, 지식 자체보다 경로가 더 흥미진진하다. 기쁨은 우리가 알 때와 알지 못할 때 사이에 있다."라고 그녀는 말했다.

익숙한 리듬은 아이들이 하루 내내 무엇을 기대하는지 알게 하고 안전하고 편안한 분위기를 느끼게 한다. 하지만 이런 탄력적인 틀 안에서 아이들에게 자기 일을 선택하는 자유를 주려면 "아이들이 굉장한 일의 즐거움에 접근할 수 있어야 한다."

이브는 "마리아 몬테소리가 말한 굉장한 일이란 아이가 자기 일에 몰입한 상태에서 자기 주변에서 일어나는 일을 의식할 수 없을 때 일어난다."라고 말했다.

보통의 홈스쿨링 가족과 마찬가지로 이브 가족의 리듬은 종종 위기를 맞을 때가 있다. 하지만 그럴 때마다 그녀는 곧바로 딸 옆으로 다가가서 감정 상태를 알아낸다. 하루 틀을 어떻게 다시 짤 것인지에 관한 발언권을 주게 되면 아이들은 더 뜨거운 열망과 기쁨으로 수업을 듣는다. 이브는 실제로 연간 과정에서 두세 번 리듬을 다시 짰다고 말했다. 일부 수정이든 완전 개편이든, 이브는 아이들의 동기 수준에서 달라진 변화를 느낄 수 있었다.

우리가 모두 원하고 우리가 학습을 사랑하는 이유는 이것이 아닌가? 아동기에 이런 선물을 준다면 아이들에게 불가능한 일, 극복할 수 없는 장애물, 맞설 수 없는 도전은 없을 것이다. 우리는 홈스쿨링의 위대한 목적을 성취할 것이다.

"아이들이 한 번이라도 이런 경험을 한다면 평생 마음속에 남을 것이다. 학습하는 능력은 지식학습 자체보다 더 중요하다."

아이들이 당신의 길잡이가 되게 하라.

창의적인 리듬 유지

우리는 아이들이 무엇을 언제 배울지 결정했다. 아이들에게 최선을 다했다. 시간표를 만들었다. 이제 창의력을 발휘해야 하지 않겠는가?

내 친구 레이미 해리슨(Raimie Harrison)은 홈스쿨링 출신으로 성인이 된 후 홈스쿨 맘이 되었다. 레이미는 자기 경험을 통해 홈스쿨 방법을 꽤 많이 알고 있었다. 그래서 배움을 재미있게 만들고 여러 가지를 혼합하고 가정 분위기를 유지하는 주간 리듬을 만들었다.

레이미의 하루 대부분은 수학, 일기 쓰기, 읽기, 언어 교과로 채워진다. 하지만 각 요일에 걸쳐 학업을 보충하는 다른 활동의 틀을 짜는 방법을 다음과 같이 제시했다.

기분 좋은
일요일

예배, 환대
보드게임, 가족 산책

신기한
월요일

빵 굽기, 티타임, 시,
미술, 음악

시간여행
화요일

역사와 지리

일과 경이의
수요일

청소, 편지쓰기,
경이의 시간

요란한
목요일

모험, 자연물 채집,
오디오북

좋아하는
금요일

도서관, 자연 일기 쓰기,
나나네 집(Nana's house)에서
과학연구

친숙한
토요일

정원 가꾸기, 야생 탐험클럽,
일요일 준비

전통적인 학교 교과의 일부는 아닐지라도 우리는 의미 있는 활동을 통합할 수 있다. 예를 들어 우리 집 아이들은 매일 적어도 한 시간은 뇌 활동의 향상을 위해서 신경치료를 하며 시간을 보낸다. 이 시즌은 영속하지 않겠지만 우리는 독해력에서 몇 가지 어려움을 겪고 있다.

내 친구 한나는 자신만의 먹거리를 길러서 건강하게 먹는 법에 열정을 쏟고 있다. 그래서 아이들은 홈스쿨링 삶에서 중요한 부분인 요리법을 배운다. 내 친구 스테파니는 둘째 아들의 탁월한 체조 재능을 알아보고 자기 능력을 발달시킬 수 있도록 주간 리듬을 추가하여 동네 체육관에서 충분한 시간을 보내게 했다.

내 친구 엘시 이우디첼로는 일상 리듬에 청소 시간을 넣었다. 하지만 아이들이 실제 경험을 즐기도록 스테레오 시스템으로 음악을 쾅쾅 울리도록 크게 틀고 이를 축복의 시간이라고 불렀다. 최근 그녀는 이 재미난 이야기를 야성+자유 커뮤니티에 올렸다. "내가 네 번째 아들을 임신하고 약 8개월 정도 지났을 때 정말 정신이 없었다. 그때 '나는 샬럿 메이슨이라면 어떻게 했을까?'라는 생각을 했다. 샬럿 메이슨은 1800년대에 영국의 학교 교사였으며 아이가 없었다. 메이슨은 자주 앉을 수 있어서 교실 바닥의 소변을 닦을 때마다 발목과 좌골통증을 느끼지 않았을 것이다.

"나는 아이들을 소파에 한 줄로 앉혀놓고 작은 발들의 가장자리를 간신히 청소했다. 그리고 커피 테이블에 몸을 낮추고 울음을 터트리기에 앞서 임신을 시사하는 눈길을 보냈다. 아이들은 즉시 내 주위에 모여들어 부어오른 내 볼을 어루만지고 걱정스러운 마음으로 내 뺨을 쓰다듬으며 키스를 퍼부었다. 아이들은 나를 더 울게 했다.

"'애들아, 오늘 우리 가족은 축복을 받았단다. 작은 아파트를 함께 청소하자. 욕실을 청소하고 바닥을 쓸고 그릇을 치우자. 아빠가 집에 오시면 아빠와 함께 많은 시간을 보낼 수 있도록 모든 것을 아름답게 만들기 위해 함께 일하자. 자, 주위를 돌아보자, 각자 이미 하는 방법을 알고 있는 일과 하는 방법을 배우고 싶은 일을 말해 보자.'

"이것이 '축복의 시간'이 탄생한 배경이다. 비록 천천히 진행되었으나 꾸준히 지속했다. 내가 시간을 내서 기술을 가르치는 한 아이들은 많은 일을 할 수 있다는 것을 깨달았다."

교사에게는 동료 교사의 학습 계획서를 구매하는 웹사이트가 있고 홈스쿨러에게는 주간 수업을 채우는 일괄 교육과정과 프로그램이 있는 것처럼, 마찬가지로 우리에게는 아이들의 리듬을 선택하는 굉장한 자유가 있다. 다른 사람이 만든 리듬은 우리가 만든 리듬만큼 효과적일 수 없다. 그러므로 격식을 잊어버리고 아이디어를 휘갈기기 시작하라. 우리의 이상적인 홈스쿨 삶이 무엇이 되어야 하는지에 대한 희망.

힘든 시기의 홈스쿨링

스트레스를 유발하는 가장 큰 요인에는 사랑하는 사람의 죽음, 부부 문제, 실직, 재정부담, 결혼, 새집 이사 등이 있다.

2010년 여름, 나는 위 6가지 스트레스 요인 중 5가지에 직면했다.

막 세 번째 아기를 출산한 것은 말할 것도 없고 임대주택은 바퀴벌레로 들끓었다. 그렇다, 2010년은 내 인생에서 최악의 해로 영원히 역사에 남을 것이다.

나는 하루 내내 아이들과 떨어질 생각을 해 보고 주변 부모들의 무신경한 이유를 알려고 애쓰면서 이제 막 홈스쿨링을 시작하려는 참이었다.

몇 달 후 어머니가 뇌암 말기 진단을 받았다. 어머니는 처음에 수술을 거부했으나 너무 고통스러워서 생각을 바꾸었다. 거미줄과 같은 종양이 너무 심하게 퍼져서 6개월밖에 살 수 없었다. 그 이후에도 어머니는 결코 더 나아지지 않았다. 의사의 말대로 어머니는 세상을 떠났다.

내 결혼은 거의 파탄이 났다. 벤의 직업 때문에 우리는 매주 멀어졌고 새로운 일, 어머니 병환의 비통함, 불을 켜두려는 투쟁의 스트레스로 우리는 한계점에 이르렀다. 한 경찰관이 정신 나간 엄마가 운전대를 잡고 울면서 아이들을 데리고 가는 모습을 보고 불러 세웠다. 그는 집까지 나를 호위해 주었다. 식료품 가게 점원과 낯선 사람들이 무슨 일이냐고 물었다. 그들은 내 눈을 보고 금방 알아챌 수 있었다.

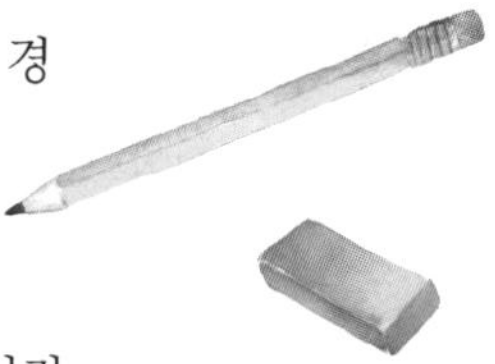

이런 모든 일과 아직 홈스쿨을 계획하고 있는지 묻는 많은 친구의 우려에도 불구하고 결코 홈스쿨링을 포기하겠다는 생각은 들지 않았다. 나는 아이들을 차에 태워 등하교시키고, 교실 파티에서 어린아이들에게 마술을 부리고, 서둘러 버스 시간에 맞춰 집으로 돌아가고, 숙제를 시키고, 아이들을 시간에 맞춰 축구연습장에 데리고 가는 등 2년간을 무한 경쟁 속에서 정신없이 보냈다.

나는 지난 수년간 야성+자유 공동체의 엄마들과 상호작용하며 암으로 어머니를 잃고, 이혼으로 남편을 잃고, 비극으로 집을 잃고, 잔인한 생활 환경으로 억장이 무너진 엄마들을 많이 보았다. 하지만 이런 모든 난관에도 불구하고 힘든 시기에 주먹을 불끈 쥐고 아이들만은 잃지 않으리라 맹세하는 용감한 어머니들을 보았다.

홈스쿨링 맘들은 내가 아는 가장 용감한 사람들이다.

앞에서 말했던 제니퍼 슈는 이혼 후 아이들의 홈스쿨링을 결심했다. 처음에 제니퍼는 아이들을 학교에 보내면서 할 수 있는 한 아이들이 오랜 시간 집에 있게 하려고 애썼다. 지출이 적은 편이라 한 레스토랑에서 일주일에 3일 저녁을 시간제로 일했다. 그녀가 일을 나가는 동안 가족 중 한 사람이 아이들을 돌보았다.

서류상으로 모든 것이 해결되었지만 제니퍼는 자기 딸이 여전히 가족의 이별을 슬퍼한다는 걸 알았다. 이는 그녀가 원하는 방식이 아니었다. 그녀는 이 시기에 한 부모 가정 홈스쿨에 관한 모든 것을 알게 되었다. 홈스쿨러는 아이들이 관심 있는 주제에 매료되고 재능에 집중하며 자기만의 리듬을 결정할 수 있었다. "나는 은근히 그들이 부러워졌다."라고 제니퍼는 말했다.

"마침 한 여성이 나에게 '소원이라면 왜 지금 실행하지 않느냐?'고 물었다. 그래서 나는 그렇게 하기로 했다. 당장 아이를 공립학교에서 데리고 나와 공식적으로 나만의 홈스쿨링을 시작했다."

안드레아 프랫(Andrea Pratt)이 암으로 남편을 잃었을 때도 비슷한 일이 일어났다. 그녀는 슬픔을 딛고 홈스쿨링을 계속할 힘이 남아있으리라 생각하지 않았다. 안드레아의 마음속에서는 질문이 홍수처럼 쏟아졌다. "내가 어떻게 학교 교육의 리듬을 지탱할 수 있을까? 내가 어떻게 아이들을 이 고통에서 보호할 수 있을까? 내가 아무런 도움 없이 어떻게 유지해 갈 수 있을까? 내가 어떻게 이 시기를 무사히 극복할 수 있을까?"

안드레아는 이 시기에 자신이 원하는 만큼의 홈스쿨러는 될 수 없으나 최선을 다할 수 있으리라는 것은 알았다.

"아이들이 놀고 있는 동안 아무 일도 하지 않고 그냥 아이들 옆에 누워 있을 때도 나는 최선을 다했다. 빵 굽기, 그림책 읽기로 하루를 보냈을 때에도 나는 최선을 다했다. 울음을 참을 수 없어서 아이들 앞에서 울음을 터뜨렸을 때에도 나는 최선을 다했다. 내가 직접 할 수 없어서 이웃에게 아이들의 옷을 입히는 걸 부탁했을 때에도 나는 최선을 다했다."

안드레아는 그런 고난의 시기에 아이들이 보고 배운 것은 결코 표준시험으로 측정될 수 없다고 말했다. "아이들은 사랑이 정말 무엇인지 보았다. 그들은 매일 서로 더 많은 연민을 느꼈기 때문에 그것을 배우고 경험했다. 그들은 우리가 잘 알지 못하는 친구, 가족, 그리고 주변 사람들이 우리를 에워싸고 우리가 고통당하는 동안 우리를 지지하는 것을 보았다. 그들은 실제적이며 건강하고 필요한 방식으로 슬퍼하는 방법을 배웠다. 그런 경험보다 더 유익한 교육과정은 없다. 이것은 나에게 충분하고도 남는다."

리듬을 뛰어넘는 관계

모든 홈스쿨링 맘의 머리에서 떠나지 않는 의구심에 주의하라. 안드레아처럼 슬픔을 극복하거나 제니퍼처럼 비통한 심정으로 고군분투하지 않을지라도 가장 큰 난관은 우리가 충분히 하고 있지 않다는 피하기 어려운 감정을 폐기처분 하는 일이다.

일상을 격렬한 활동으로 채우고 지역 공립학교보다 "더 열심히 하는 것"이 해독제가 아니다. 시간표를 정해 놓고 아이의 눈물이나 불평을 무시하고 동의를 강요하는 것은 우리가 할 일이 아니다. 평온한 환경을 조성하고 학습에 대한 사랑을 촉진하는 일이 우리가 해야 할 유일한 것이다.

나머지는 아이들이 알아서 해결할 것이다.

유연한 리듬이 매우 중요한 이유는 바로 이 점이다. 학습의 기쁨과 갈등이 일어나면 책을 내려놓으라. 활동이 효과가 없으면 다른 것을 시도하라. 하루가 경직되고 일상화되면 상황을 바꾸라. 리듬은 아이들이 자기 열정의 영역을 추구하게 한다. 실제로 수업은 자연스럽게 흐르고 우리는 더 번성하게 된다.

리듬은 매일 가족들에게 가야 할 방향을 안내한다. 리듬은 아이들의 집중력을 높이고 안정감을 주어 책임감을 느끼게 한다.

리듬은 안내자이기 때문에 충분히 잘하고 있는지 걱정할 필요가 없다. 하루, 한 주일, 한 해의 흐름은 우리가 바라는 모든 학습과 연결된다. 우리는 그곳에 도착할 것을 알기에 죄의식은 사라진다. 우리는 성취하지 못한 것 때문에 가쁜 숨을 쉬며 잠에서 깨어 공황 상태로 하루를 끝내지 않는다.

리듬은 당신의 친구다. 리듬이 너무 강하게 밀어붙이면 뒤로 물러서라고 말하라. 리듬이 속력을 내지 않으면 아이들에게 속마음을 털어놓아 기대감을 더 높일 수 있다. 하지만 우리는 우리 리듬에 책임이 있다. 친구에게 찾아가 물어라. '전문가'의 의견을 읽어라. 다른 사람의 리듬을 빌려라. 선택한 리듬이 우리 가족에게 적합한지 확인하라.

결국 홈스쿨링은 관계에 관한 것이다. 당신이 학문 교과보다 덕성, 교육과정보다 개성의 중요성을 놓고 토론 중이라면 내가 문제를 해결할 것이다. 야성+자유의 홈스쿨러로서 우리는 모든 칩을 관계에 걸었다. 관계는 중요한 유일한 것이다.

15 가족문화의 창조

비록 의도적이 아닐지라도 모든 가족에는 문화가 있다. 가족문화는 당신 가족의 문제해결 방식이고 아이들이 얻는 경험이며 아이들의 평생에 흔적을 남긴다. 경직되고 엄격한 가족이 있는가 하면 자유분방하며 즐거운 가족이 있다. 기쁨과 전통이 풍성한 가족이 있는가 하면 슬픔과 상심이 가득한 가족도 있다. 하지만 그런 것은 당신 가족에서도 찾을 수 있다. 당신 아이들은 자신들과 후손 대대로 영향을 받는 환경에서 성장한다.

우리는 의도적으로 건강한 가족문화를 가꾸어 아이들이 생활 속에서 배우는 환경을 조성할 수 있다. 가족문화는 우리만의 배경을 반영하는 일에서부터 시작한다. 우리가 재생하려는 것이 무엇인가? 보완하려는 것은 무엇인가?

내 부모님은 교육의 중요성과 시간과 노력을 쏟으면 어떤 것도 성취할 수 있다는 신념을 키워 주었다. 나는 유년기에 자연과 가까이 지냈다. 이웃과 집 뒤의 수로를 탐험하고 여름 캠프를 가고 친구들과 스키여행을 했다. 종종 나는 내가 누리는 자유를 경이로워했다.

아버지는 의미 있는 일을 성취하는 욕망을 심어 주었다. 5살 무렵 때 5km 거리를 뛰게 했고 내 나이 수준 이상의 책을 읽게 했다. 어머니는 위험에 처한 동물을 구조하고 아픈 동물을 보살피고 갓 태어난 새끼를 나에게 맡기는 등 양육 정신을 가르쳐 주었다.

나는 두 분이 요정 복장으로 차려입었던 크리스마스를 기억한다. 나는 부모님처럼 내 아이들에게 해 줄 수 없었던 힘든 시기가 있었던 사실을 고백한다.

부부로서 벤과 나는 우리 가족문화를 결합해야 했다. 그것은 항상 원활하지 않았다. 저녁 식사에 친구들을 초대하면 벤은 온 집 안을 돌아다니며 전등을 켰다. 나는 돌아다니며 전등을 모두 어둑하게 했다. 이는 부모님이 존경하는 손님을 환대하는 우리 집 방식이었다. 휴일이 되면 나는 전통에 이끌렸으나 벤은 그것을 좋아하지 않았다. 우리가 서로 좋아하고 중요하게 여기는 것을 바탕으로 우리 자신만의 문화를 창조하는 데는 시간과 의도성이 필요했다.

14살이었을 때 내 유년기는 부모님의 이혼으로 흔들렸다. 내가 좋아하든 싫어하든, 이는 내 가족문화의 일부분이 되었다. 나는 내 10대를 다른 주에 거주하는 부모님의 집 사이를 왕복하며 정상 상태를 유지하기 위해 분투하고 관계를 탐색하고 학교에서 최선을 다하며 보냈다. 물론 유년기에서도 그때처럼 회복하고 싶은 경이로운 면이 많이 있으나 내 가정에서 보완하고 싶은 많은 부분은 내 아이들과 함께 사는 안정된 삶의 회복이다.

부모인 우리는 우리 가정에 가족문화를 조성할 놀랄 만한 기회가 많다. 우리는 이미 아이들의 교육 방법에 열정을 가지고 있지만 이런 의도를 모든 어린 시절의 측면으로 확장해야 한다. 나는 항상 아이들이 어렸을 때 어린 시절의 소중한 보존을 바라는 여성들과 많은 이야기를 나눈다. 그들은 잃어버린 수년의 세월과 아이와 떨어져서 보낸 시간을 한탄한다. 그들은 자신의 10대 아이들에게조차 너무 늦지 않았는지 알고 싶어 한다.

나는 그렇지 않다는 사실을 확실히 보장한다.

우리가 원하는 가족문화가 아니라면 일상적인 작은 결정으로부터 시작하여 가족생활의 전 과정을 변화시킬 수 있다. 이는 쉽지 않으며 하루아침에 일어나지 않는다. 실제로 핵심 영역에 한 발을 내딛다가 두 발 물러날 수 있다. 하지만 포기하지 마라. 매일 작고 의도적인 결정으로 가족을 재탄생시킬 수 있다.

아이들을 위해 창조하기를 원하는 문화의 종류를 생각하면서 당신과 배우자가 자문할 가치가 있는 몇 가지 질문은 다음과 같다.

우리 아이는 자신이 사랑받는 사실을 아는가?

내 큰아이와의 관계는 매우 쉬웠다. 둘만 있었을 때 우리는 이웃 산책로를 걷고 농장을 방문하고 동물을 어루만지며 시간을 보냈다. 우리는 모든 것을 함께했으며 친구였다. 우리는 어떤 말조차 필요 없었다. 포도를 먹고 정글짐의 꼭대기에서 발을 흔들며 이런 시간이 영원하기를 바랐다.

큰아이에 대한 내 사랑과 나에 대한 아이의 사랑은 의심의 여지 없이 확실했다. 둘째를 임신했을 때 나는 고무되었으나 종종 불러오는 내 배 위에 사랑하는 아들의 손을 얹고 책을 읽어 주면서 내가 어떻게 다른 아이를 이처럼 똑같이 사랑할 수 있을까 싶어 감정이 복받쳐 올랐었다. 지금은 어리석은 것 같지만 당시 그것은 나에게 중요한 관심사였다. 그 자리에 있었던 어머니라면 누구라도 그렇게 증언할 것이다. 두 번째 아이든 일곱 번째 아이든, 아이에 대한 사랑은 첫 번째 아이처럼 자연스럽고 새로운 느낌이다. 때때로 우리는 시간의 덧없음을 너무 잘 알기에 더 그렇다.

다섯 명의 아이가 있어도 그들을 무리로 양육하지 않는 것이 내가 할 수 있는 일의 전부다. 나는 아이들 각자에게 좋은 시간을 주기 위해서 열심히 노력하지만 대부분 시간은 단체 나들이다. 아이들은 각각 나를 공동체가 아닌 그의, 그녀의 엄마로 따로 생각하는 것을 알지만 실용성은 우리의 시간을 함께 보내라고 재촉한다. 모든 사람이 대형을 유지해서 행동하면 하루가 더 수월히 지나간다.

육아가 힘들고 홈스쿨링이 더 힘든 것은 아이들 각자가 사랑받는다는 사실을 확실히 보여주어야 하기 때문이다. 복잡함을 더해 가면서 아이들은 각각 다른 방법으로 사랑을 주고받는다. 게리 채프먼(Gary Chapman)의 통찰력이 넘치는 저서 덕분에 우리는 감사하게도 모든 사람이 소중히 느끼고 간직하는 5가지 사랑의 언어를 알게 되었다. 애정, 좋은 시간, 선물, 신체 접촉, 봉사활동 등. 사랑을 표현하고 싶을 때 사람들은 '모국어'를 사용하는 경향이 있다. 사랑을 느끼고 싶을 때 사람들은 같은 방식으로 혹은 전혀 눈치채지 못하는 방식으로 사랑을 받고 싶어 한다. 사랑의 탱크는 텅 비어 있다.

종종 아이들은 사랑의 언어를 깨닫지 못한다. 그래서 애정을 구하는 그들의 울음소리는 말대꾸, 체벌, 일부러 말썽을 피우기 등 항상 훈육 문제로 다가온다. 이는 바람직한 결과를 얻을 수 없으나 그들이 갈망하는 관심을 결국 그들에게 주게 된다.

내 셋째 아들은 우리에게 전혀 익숙하지 않은 봉사활동이라는 사랑의 언어를 타고났다. 벤과 나는 둘 다 집안일의 필요성은 인정하나 봉사라기보다 오히려 함께할 수 있는 좋은 시간을 방해하는 요인으로 생각한다. 우리의 이상적인 주말 아침은 할 수 있는 한 침대에서 함께 커피를 마시며 보내는 시간이다.

외출하거나 아이들을 재울 때는 부모의 혈압이 오르거나 힘이 떨어질 시간이다. 코디는 하필 꼭 이 순간만 되면 불만을 터뜨렸다. 신발 끈을 묶거나 잠옷을 입거나 양치질을 거부했다.

아무리 잘 대해 주어도 우리는 당황했다. 왜 아이 중 가장 활발하고 유능한 아이가 갑자기 스스로 하기를 거부하는가? 나쁘게 보면 그것은 명백한 저항이었다. 도대체 아이는 왜 협력하지 않는가? 하지만 이 일이 있은 수개월 후 결국 벤과 나는 뭔가 잘못되지 않았는지 궁금증이 들었다. 우리는 변화가 있는지 살피기 위해 반응실험을 시작했다.

밝혀진 대로 코디는 그런 순간에 자기를 도와주는 것을 보고 우리가 자기를 사랑하는지 확인하고 싶었다. 그래서 우리는 신발 끈을 묶어 주고 칫솔에 치약을 짜 주고 아침에 침대를 정리해 주었다. 그러자 우리에게 갑자기 다른 아이가 하나 더 생겼다. 그는 더 사랑스럽고 협력적인 아이로 변했다. 우리가 요구하지도 않은 집안일을 하기 시작했다.

홈스쿨링의 기본 중 하나는 아이들이 사랑받는다는 사실을 알도록 확신시키는 일이다. 아이들은 자기 가치를 확인했다고 느낄 때, 자기가 소중히 여겨지는 존재라는 것을 알게 될 때, 아이들의 마음은 날아갈 듯 기쁘고 더 잘 순응한다. 하루가 더 수월히 지나간다. 사랑을 많이 해 주면 아이는 흥얼거리며 배운다.

가끔 이것은 5가지 사랑의 언어 형태로 다가온다. 상황에 맞는 힘을 주는 말, 목이나 팔을 만져 주는 배려심, 전혀 기대하지 않았던 뜻밖의 선물 등. 하지만 그런 것은 “나는 너를 사랑한다.”라는 말처럼 매우 간단하다. 신세대 부모는 과거의 부모들보다 사랑한다는 말을 더 많이 한다. 하지만 많은 가정에서는 아직도 많이 부족하다. 사랑하지 않는 부모는 사랑하지 않는 부모를 낳는다.

가족문화의 창조는 나쁜 습관을 버리고 좋은 습관으로 대체하는 것이다. 우리가 "나는 너를 사랑한다."라는 말을 들은 적이 없는 가정에서 자랐다면 아마 그들은 여전히 그 말을 하기가 어려울 것이다. 부모님의 침묵 속에 전화를 끊을 것이다. 그 순환의 고리를 끊어라. 용기를 내서 이런 강력한 말이 당신의 입술에서 떠나지 않게 하여 가족의 행동 방침을 영원히 바꿔라. 증손녀는 우리가 그렇게 말했기 때문에 "나는 당신을 사랑합니다."라고 말할 것이다.

우리는 아이의 독특한 정체성을 칭찬하는가?

아버지는 군에서 퇴직한 이후 500개 포천 기업의 CEO들과 모든 조직의 일상생활에 자기 보고식 성격유형 지표(MBTI)를 전문적으로 취급하는 특수부대의 컨설턴트로 일했다. 나는 내 미묘한 성격유형을 알았을 뿐 아니라 내 특이함의 강점을 축하받으며 자랐다.

그래서 내가 주말에 벤을 집으로 초대하여 아버지에게 인사를 드리게 했을 때 벤을 식탁에 앉히고 자연스럽게 MBTI 검사를 받게 했다. 아버지가 결혼에 반대하지 않았기 때문에 검사는 잘 나올 수밖에 없었다. 하지만 나는 결혼 후 처음 몇 년간에 걸쳐 성격 차이를 극복할 때까지 성격의 유형이 얼마나 강력한지 그 위력을 알지 못했다.

예를 들어, 나는 감정적인 사람이고 벤은 이성적인 사람이다. 그래서 그는 목록작성, 달력, 시간표 앱을 최우선에 놓고 생활한다. 나는 다가오는 삶에 대응하여 흘러가기를 좋아하며 새로운 정보가 나올 가능성을 지켜보며 결정이 날 때까지 기다리는 성격이다. 벤은 목록을 사용한다. 나는 목록을 작성하고 잊어버린다.

신혼 초 저녁 외출을 할 때면 이런 대화가 오갔다.

"우리 어디 가서 저녁 먹을까?" 벤이 묻는다.

"오, 난 모르겠어. 아웃백 스테이크 하우스는 어때?"

"좋지. 난 아웃백이 좋아." 벤이 대답한다. "그럼 가자."

"아니면 새로 생긴 멕시코 식당에 갈까? 과카몰레(guacamole) 한번 먹어 볼까." 내가 말한다.

벤은 울화가 치미는 것을 꾹 참고 고개를 끄덕인다.

"좋아, 완벽해. 새로 생긴 멕시코 식당이다."

"좋았어, 코트 가져올게."라고 말하며 돌아선다. "그런데 여보, 난 팟타이(Pad Thai)가 너무 먹고 싶어."

다음 벤은 폭발 직전이다.

결국 우리는 결혼 생활을 통해 우리에게 궁합이 잘 맞는 몇 가지 전략을 찾아냈다. 예를 들어 내가 정말 저녁을 먹고 **싶지 않다**고 벤에게 말하고 나중에 벤이 확인 전화를 걸게 했다. 여전히 도중에 약간 충돌이 있었으나 점점 더 나아졌다.

다섯 명의 아이를 소개한다. 모두 홈스쿨을 하고 있으며 독특한 자기 개성을 가지고 있다. 오르락거리는 일곱 명의 하루 행동 방침에 모두 바짝 긴장한다.

홈스쿨링 가족은 기본적으로 카메라 없는 리얼리티 쇼다.

내 아이 중 일부는 하루 생활에서 일관성을 좋아하고 다른 아이들은 잦은 속도 변화를 좋아한다. 일부는 자신들의 힘을 충전하기 위한 혼자만의 시간이 필요하고 다른 아이들은 자신들의 성취감을 충족하기 위한 열띤 토론이 필요하다. 일부는 단계별로 설명하는 강의가 필요하고 다른 아이들은 이해를 위한 큰 그림이 필요하다.

아이들이 얼마나 괴상한지 이해하지 않고서 홈스쿨링은 결코 번창할 수 없다. 전통적인 학교에서는 아이를 모두 똑같은 방법으로 가르친다. 하지만 우리 아이들이 얼마나 괴상한지 이해하고 난 후 그들의 개성에 따라서 교육을 조정했다. 우리는 아이들이 누구인지 소중히 여기고 그것이 있는 곳에서 아이들을 만난다.

자, 아이들을 관찰하자. 연구하자. 아이들이 자기를 표현하는 방법을 지켜보고 주목하자.

제인 구달(Jane Goodal)에게 아이를 맡기자.

우리는 가족의 전통을 창조하는가?

엄마로서 나는 항상 핼러윈 팬이 아니었다. 나는 아이들이 설탕을 멀리하고 낯선 사람에게서 사탕을 받는 것은 말할 것도 없고 말도 걸지 않도록 가르쳤다. 하지만 어떻게 해서 핼러윈은 가장 소중히 여기는 우리 가족의 전통이 되었다. 우리는 안마당에 전등을 달고, 칠리와 따뜻한 사과 사이다 한 통을 만들어 이웃을 초대한다. 놀랍게도 그것은 우리 집에서 최고의 전통 중 하나가 되었다.

이것이 가족 전통을 창조하는 방법이다, 그렇지 않은가? 종종 우연히 어떤 일을 한번 해 보고 해마다 반복하다 보면 어느 사이에 그것은 의미 있는 가족 의식으로 변한다.

그린보로의 노스캐롤라이나 대학 2학년에 재학 중이었던 1999년 나는 콜럼바인 고등학교의 비극적인 총기 난사 사건으로 충격을 받았다. 영 라이프(Young Life) 단체의 자원봉사자 리더로서 나는 할 수 있는 일이 없었다. 곧장 친구 세 명과 함께 차를 몰고 콜로라도 리틀턴으로 달려갔다. 그곳에서 우리는 살아남은 학생을 위로하기 위해 고등학생들에게 수백 권의 공책을 전달했다. 결국 콜로라도에 머물게 되어 로키스의 영 라이프 캠프에서 자원봉사를 했다. 나는 오두막집을 짓는 일을 돕고 로프 코스를 달리며 세상에서 가장 아름다운 곳 중 한 곳을 만끽했다.

나는 가족이 생기게 되면 가족을 이곳에 데려와 내 경험을 공유하기로 마음먹었다. 20년 후 드디어 내 소원이 이루어졌다. 우리는 가족 캠프에 등록했다. 우리가 바랐던 모든 것이었다. 우리는 그곳이 너무 좋아서 이 캠프를 완전한 전통으로 삼기로 했다.

지난 4년간 우리는 야성+자유 가족의 캠프를 콜로라도 부에나 비스타에 있는 트레일 웨스트 로지에서 개최했다. 수백 명의 가족이 우리와 같은 경험을 했다. 내 아이들은 거칠고 친숙한 장소에서 그 시간을 마음껏 즐겼다. 아이들과 함께 있는 한 결코 우리는 그런 경험을 즐기지 않을 이유가 없었다.

우리는 매년 9월에 앤디 그리피스(Andy Griffith)의 고향에서 열리는 메이베리 날 축제에서 매일 밤 J. R. R. 톨킨(J. R. R. Tolkien)의 반지의 제왕을 낭독하고 여름 내내 친구들과 해변에서 소풍 만찬을 즐기는 등 늘 같은 행사를 반복했다. 전통은 우리 아이들의 삶을 특별한 경험으로 만들어 대대로 가족으로 전수되는 문화를 창조한다.

종종 홈스쿨링은 우리 앞을 가로막는 장벽처럼 느껴질 때가 있다. 두문불출하며 매번 같은 낡은 전통을 고집하기는 쉽다. 하지만 역시 홈스쿨링은 아이들의 삶이 잊히지 않도록 특별한 순간을 창조할 기회를 무더기로 선물한다. 아마 이런 선물은 화요일 아침의 팬케이크, 가을의 수공예 전시회 혹은 주간 시 낭독회를 위한 따뜻한 차와 작은 빵 등이 될 것이다.

우리는 사소한 일을 크게 축하하며 보석과 같은 가족문화를 창조할 수 있다. 우리가 해야 일은 아이들이 사랑하고 반복하는 일을 찾는 것이다. 전통은 의미를 중요하게 여길 필요는 없다. 그냥 우리 가족이 전통이라고 말하기 때문에 중요한 것이다.

우리는 가족으로서 함께 즐기는가?

일곱 명의 가족 앞에 놓인 난제 중 하나는 우리가 하려는 모든 취미는 7배나 비싸다는 점이다. 집에 머무르는 것은 오랫동안 의미가 있었으나 재미없는 것을 알고 나서 분위기가 달라졌다. 마침내 우리는 무너졌다. 온 가족을 위해 도로용 자전거를 샀다. 존 뮤어(John Muir)가 버지니아 해변에서 아이들을 키웠더라면 "산책로가 부른다, 모두 나가자."라고 말했을 것이다. 혹은 아닐 수도 있다. 하지만 그곳은 무수한 여름밤에 우리를 찾을 수 있는 곳이다.

어느 날 밤 우리 '자전거 갱'의 회원들이 작은 숨을 몰아쉬며 20블록이나 떨어져 있는 스무디 가게를 향해 페달을 밟고 있을 때 구름이 차츰 몰려왔다. 뻥 뚫린 자전거 도로, 소금기가 밴 시원한 공기, 하얗게 부서지는 파도를 즐기는 사람이 없다는 것이 의심스러웠다.

곧 비가 쏟아졌다. 그냥 비가 아니다. 토네이도 비. 우리는 라이언 고슬링(Ryan Gosling), 레이철 맥아담스(Rachel McAdams)가 함께 출연했던 영화 **노트북**의 장면에 관해 이야기하고 있었다.

처음에 우리는 눈물을 흘렸다. 그리고 분노했다. 그러고 나서 아마 누구도 살아남을 수 없을 것처럼 비난했다. 그리고 포기했다. 마침내 우리가 가족으로서 이 멋진 순간을 함께 즐겼을 때 그 기쁨과 웃음. 우리는 그 경험을 결코 잊지 못할 것이다.

모든 아이의 마음속에는 놀이 욕구가 있다. 놀이는 창의성, 학습, 동료간의 상호작용에서 중요한 역할을 한다. 하지만 역시 놀이는 아이들의 소통 방법이다. 아이들에게 사랑하는 마음을 보여주기를 원한다면 아이들과 놀아 주어야 한다. 놀이는 마법으로 통하는 연결의 관문이다.

아이들과 함께 즐기는 놀이는 다른 활동 못지않게 아이들과 관계를 더 재미있게 만든다. 아이들의 놀이 방법에 대한 이해는 사랑의 언어와 성격 유형만큼 중요하다. 자신의 저서 **아이와 통하는 부모는 노는 방법이 다르다**(Playful Parenting)에서 작가이며 심리학자인 로렌스 J. 코헨(Lawrence J. Cohen)은 "놀이는 단지 아이들이 좋아하기 때문이 아니라 우연한 놀이에도 겹겹의 의미를 포함하기 때문에 중요하다."라고 썼다.

코헨은 부자 간의 캐치볼 놀이를 관찰하고 손과 눈의 협응 발달, 새로운 기술을 배우는 기쁨부터 두 사람이 뭉치는 시간까지 다양한 의미의 층을 지적했다.

그는 다음과 같이 말했다. "앞뒤로 왕복하는 공의 리듬은 아이와 성인 간의 깊은 관계를 연결하는 다리다. '잘했어', '잘 잡았어'라는 말은 신뢰감과 자신감을 형성한다."[1]

그런데도 놀이는 매우 어렵다. 더욱이 아이들처럼 놀기는 쉽지 않다. 힘든 일이다. 우리는 대부분 놀이 방법조차 잊었다. 종일 일한 후에 아이들이 만족할 정도로 에너지를 소비하는 기어 변속은 더 어렵다. 하지만 놀이가 아이들의 소통 방법이라면 멈춰서 귀를 기울여야 한다.

적어도 함께하는 놀이는 우리 가족을 더 가까이 연결하는 가장 좋은 방법이다. 반론이 있을 수 있으나 놀이를 계획하라. 야간 놀이를 좋아하는 가족도 있다. 영화로 뭉치는 가족도 있다. 우리 가족은 현재 플래그 풋볼(flag football) 시즌을 즐긴다. 당신 가족이 좋아하는 놀이를 발견하면 그것을 최우선 순위로 삼아라. 정기적인 놀이 시간을 의도적으로 포함하면 가족문화를 한층 높일 수 있다.

우리는 아이들의 수준에 맞추는가?

3만 피트(대략 1만 미터) 높이에는 많은 지혜가 숨어 있다. 우리는 전경을 보고 함정, 위험한 곳을 알 수 있다. 부모인 우리는 하루 중 대부분 시간을 어린아이들에게 성인의 눈높이를 요구하면서 보낸다. 난로를 만지지 마라, 길을 건널 때는 양쪽을 살펴라, 공공장소에서 장난치지 마라.

우리는 우리 고도에서 마스터플랜을 볼 수 있어서 최상의 전략 대대로 군대를 무장시켜 내보내는 우리 집의 더글러스 맥아더(Douglas MacArthurs) 장군이다.

그것은 우리 수준으로 끌어올리라고 끊임없이 손짓한다.

하지만 아이들은 오직 자기 수준에 맞는 것을 소중히 여긴다.

우리가 아이들과 카펫 위에 앉게 되면 시간은 조용해진다. 우리가 아이들의 게임을 하게 되면 우리는 그들이 진짜 누구인지 알 수 있다고 느끼는 숨겨진 우주 속으로 들어간다. 대부분의 위대한 동화 속에서 부모가 밤중에 침실 문틈으로 조용한지 확인할 뿐 결코 옷장 안으로는 들어가지 못하는 세상을 배경으로 설정한 이유가 궁금하지 않은가? 아이들은 단지 부모 손을 잡고 비밀의 정원에 들어가는 것 이상을 바라지 않는다.

하지만 마루에 앉아있는 것은 우리의 인내심을 시험한다. 아이들과 유년기의 게임을 하기 위해 하려던 일을 멈추게 되면 혈압이 올라간다. 우리에게는 해야 할 일, 마감시간이 임박한 과제, 저녁 식사 준비, 수행할 책무가 있다. 그리고 우리 두뇌를 재설계하여 우리가 만난 적이 없는 사람들을 좋아하고 그들이 우리를 좋아하게 될 때까지 우리 의무를 다하는 멋진 새 현대판 수행비서, 스마트폰이 있다.

아이들의 세계에 들어가는 것이 교육과정의 한 부분이라는 사실은 홈스쿨링의 가장 좋은 강점이다. 어떤 교과서에서도 그런 사실을 말하고 있지 않으나 그것은 이런 유기적 라이프스타일의 자연스러운 결과물이다.

내가 집 안에서 학교 교실의 재현을 몹시 싫어하는 한 가지 이유는 교실이 아이들에게 성인의 태도를 요구하기 때문이다. 우리는 마치 아이들이 벌써 좁은 공간에서 일하고 있는 노동자처럼 아이들의 몸을 구부려서 '학습 태도'로 변화시킨다. 나는 당신의 아이들이 어떻게 식탁에 앉는지 모르지만 내 아이들은 의자 모양이 어떻게 생겼는지 전혀 모른다. 그들에게 달리 말해도 소용없다.

아이들은 매일 작고 섬세한 방법으로 우리를 그들의 세계에 초대한다. 그들은 마치 이 시간이 특별한 것처럼 우리 눈을 올려다보면서 보드게임을 손에 들고 우리 앞에 서 있다. 아이들은 끈질기다. 요구하고 거절당하고 다시 요구한다.

종일 거인들에게 둘러싸여 턱 밑을 올려다보다가 그중 한 명이 아이의 활동에 합류하기 위해 쪼그려 앉을 때 아이가 경험할 순수한 기쁨을 상상해 보라.

유년기는 화살처럼 지나간다. 우리가 미처 그것을 알기 전에 아이들은 실제로 우리만큼 우뚝 서서 아마 우리 방식으로 사물을 바라볼 것이다. 하지만 그때가 되면 우리는 너무 늦다. 아이들의 유년기는 이미 사라졌을 것이다.

아이들이 우리를 향한 초대를 멈추기 전에 우리는 그들의 세계에 들어가는 법을 배워야 할 것이다.

우리는 아이들을 위한 안전한 장소를 구축하는가?

우리는 부모로서 불공평한 혜택을 누린다. 집, 자동차, 은행 계좌, 아이의 자유 열쇠를 우리 손 안에 쥐고 있다. 우리가 부주의하면 이런 권력은 언제든지 남용될 여지가 있다.

마틸타(Matilda) 영화에서 대니 드비토(Danny DeVito)라는 캐릭터가 "너 내 말 좀 들어 봐, 난 똑똑하고 넌 멍청해. 나는 키가 크고, 넌 작아, 내 말이 옳고, 넌 틀렸어. 그것은 어쩔 도리가 없어."라고 말하는 장면을 떠올리면 웃음을 참을 수 없다.

나는 영화의 마지막 장면에서 마틸다가 승자로 나오기 때문에 웃는다. 하지만 많은 가정에서 아이들이 항상 잘 지내지는 않는다. 자기 생각을 말하고 감정을 표현하고 존재하기 위해 태어난 자신을 확신하지 못하는 아이들이 많다.

우리 홈스쿨은 아이들에게 가장 안전한 장소라고 말할 수 있다. 아이들이 자기 재능을 격려받고 자기 노력을 위로받는 장소. 아이들이 자기 두려움을 나누고 슬픔을 표현하는 장소. 아이들의 말을 듣고 이해하고 진지하게 생각하는 장소.

며칠 전 마사지 가게를 찾아가 아픈 근육의 부위를 말했다. 마사지사는 예고도 없이 내 등에 손을 얹고 무릎을 꿇었다. 그녀의 얼굴이 내 눈높이에 와서 그녀는 내가 하려는 말을 진심으로 들을 수 있었다. 전혀 예기치 않은 퍽 드문 상황이어서 나는 거의 말을 마칠 수 없었다. 그런 무아경에서 항상 내 말을 들어준 사람은 없었다. 그 일 덕분에 나는 집으로 돌아가서 더 좋은 엄마가 되고 단순히 귀로만 듣는 게 아닌 전심으로 경청해야겠다는 영감을 얻었다.

첫째, 무엇보다도 먼저 우리는 아이들이 결과와 관계없이 자기감정을 폭넓게 표현하도록 허용하여 안전한 가족문화를 창조할 수 있다. 실망이나 슬픔, 분노조차 엄중히 단속하면 무엇이든 상관없이 "우리 집에서 진실한 감정은 없다."라는 관행이 굳혀진다.

로렌스 J. 코헨은 자신의 저서, **아이와 통하는 부모는 노는 방법이 다르다**에서 공감과 정서 관계에 관한 소년들의 특별한 욕구를 설명했다. "소년들과의 관계를 촉진하기 위해서라면 무슨 수를 써서라도 함께 놀아 주어야 한다. 특히 상당한 상호작용이 요구되는 게임을 해야 한다. 아이들이 하고 싶은 놀이라면 더 좋다. 놀기 좋아하는 아이들은 어리석고 폭력적이며 반사회적이라는 생각으로 소통하면서 아이들이 속마음을 털어놓으리라 기대할 수는 없다."[2]

종종 일상적인 상호작용을 통해 해소할 필요가 있는 근본 감정이 있다. 예를 들어 부자가 캐치볼을 하는 모습을 상상해 보라. 아들은 마치 아버지에게 상처를 입히려는 듯 공을 던진다. 건강한 가족이 맞는가? 아버지는 아들이 화나고 실망했다고 너무 쉽게 단정한다. 하지만 코헨은, 아들은 아버지에게 "내가 던진 공을 잡을 수 있어요? 내 감정이 지나쳤어요? 내 충동, 내 분노는 위험하지 않나요?"라고 진심으로 묻는다고 주장한다.

둘째, 잘못했을 경우 미안하다고 말함으로써 안전한 가족문화를 창조할 수 있다. 부모는 완전한 존재가 아니다. 아이들은 대부분 이 점을 알고 있으나 가끔 부모들은 결코 불완전하다고 생각하지 않는다. 우리는 고도로 발달한 우리 이성과 논리를 사용하여 모든 것을 알고 감독하는 집안의 권위자로서 우리 지위를 강화하고 이를 의심하는 아이들에게 위협을 가하기까지 한다.

"미안하다."라고 하는 말은 우리를 인간으로 만든다. 이 말은 우리를 아이들과 똑같은 지위에 놓고 아이들도 역시 미안하다는 말을 할 수 있다는 사실을 깨닫게 한다. 이 세상에는 먼저 미안하다고 말하는 사람이 더 많이 필요하다. 마찬가지로 더 많은 부부와 가족들에게도 필요하다. "미안하다." 라고 하는 말은 관계 기어가 원활히 돌아가게 하는 윤활유다. 홈스쿨링 맘으로서 경고한다. 사과에 익숙해져라. 아이들과 보내는 집중시간이 길수록 사과를 위반할 횟수가 더 늘어난다.

끝으로 우리는 말이 아닌 우리 행위에 모범을 보임으로써 안전한 가족문화를 창조할 수 있다. 우리는 어떤 것을 중시한다고 말하기는 쉽다. 실행과 그것은 다른 일이다. 아이들은 항상, 항상 우리가 중요하게 생각하는 것에 유의한다. 나는 내 행위가 아이들의 행위로 되돌아온 위선의 횟수에 경악했다. 그런 경우 나는 내가 비난의 대상인 점을 알기 때문에 고치라는 말을 한마디도 할 수 없었다.

아이들을 고치려면 나를 먼저 고쳐야 한다.

우리는 의미 있는 노력을 추구하는가?

아이들의 모험심은 생래적이다. 그들은 동화와 판타지, 구조와 구원을 좋아하기 위해 태어났다. 아이들이 타고난 욕구를 실연해 볼 수 있는 비디오 게임과, 생존하기 위해서 온갖 역경과 싸우는 주인공과 관련된 영화를 좋아하는 이유는 바로 이 점 때문이다. 삶은 원래 거친 모험을 의미했다. 하지만 우리는 그것을 오전 9시에서 오후 5시까지의 일상, 표준화된 학습으로 길들여 우리 삶과 모든 다른 사람을 동질화하는 활동으로 조직화했다. 그런데도 결코 모험에 대한 우리의 열정은 사라지지 않았다. 우리는 다만 그것을 표준화된 삶과 바꿨을 뿐이다.

우리가 아이들에게 모험을 권하는 것과 관계없이 그들은 반드시 모험을 발견한다는 사실을 알아야 한다. 아이들이 자기 가족에게서 모험을 발견하지 못하면 다른 곳에서 발견할 것이다. 심지어 친구, 여자친구, 남자친구, 다른 가족에게서 모험을 발견할 것이다. 아이들은 자기 공동체를 찾아 나설 것이다.

야성+자유 공동체는 작년에 우리가 야성+자유의 농장 마을로 운영할 땅을 매입하기 위한 모금 운동을 전개했다. 우리 희망은 여성, 아이, 가족들이 와서 아름다운 자연을 경험하고, 수련회와 모임을 개최하며, 같은 생각을 공유한 가족을 연결하고, 아이들이 야성+자유 공동체에서 뛰놀게 하는 것이다.

불과 5달 만에 야성+자유 공동체는 프로젝트에 필요한 40만 달러를 모금하여 현재 적합한 지역을 물색하고 있다. 우리 가족은 블루리지 산을 따라 버지니아를 여행하고 여러 지역의 땅을 방문하면서 지난해를 보냈다.

우리는 봄철에 흑곰이 출현하는 산 개울을 따라 하이킹을 했다. 와이어를 설치하여 이동하는 집라인(zipline)의 최적점을 탐험하기 위해 산에 오르기도 했다. 마을 회의에 참석하여 우리 계획에 대해 질문하기도 하고 반대하기도 하는 지역주민들과 이야기를 나누었다.

우리 아이들은 모든 과정이 진행되는 동안 우리와 함께 바로 그곳에 있었다.

우리는 야성+자유 공동체가 집이라고 부를 수 있는 장소를 원하기 때문에 이 꿈을 추구한다. 주말에 농장에 모여 저녁 식사를 하는 홈스쿨링 맘들을 상상한다. 자연학교와 숲 학교에서 놀기 위해 오는 아이들. 갭이어를 보내면서 작가 수련회에 참석하는 10대들. 가족이 함께 즐길 충분한 시간이 필요한 가족들. 이윽고 전국의 아름다운 지역에서 '농장 마을'을 보게 될 것이다. 하지만 그동안 우리 가족은 이번 탐색 시즌을 서사시적 가족 모험으로 바꾸고 있다.

아이들은 모험을 떠나고 싶지 않은 척할 것이다. 차 안에서 영화 보기 등 스크린 타임을 달라고 간청할 것이다. 더위, 벌레 물림, 사이사이의 지루함에 불평을 해댈 것이다. 하지만 성인이 되어 가족과 함께 보낸 시간을 후회하는 사람은 없을 것이다. 막다른 골목에서 시간을 죽이고 비디오 게임을 하면서 좋은 날을 갈망하는 사람은 없을 것이다.

아이들이 행복하기를 바라는 마음은 모든 부모의 한결같은 소망이다. 하지만 그것이 우리 목적이어서는 안 된다. 알다시피 행복과 기쁨에는 차이가 있다. 아이들은 종종 그들을 위해 뭔가 해 주면 그들이 행복해질 거라고 믿지만 실제로 정반대가 진실이다. 많은 연구는 의미 있는 노력을 하는 사람이 더 많은 기쁨을 느낀다는 사실을 보여준다.

헬렌 켈러는 다음과 같이 썼다. "많은 사람은 행복의 요건을 잘못 생각하고 있다. 행복은 자기만족이 아닌 가치 있는 목적에 충실할 때 얻어진다."

우리는 모험하는 가족이 되기 위해 태어났다. 전진하라.

우리는 가족이다

우리는 그 느낌을 안다. 어느 날 아침에 일어나서, 식구들이 서로 말하는 방식, 새로 생겨난 나쁜 습관, 고착된 생활 리듬 등 돌아가는 상황이 못마땅한 것을 알아챈다. 우리가 창조했던 가족문화가 우리가 기대했던 문화가 아닌 것을 안다.

우리는 힘든 일을 그만두고, 와이오밍으로 이사하여 농가 주택을 살 수만 있다면 모든 것이 달라지고 만사가 잘될 것이라고 생각한다. 가족들에게 필요한 변화를 일으킬 수 있다면 많은 것들이 제대로 될 텐데 이 모든 것이 불가능하게 보인다.

하지만 이런 외적 해결 방식으로 우리 빈 마음을 채울 수 없다. 그렇게 할 필요도 없다. 홈스쿨러든 아니든 우리는 가족문화를 재창조할 모든 것이 준비되어 있다. 먼저 우리 가족이 소망하는 비전을 세우고 이 비전을 일상적인 작은 결정으로 옮겨 삶 속에서 실천하라.

아마 그 시작은 매일 아침 시간일 수 있다. 아마 인근 주립공원에서 친구와 함께하는 산책일 수 있다. 아마 주말 리듬에 넣은 공예나 자연 일기 쓰기일 수 있다. 혹은 아이들의 잠자리 독서일 수 있다. 처음에는 아이들의 반발이 있을 수 있다. 하지만 사랑하는 엄마여, 끝까지 계속하라. 타협하지 마라. 이런 보물을 규칙적인 일상으로 통합하라. 이윽고 아이들이 새로운 가족문화에 매료되는 사랑을 지켜보라.

가족문화의 창조는 아이들이 성장하면서 우선순위가 바뀌거나 일상생활에서 사라지기 때문에 희생, 의도성, 지속적인 평가가 필요하다. 기본모드로 돌아가기는 쉽다. 어쩔 수 없지만 이런 일이 일어나면 우리 관계, 가치관, 목적에 대해 가족과 이야기할 시간을 마련하라. 그리고 원상태로 돌아가라.

가족문화는 아이들이 번창하는 틀, 정체감, 간직해야 할 가치, 명예로운 전통을 제공한다. 우리가 원했던 사람과 사회가 만드는 사람이 되는 것은 큰 차이가 있다. 오, 사회는 우리 삶에 대한 계획을 가지고 있구나. 사회는 기성품, 일률적 접근 방식을 기반으로 우리를 다른 가족의 틀과 똑같이 주조하여 과로와 스트레스에 시달리게 한다. 사회는 우리 자신만의 길을 만들기보다 더 적은 것, 더 적은 생각, 더 적은 죄를 요구한다. 우리는 그냥 시스템에 연결하기만 하면 된다.

하지만 우리 가족은 더 많은 것을 위해 만들어졌다.

우리는 야성+자유가 되도록 만들어졌다.

야성과 자유의 부름

The Method
방법

16 야성+자유의 철학

실제로 내가 야성+자유의 철학을 받아들일 때까지는 상당한 시간이 걸렸다. 나는 결코 사람들이 주어진 공식, 규정된 해결책의 틀에 따르기를 바란 적이 없다. 그런 것은 결국 우리가 피하려는 것들이다, 그래서 나는 내 기본 입장을 지키면서 우리는 다양한 홈스쿨링 방법을 지지하는 공동체라고 말한다. 이는 진실이었고 여전히 진실이다.

하지만 내가 아무리 반대할지라도 사람들은 야성+자유를 자기 방식으로 수용하여 선택한다. 사람들이 자신을 일컬어 샬럿 메이슨 가정 교육자, 언스쿨러, 혹은 발도르프의 영감을 받은 홈스쿨러로 부른다. 마찬가지로 전 세계의 신세대 엄마들은 야성+자유의 맘, 야성+자유의 학습자, 야성+자유의 홈스쿨러 개념을 받아들이기 시작했다.

시간이 흐르면서 나는 야성+자유는 공동체인 만큼 철학이라는 것을 알게 되었다. 야성+자유에 접근하는 방식은 가족에 따라서 각각 차이가 있으나 우리 일상은 이런 공동체의 가치를 숭배한다. 우리 성향, 열정, 열망이 모두 보편적인 것처럼 야성+자유의 철학은 지리, 인종, 문화를 초월한다.

우리는 야성+자유의 철학을 추구하면서 고전적인 샬럿 메이슨이나 발르도프 방법을 따를 수 있다. 우리는 야성+자유 공동체의 일원인 동시에 몬테소리 중심, 레지오의 영감, 혹은 정통 언스쿨러가 될 수 있다. 우리가 야성+자유 공동체의 일원이 되려는 이유는 이런 스타일의 배척이 아닌 태초부터 아이들의 성장과 교육을 이끌어 온 근본 진리를 믿기 때문이다.

홈스쿨링의 시작 단계에서 나는 집 안의 교실복원이나 대학 시절 은사들의 저서에 관한 연구를 원하지 않았다. 대신 철학의 창시자들을 찾아보면서 몽땅 삼켜야 할 교육학적 영감의 세계를 발견했다.

나는 메이슨, 몬테소리, 슈타이너, 듀이, 피아제 그리고 그 외 위대한 교육자들을 연구했다. 내 지식 자루에 그들의 지식과 현인들의 통찰을 가득 채웠다. 그리고 틈날 때마다 지혜를 얻기 위해서 그들에게 다가갔다. 하지만 초창기에 아이들을 관찰하면서 나는 내 눈앞에 다가오는 교육과정을 볼 수 있었다. 매일 그들과 함께 배우는 경험은 내 위대한 스승이 되었다. 나는 모든 엄마가 원하는 대로 쓸 수 있는 자연의 도구를 발견했다.

이 여행을 통해서 5가지 가치를 발견했다.

나는 자연학교에서 내 아이들의 신체와 지적 능력이 향상되는 것을 보았다. 아이들의 영혼에 스미는 이야기의 힘을 경험했다. 놀이교육이 아이들의 인성과 마음을 풍성하게 길러 그 목적을 달성하는 것을 목격했다. 내가 아이들에게 보여주고 싶었던 것보다 더 많이 가르쳐 준 호기심의 교육과정에 경이로움을 느꼈다. 경이로움의 마법이 아이들의 마음과 상상력을 매료시킬 때 경외심을 느꼈다.

나는 배가 뒤집히지 않도록 천천히, 조심스럽게 교수요목에서 발을 빼면서 이런 자연 현상을 우리 홈스쿨링의 지침으로 삼았다. 우리는 자연, 이야기, 놀이, 호기심, 경이감의 5가지 가치를 과학적으로 검증했고 여기서 철학이 등장했다.

야성+자유는 공식이 아닌 신념의 여정이다. 모든 가족의 독특한 목적을 실현하는 하나의 접근 방법이다. 학문적으로 홈스쿨링을 어떻게 접근하든 타고난 경향성은 당신 아이에게 결정적 영향을 미친다. 아이의 경향성과 다투지 마라. 그것을 활용하라. 그것을 양육하라. 우리가 선택한 방법이 아이와 맞지 않으면 언제든지 기본으로 돌아가서 이 원칙을 우리의 지침으로 삼아라. 우리는 모두 같은 방법을 사용하지 않을지라도 한 배를 타고 있다.

17 자연학교

나는 어린아이의 엄마들과 함께 앉아 교육에 관한 두 가지 선택지를 놓고 토론하는 광경을 상상한다. 첫 번째 선택지는 아이들이 하루 6시간씩 책상에 앉게 하는 것이다. 아이들은 동료들과 거의 상호작용을 하지 않은 채 바른 자세로 앞을 응시한다. 성인은 아이들을 집단으로 가르치고 가끔 질문을 던지고 인위적인 경험(교과서, 디지털 스크린, 연습지)을 제공하여 실제 세계를 배우도록 한다. 아이들은 밖으로 나가면 운동장에서 30분간의 짧은 휴식을 취한다.

두 번째 선택지는 음악, 읽기, 음식 섭취, 프로젝트 등을 포함한 수업을 구조화하는 것이다. 아이들은 밖에서 논다. 얼굴이 붉어지고 행복하고 지치고 배고픔을 느낀다. 엄마는 점심을 준비한다. 아이들은 함께 먹는다. 오전에 있었던 모험 이야기를 나눈다. 요새 만들기나 그들이 만든 진흙 파이에 대해 말한다. 오, 울타리에서 아이들을 바라보는 울새. 아이들이 둥지에 가까이 접근하자, 엄마는 울새가 소리 지르며 경계를 서는지 궁금해

한다. 그들은 울새의 알이 파란색인지 알까?

아이들은 보고 싶어 한다. 엄마는 자연 일기와 조류 안내서를 꺼낸다. 아이들은 그것을 살피며 수십 분을 보낸다. 엄마는 책에 뭔가 기록하거나 그릴 것을 제안한다. 혹은 아이들이 좋아하는 것이면 무엇이든지. 새, 둥지, 알, 그날 있었던 일.

종이의 공간은 선택의 여지가 별로 없다. 그렇지 않은가? 자연은 항상 승리한다.

자연은 상상력의 자물쇠를 풀고 결코 교실이 할 수 없는 방식으로 창의력에 영감을 준다. 예술가와 건축가는 자연을 관찰하고 디자인의 영감을 얻는다. 시인은 자연의 아름다움을 세세하고 절묘하게 표현한다. 수학자는 자연 현상을 경험하고 기하학의 무늬를 발견한다. 과학자는 자연에서 우주의 신비에 관한 답을 구한다. 우리는 소로, 에머슨, 프로스트, 휘트먼, 마티스, 간디, 피카소, 라이트, 키츠, 아인슈타인의 저서에서 이런 진리를 발견한다.

자연은 우리가 언제나 꿈꿀 수 있는 최고의 교실이다. 하지만 우리 교육 시스템은 자연을 활용하지 않는다. 휴식 시간의 단축에서부터 잡기 놀이, 운동장에서 달리기 등 학교가 결정하는 모든 것은 자유시간은 고사하고 아이들의 교육에 자연은 설 자리가 없는 현실을 보여준다. 우리 삶이 점점 더 디지털화하는 시대에 아이들에게는 자연 세계를 탐험할 시간이 더 필요해졌다. 아이들은 생명체와 접촉하고 폐에 신선한 공기를 채우고 자신들을 유지하는 힘을 이해해야 한다.

스콧 샘슨(Scott Sampson)은 자신의 저서 **개구쟁이 양육법**(How to Raise a Wild Child)에서 다음과 같이 썼다. "아이들이 건강한 성인으로 성장하려면 학교의 장소 기반 학습에서부터 비구조화, 무감독, 주변의 위험한 놀이까지 모든 일상의 삶을 자연과 통합해야 한다. 자연은 멀리 떨어진 식물,

동물의 무리, 배워야 할 풍경, 일 년에 한두 번 방문하는 곳이 아니다. 자연은 매일 흠뻑 젖어야 하는 환경이다."[1]

우리는 어떻게 해서든 세뇌를 당해, 자연은 과거에 대한 집착이며 현대의 편리함과 진보라는 혜택의 축복을 받지 못한 숲속 사람과 탐험가들이 즐기는 것이라는 거짓말을 믿게 되었다. 하지만 자연은 총체적인 행복과 오늘날 우리의 모든 교육을 위한 필수 도구이다. 특히 자연이 희박한 도시지역의 사람들에게는 더 그렇다.

제니퍼 도스(Jennifer Does)는 가끔 야성+자유 공동체에 도시의 자연 탐험에 대한 글을 쓴다. 그녀는 로스앤젤레스에 살며 고속도로의 고가도로 아래, 긴 벽화가 그려진 터널을 따라 가족들과 함께 자연을 탐구한다. 제니퍼는 다음과 같이 썼다.

"우리가 더 넓은 공간, 더 많은 물, 더 많은 나무, 더 많은 오솔길이 있는 어딘가에 살고 있다면 자연 탐구에 더 많은 시간을 보낼 수 있다고 생각하기 쉽다. 하지만 우리는 어디에 살고 있든 관계없이 실제로 우리 스스로 자연을 탐구해야 한다. 나라마다 다양한 종류의 아름다움과 다양한 동식물들이 많이 있다."

"부모가 자연을 이해하든 부모의 사회경제적 지위, 문화, 능력이 어떠하든 모든 아이에게는 자연이 필요하다. 모든 아이와 미래 세대는 자연이 풍성한 미래를 누릴 권리와 그 권리에 따른 책임을 공유할 선택의 자유가 있다."

– 리처드 루브(RICHARD LOUV)

자연 탐험은 위대한 도전이다. 그렇지 않은가? 근처에 국립공원이 없고 날씨가 궂을 때 홈스쿨링과 자연을 연결하는 것, 그것은 비록 조금씩일지라도 여전히 가능한 일이다. 물론 아이들에게 자연이 풍성한 양육과 교육을 제공하기 위해 농장, 외딴 오두막, 알래스카 덤불 속에서 살 필요는 없다. 목표는 이런 생활방식에 100% 몰입하는 것이 아닌 선에서 충분히 하는 것이다. 그 정도는 부모라면 누구도 할 수 있는 일이다.

수잔 셰퍼 매콜리는 "우리는 모두 한계와 문제를 가지고 있다. 하지만 나는 절대로 모 아니면 도로 생각하지 않는다. 아마 시골에서 살고 싶겠지만 나는 그렇지 못하다. 음, 나는 일주일에 두 번씩 가족과 공원에 갈 수 있고 2주마다 한 번씩 시골에 갈 수 있다. 아마 나는 내 아이를 별로 좋지 않은 학교에 보내야 할 것이다. 아마 우리는 한두 권의 책을 함께 낭독할 수 있을 것이다. 아이들에게 모든 것을 줄 수 없다면 일부라도 주어라."라고 썼다.[2]

그것으로 됐다. 우리가 아이들에게 모든 것을 줄 수 없다면 일부라도 주자.

자연이 주는 혜택

나는 잔디가 펼쳐진 허드슨강의 둑을 따라 둥지를 튼 철통같은 군사지역인 뉴욕의 웨스트포인트에서 자랐다. 몇 년에 불과한 기억이지만 나는 작은 옆 마당과 뒷골목 건너편의 숲이 우거진 언덕 위의 수수한 마을 집을 고향으로 부른다. 나는 일상생활이 힘겨울 때 밖으로 나가서 고독한 친구를 찾았다. 야생에서의 삶은 나에게 의미를 주었다.

그곳은 가문비나무와 전나무로 둘러싸인 우리 집 뒤에 있는 언덕이었다. 나는 거기서 내가 누구였는지 이해했다. 문명이 바로 곁에 있었을지라도 나는 경사진 곳의 거대한 바위 위에 앉아서 내가 생각하고 꿈꾸고 그저 머물고 싶은 안전한 공간을 발견했다.

내 40년간의 인생을 되돌아보면 내가 야생에서, 군중 속에서, 내 생각

속에서 길을 잃고 헤맸을 때 가장 편안함을 느꼈다. 존 뮤어(John Muir)의 말은 항상 나를 공감하게 했다. "모든 사람에게는 빵과 아름다움뿐 아니라 놀고 기도할 장소가 필요하다. 자연은 몸과 영혼을 치유하고 새 힘을 솟게 한다."

나는 역시 내 아이들에게서 그것을 경험했다. 아이들은 오솔길을 따라 내려가 나무 사이로 자기 길을 만들 때 얼굴이 밝아진다. 탐험에 전혀 흥미가 없는 아이도 밖에서 시간을 보내고 나면 신바람이 나서 돌아온다. 자연에서 보내는 시간은 화려하지 않다. 이는 필연적이다. 우리는 아이들에게 지구를 알 수 있는 탐구 시간을 주어야 한다.

우리는 아이들이 자기 날개를 펴고 자유롭게 탐험하게 해야 한다. 아이들이 나비, 노을, 꿈을 좇게 하라. 아이들이 만들고, 오르고, 더러워지고, 땀에 젖게 하라. 아이들이 빗속에서 놀거나 보름달 아래서 춤추게 하라. 아이들이 야생아가 되게 하라. 아이들이 자유롭게 하라.

모든 수단을 다해 그들이 아이가 되게 하라.

아이들이 자연 속에 있으면 무한한 혜택을 입는다. 자연환경의 존재물은 뇌를 자극하고 인지 기능을 회복시킨다. 전문가들은 아이들이 밖에서 시간을 보낼 때 자폐증, 주의력 결핍 및 과잉행동 장애(ADHD), 우울증, 그 밖의 상태를 나타내는 아이들에게 자연이 주는 중요한 혜택을 관찰했다. 말할 필요 없이 자연은 상상 놀이, 호기심, 학습에 대한 사랑에 불꽃을 일으키는 다양한 특성을 촉진한다.[3]

자연환경에서 시간을 보내는 아이들은 모든 연령대의 아이들과 더 잘 사귀고 문제해결 방법을 더 쉽게 배운다. 아이들은 근육을 기르고 신체를 조정하고 비만을 예방한다. 그 밖에 자연은 지구를 사랑하는 책임감을 길러 준다. 그런 책임은 교실이 아닌 파도에서 첨벙거리고 호수에 뛰어들고 숲속을 걷고 들판을 달리며 친구를 추격할 때 강화된다. 자연에 머무는 일은 아이들과 성인들 모두에게 경이감을 보존하는 가장 자연스러운 방법이며 호기심, 상상력, 연구와 학습에 대한 사랑에 불꽃을 일으키는 다양한 특성을 장려한다.

스콧 샘슨은 "실내에 갇힌 아이들과 비교해 보면 보통 자연에서 뛰노는 아이들이 균형, 조정, 민첩성 등 운동 제어 능력이 더 높은 것을 알 수 있다. 이들은 상상적이고 창의적인 놀이를 더 많이 즐긴다. 결과적으로 이는 경이감과 함께 언어, 추상적 사고, 문제해결 능력을 발달시킨다."라고 썼다.

샘슨은 계속해서 "자연 놀이는 아이들이 독립과 상호의존성을 모두 인식하여 자아 의식과 지위 의식을 촉진하는 데 매우 탁월하다. 바깥 놀이는 역시 인지, 정서, 운동 능력의 발달 면에서 실내의 대안 놀이를 훨씬 능가한다. 어린 시절에 바깥 놀이를 하면서 많은 시간을 보낸 아이는 장소와 환경의 분위기에 강한 애착을 느끼며 성장할 가능성이 매우 크다."라고 말했다.[4]

아이들이 바깥에서 얻는 혜택은 노는 것을 보고 싶은 욕구를 넘어 민첩해지고 사회성을 발달시키고 정서적인 건강을 육성하기에 이른다. 실제로 나무에 오르기, 잡기 놀이, 개울 탐험, 숲속의 나무 요새 만들기 등이 부족하게 되면 아이들의 신체 건강에 큰 타격을 입게 된다.

"우리는 선조들로부터 지구를 물려받은 것이 아니다. 잠시 아이들에게서 빌린 것이다."

–미국 원주민 격언

리처드 루브(Richard Louv)는 자신의 저서 **자연을 잃어버린 아이들**(Last Child in the Woods)에서 대부분 현대 가족이 직면한 딜레마를 다음과 같이 말했다. "부모는 TV를 끄고 비디오 게임 시간을 줄이라고 말한다. 하지만 우리는 아이들이 전자 게임을 하지 않는 동안 무슨 신체 운동을 해야 하는지는 거의 들은 적이 없다. 통상적으로 조직적인 스포츠를 제안할 뿐이다. 하지만 비만의 유행성은 역사상 유례없는 아동 스포츠 단체의 급증과 동시에 일어났다는 점을 고려해 보라."[5]

더 많은 아이를 운동선수로 기르는 것이 답이 아니다. 바로 보자. 스포츠는 모두를 위한 것이 아니다. 아이들이 놀이, 상상, 자연 속에서 더 활발하게 뛰노는 것이 목적이다.

최근 덴마크와 뉴질랜드에서 하루 동안 아이들의 움직임을 추적한 한 연구는 스포츠는 아이들의 건강에 모두 좋은 것이 아닌 점을 보여준다. 오히려 "자기 조직의 신체활동"[6]이 아이들의 운동을 대부분 설명했다. 스포츠 연구자인 글렌 닐슨(Glen Nielson)은 "조직적인 스포츠가 전체적인 활동 수준에서 보여준 미미한 결과와 대조적으로 아이들의 대부분 신체활동이 자유 놀이에서 나온 것은 매우 놀라웠다."라고 말했다. 아이들이 신체적으로 건강하기를 바란다면 아이들에게 조직적인 스포츠가 아닌 자유 놀이의 기회를 더 많이 주어야 한다.

노련한 홈스쿨러라면 아이들이 목적을 잃거나 분투할 때 아이들을 밖으로 내보내라고 말할 것이다. 바깥에서 한 시간 동안 놀면 치유되지 않는 것이 없다.

샬럿 메이슨은 "열린 공간에서 보낸 모든 시간은 뇌 능력과 신체 활력을 증강하여 삶 자체를 확장하는 경향이 있는 까닭에 확실한 득을 보장한다."라고 믿었다.

메이슨은 아이들(엄마가 아닌)은 하루에 적어도 바깥에서 6시간씩 보내야 한다고 주장했다. 오늘날 이 시대에는 가당찮은 주장일 수 있지만 아마 이는 그 어느 때보다 현재 더 중요하게 되었다. 날로 증가하는 문제행동과 학습 불능에서부터 반짝이는 스크린의 유혹까지 아이들에게는 자극에 대한 대안이 필요하다. 아이들을 30분 정도 집 밖으로 내쫓는 것으로 충분하지 않다. 아이들의 경이로움을 다시 깨우고 실제 생활의 욕망을 드러내는 이런 가족문화의 관점을 배양해야 한다.

자연에 있게 되면 감각을 일깨우고 감정을 자극하여 질병과 정신장애와의 싸움이 아닌 신체적 진동주기가 높아진다. 이는 총체적인 행복감을 촉진한다. 존 버로스(John Burroughs)는 생각에 잠길 때 자기 삶에서 필요한 장소를 발견했다. "나는 편안해지고 치유를 받고 내 정신을 정리하기 위해 자연으로 간다."

우리는 최고의 내가 되기 위해서 자연으로 간다.

자연에서 찾는 가족문화 창조

나는 두 명의 책벌레 자손이다. 어린 시절에 우리 가족은 한 번도 캠프에 간 적이 없다. 나는 80년대에 자랐다. 당시 아이들은 보호자의 감독 없이 이웃 마을을 자유롭게 돌아다녔다. 나는 도시 교외의 생활방식이 한창일 때조차 나만이 아는 야생의 파편들을 찾았다. 뒷마당의 주변에서부터 우리 이웃 교외에 있는 미개발 상태의 야생지까지 자연은 어느 곳에서도 볼 수 있었다. 나는 당시 해변 여행도 했다.

나는 매년 여름 해변을 찾아가 대부분의 유년기를 보냈다. 갈매기의 단조로운 울음이나 소금기가 밴 공기 냄새는 홍수처럼 밀려오는 추억을 불러낸다. 나는 우리가 도착하기 전에 바람과 파도가 만들었던 모래성을 기억한다. 나는 수 시간 동안 어른들의 눈을 피해 '절벽' 아래서 놀면서 인어 섬의 세계에서 나만의 가상놀이에 빠지곤 했다.

하지만 뒤돌아보면 이런 여행은 깊은 인상을 남길

만큼 자주 있지는 않았다. 이런 자연 세계와 개인의 만남은 내 마음과 정신에 지워지지 않는 흔적을 남겼다.

내 큰아이가 어렸을 때 우리는 해변 근처에 살지 않았다. 당시 나는 해변에 갈 때마다 큰아이를 일깨우는 뭔가를 보았다. 마치 그가 경험했던 건강상의 어려움과 언어 지체의 무거운 짐을 해변의 파도가 씻겨 주는 것처럼 생각되었다. 이윽고 큰아이가 진정한 자기가 되는 것처럼 보였다. 우리도 자연에 있게 되면 그렇게 될 것이다.

나는 아이들이 해변을 들락거리며 배우고 자라는 모습을 자주 보았다. 모래와 파도의 감각적 자극부터 자연과 야생동물의 발견에서 일어나는 자연스러운 교육까지 이런 발견은 호기심, 창의성, 그리고 앞으로 수년간 일어날 학습의 문을 활짝 열었다. 해변은 우리 삶의 큰 부분을 차지하지만 모든 가족이 그런 독특한 장소의 혜택을 누리지 않는다. 우리에게 해변은 동네의 시내, 호숫가 집, 혹은 산속의 오두막집이 될 수 있다. 가족들과 함께 자연에 있으면 추억을 만들고 가족 시간을 유지하는 유대관계가 강화된다.

당신은 오직 당신의 장소를 찾아야 한다.

일본 풍습에는 **실린 요쿠** 혹은 '산림욕'이라는 관습이 있다. 산림욕은 자연 휴양지를 찾아 긴장을 완화하고 몸과 마음의 행복을 충전하는 관행이다. 스웨덴 사람들은 대강 '야외 생활'로 번역되는 프릴루프트슬리브(friluftsliv)라는 관습이 있다.[7] 당신이 좋아하는 자연이 어디든 상관없이 자연에 있으면 당신을 한 인간으로 회복시켜 줄 것이다. 생물학자인 레이첼 카슨(Rachel Carson)은 "밤이 가면 새벽이 오고 겨울이 가면 봄이 오는 철칙처럼 거듭되는 자연의 섭리에는 한없는 치유가 있다."라고 썼다.

밖으로 나가는 가족이 되기 위해서 꼭 운동경기나 야외활동을 하라는 법은 없다. 스위스 알프스로 하이킹을 떠나거나 자연의 경이로움을 경험하기 위해 에베레스트산에 오를 필요는 없다. 우리 가족은 예로부터 내려온 캠핑의 전통을 잘 지키지 못했다. 우리는 모기를 싫어하고 실내 화장실을 좋아하고 밤에 특별한 베개를 좋아한다.

"자연은 아이들의 호기심과 기쁨의 영원한 원천이다."

– 레이먼드 무어(RAYMOND MOORE)

하지만 우리는 해변에서 평화로운 저녁을 즐기고 숲속을 산책하고 야외용 테이블 위에 등을 대고 누워 콜로라도 비스타 부에나 너머의 별 관찰을 매우 좋아한다.

이런 경험은 우리에게 그냥 재미있는 취미가 아니다. 그것은 우리 가족 시간을 풍성하게 한다.

리처드 루브는 "자연은 시간을 훔치지 않는다. 시간을 확장한다."라고 썼다.[8]

야외활동을 좋아하는 법 배우기

"내 아이는 자연을 좋아하지 않아요."라고 말하는 엄마들이 있다. 그러면 나는 항상 나도 공감한다고 말한다. 마당과 주차장을 갖춘 버지니아 교외의 북부에 살 때 큰아이가 태어났다. 우리는 아이를 데리고 이웃을 지나 이리저리 거닐었다. 항상 아이를 유모차에 앉혀 두거나 태우고 다녔다. 본의 아니게 아이가 스스로 자연 세계를 탐험할 기회를 거의 주지 않았다.

어떤 점에서 나는 야성+자유의 맘와 정반대였다. 당시 나는 자연에서 시간을 많이 보내지 않는다는 핑계를 우리 생활 환경에서 찾았다. 하지만 사실대로 말하면 자연은 나에게 우선순위가 아니었다. 가끔은 갓 엄마가 되었을 그때로 다시 돌아가고 싶을 때가 있다. 우리에게 가까이 있었던 기회,

주변의 농장과 들판을 잘 활용했다면 어떠했을지 생각하면 후회가 된다.

7년 후 나는 와이어트의 유년기를 되돌려 주고 싶었다. 우리는 아이를 집으로 데려와 홈스쿨링을 시작했다(꼬마 탐험가의 학교라고 불렀다). 뒷마당을 탐험하고 주립공원, 수족관, 박물관에서 자연 탐험을 계속하며 매일 깨어있는 시간을 보냈다. 우리는 자연 일기를 쓰기 시작하고 좋은 책에 매료되었다. 나는 자연 발견을 위해 '이상한 벽'을 만들었다. 큰아이는 무럭무럭 성장했다. 타고난 경이로움을 되찾으면서 결국 아이다운 순수함도 되찾았다. 와이어트에게 물으면 여전히 자기는 자연을 좋아하지 않았고, 더러워지고 더워서 싫었고, 벌레를 혐오했다고 말할 것이다.

나는 해가 질 무렵에 큰아이가 반딧불이를 쫓거나 뒤뜰의 번데기에서 나비가 나오자 신기한 눈으로 지켜보았던 때를 일러 주지 않기로 했다.

아이들의 욕구에 유의하고 관심을 조력하는 일은 아이들의 기분, 감정, 욕구의 보살핌과 현저히 다르다. 아이들이 자연을 다르게 느낄지라도 그들의 마음과 정신 속에 자연에 대한 사랑을 심을 수 있다. 우리의 양육 여행에서 사소한 것까지 아이들의 동의를 구할 필요는 없다. 일부 아이들은 그들을 끝까지 밀어붙이는 우리의 열정을 요구한다. 아이들에게는 자연이 필요하다. 아이들이 자연을 중요하게 여기든 관계없이 우리가 건강한 개인을 양육하는 데 자연이 중요함은 말할 나위가 없다.

야성+자유 맘인 레이철 알즈베리(Rachael Alsbury)는 다루기 힘든 아이들을 밖에서 놀게 할 때 당면하는 어려움을 토로했다. 그녀는 메이슨 병의 조명 벌레, 장시간 생존게임, 돌 차기와 줄넘기 등 구식 게임에 대한 환상이 있었다.

"오히려 내 딸들은 모든 벌레를 보면 비명을 지르고 완벽한 21도의 날씨에 테라스에서 발을 떼지 못하고 통곡했다."라고 그녀는 말했다.

레이철은 바깥 시간의 즐거움을 딸들에게 소개하는 일이 자기 의무라고 생각했다. 그녀는 아이들의 관심을 끄는 수많은 짜릿한 활동과 기구를 이용하여 자신은 물론 아이들을 위한 바깥 놀이를 의도적으로 추진했다.

그녀는 "일 년을 계속한 끝에 드디어 승리했다. 누구든 거의 매일 바깥에서 새 이름을 부르고 무당벌레를 잡고 자유 상상 놀이에 빠진 내 딸을 볼 수 있을 것이다."라고 말했다. 어떻게 그 일을 했느냐고 묻자, 레이철은 하루에 한두 시간씩 야외에 가기로 약속했다고 말했다. 한동안 그녀는 형식적인 교과 학습보다 이 목적을 더 우선했다.

"처음 일 년 동안 우리 홈스쿨링은 대부분 벌레와 더러운 주변 환경이 주는 공포심을 해소하며 보냈다. 우리는 도서관에서 개미, 무당벌레, 꽃, 새, 정원 가꾸기에 관한 책을 읽었다. 예쁜 그림책을 아이들과 함께 읽는 것이 자연의 경이로움을 느끼는 데 도움이 되었다."라고 그녀는 말했다.

레이철은 뒷마당에서 즐길 수 있는 놀이를 찾기 시작했다.

"우리는 진흙투성이 부엌을 새 냄비와 팬으로 단장하고 바람 빠진 자전거 튜브에 공기를 넣었다. 나는 거품, 보도 분필, 벌레 잡는 물건을 넉넉하게 샀다."라고 말했다.

레이철은 자연의 즐거움을 방해하는 과잉 자극을 줄이기 위해 노력했다. 그녀는 다음과 같이 말했다. "느리고 명상적인 야외활동은 휴대용 장치에서 쉬지 않고 뿜어내는 번쩍이는 이미지, 즉각적인 만족과 경쟁하기가 매우 어렵다. 무수히 쏟아져 나오는 장난감과 스크린 타임을 한 시즌만 줄이게 되면 감각을 다시 일깨워 기술의존의 오락에서 벗어나는 데 도움이 될 것이다."

아이들에게 날씨를 긍정적으로 말하는 방법

호세 베르제론[9]

추운 날씨라고 말하려면...
이리 와 현관문 밖을 보렴. 네 숨결을 볼 수 있지? 오늘은 따뜻한 옷을 입어야 할 것 같다.

바람이 부는 날씨라고 말하려면...
바람에 흔들리는 나무가 보이니? 오늘은 연날리기에 더없이 좋은 날이구나.

눈 오는 날씨라고 말하려면...
와우! 저 아름다운 눈송이 좀 봐. 밖으로 나가 혀로 잡을 수 있는지 한번 해보자.

비가 내리는 날씨라고 말하려면...
비는 식물과 동물들을 신나게 만들지. 물웅덩이에서 점프하기에 단연 최고의 날이구나.

흐린 날씨라고 말하려면...
구름이 해님을 가렸네. 오늘은 구름 모양을 관찰하기에 참 좋은 날이 되겠구나.

아이들이 모기, 가려운 풀, 좋지 않은 날씨를 꺼릴지라도 아이들이 야외에서 즐기는 창의적인 방법을 발견하기 위해서 그런 것은 당연히 필요하다.

세 명의 아이를 둔 프랑스계 캐나다인인 호세 베르제론(Josee Bergeron)은 아이들을 자연 속에 내보내는 주제의 블로그를 운영한다. 그녀는 "아이들에게 날씨에 대해 말하는 방식은 야외에서 놀고 싶은 아이들의 관심에 지대한 영향을 준다. 우리가 날씨를 부정적으로 말하여 실내에서 놀게 하는 변명거리로 이용하거나 학습 계획의 훼방꾼으로 비난하게 되면 아이들은 그와 똑같이 하는 것을 배운다. 아이들은 우리를 모방하는 데 정말 천

재다!"라고 썼다.[10]

아이들은 어떤 날씨에도 관계없이 야외에서 놀 수 있다. 가장 큰 방해물은 관심 부족, 더러움 회피, 모험에 대한 무관심이 아니다. 아이들의 자연에 대한 사랑의 가장 큰 장애물은 우리 자신이다.

아이를 자연 탐험가로 기르고 싶으면 우리가 먼저 자연 탐험가가 되어야 한다. 밖으로 나가라. 더러워져라. 경탄의 소리를 외치기 시작하라. 궁금해하고 방황하기 시작하라. 두려워하라. 모험심을 가져라. 우리가 앞장서면 우리가 미처 알기도 전에 아이들이 우리를 앞질러 갈 것을 약속한다.

야외놀이 활동의 적들

아이들은 야외에 있어야 하지만 실제로 경쟁자가 너무 많다. TV와 비디오 게임부터 실내놀이와 동료의 압박까지 우리는 아이들의 삶에서조차 경이로움을 훔치기 위해 스트레스와 과로를 조장하는 문화와 싸워야 한다.

2009년 옥스퍼드 대학 출판사는 **청소년 옥스퍼드** 사전을 수정하여 **왜가리, 까치, 수달, 도토리, 클로버, 담쟁이덩굴, 버드나무, 블랙베리** 등 자연의 용어를 삭제했다. 그 자리에 **블랙베리 상표, 블로그, MP3 플레이어, 음성메일, 브로드밴드**를 넣었다.[11] 사람들은 대부분 결코 알지 못했을 것이다. 일부는 언어란 현재 환경을 반영하여 변해야 한다고 주장할 것이다. 하지만 수정판은 아이들의 현실에 시사하는 점이 많다.

좋은 소식은 도토리, 미나리아재비, 마로니에 열매와 같은 단어가 아이들의 어휘로 만들어질지는 우리가 선택할 수 있게 한 점이다. 더 살펴보자. 옥스퍼드 사전에 홈스쿨 엄마와 관련된 내용은 없다.

그렇긴 하지만 내 아이들이 화면에서 멀어지게 하는 것이 목적이 아니다.

기술은 내 아이들의 미래가 될 가능성이 크다. 바로 그들의 엄마는 지금 온라인 단체를 운영하고 스마트폰으로 소셜 미디어를 관리하고 노트북으로 이 책을 쓰고 있다. 나는 매주 기술을 이용하며 상당한 시간을 보낸다. 나는 나 자신의 건강을 위해 건전한 경계선을 설정해야 하고 어느 날 아이들도 그렇게 할 것이다.

우리의 결점에도 불구하고 현재 우리는 아이들의 안내자이다. 우리는 건전한 습관을 형성하기 위해서 아이들과 최선을 다하고 있다. 아이들은 성숙해 가면서 스스로 건전한 습관을 배울 것이다.

지난 여름 가족 캠프에서 14살이었던 내 아들은 전국에 걸쳐 새 친구를 사귀었다. 주말에 그들은 연락처를 교환했다.

"스마트폰 있니?" 소년이 와이어트에게 물었다.

"아니야." 내 아들은 소심하게 대답했다.

"그래, 인스타그램은?"

"없어." 와이어트는 웃었다.

아이는 최선을 다하고 있었다. "그럼, 무얼 가지고 있니?"

"이메일." 와이어트는 히죽히죽 웃으며 말했다.

"이메일로 보내 줘!"

나는 내 아이들이 실제 세계에서 창조하고 글 쓰고 소통하는 방법을 알아야 한다고 생각한다. 이런 도구를 멀리하면 미래에 도움은커녕 퇴보하게 될 것이다.

하지만 아이들의 부모로서 우리는 여전히 아이들이 얼마나, 어느 정도나 기기를 사용하도록 허용할지 선택의 갈림길에 서 있다. 내 아이들은 스마트폰이 없지만 특정한 날, 특정 시간에 구글 계정으로 친구들과 채팅한다. 그들은 폭력성 비디오 게임을 하지 않으나 여름날 저녁 해가 떨어질 때까지 파도와 부딪치고 모래사장에서 친구들과 축구를 한다. 그들은 무한정 TV

를 보지 않지만 주말 저녁에 가족영화를 시청하고 특별한 시간에는 좋아하는 쇼를 놓치지 않는다.

내 아이들은 친구들과 온라인에 뛰어들어 영화를 보고 좋아하는 비디오 게임을 한다. 하지만 우리가 흥미 있는 활동, 창조적인 노력, 잦은 모험을 하게 되면 TV를 생각할 겨를이 거의 없을 것이다.

지금도 큰아들은 자기 교과서를 쓰고 있다. 둘째 아들은 노트북에서 라이브 액션 영화 제작과 전자 음악으로 자기 프로젝트를 평가하고 있다. 막내아들은 드론을 날리고 그 장면을 비디오로 만드는 방법을 배우고 있다. 6살 난 딸은 디지털 스케치북에 유니콘을 그리는 기술을 숙달하고 있다. 아이들이 이런 기술을 발달시키는 한 가지 이유는 아이들에게 컴퓨터를 사용할 시간을 주기 때문이다.

나는 인터넷의 위험성을 잘 안다. 우리는 인터넷을 편리하게 사용할 가정 방침을 마련해 두었다. 스크린을 이용하는 특정 시간, 식탁에서의 전자기기 금지, 다른 일을 마친 후 사용할 것 등이다. 하지만 나는 매일 그들이 보여주는 창조물에 끊임없이 놀란다. 아이들이 세계와 관계를 맺고 배울 기회를 모두 차단하는 것은 해답이 아니다.

"자연 속을 깊이 들여다보라. 모든 것을 잘 이해하게 될 것이다."

–알버트 아인슈타인(ALBERT EINSTEIN)

피터 그레이는 자신의 저서 **언스쿨링**(Free to Learn)에서 다음과 같이 썼다. "컴퓨터나 TV를 없애는 것은 아이들을 야외로 내보내는 방법이 아니다. 이는 마치 집 안의 책을 모두 버리는 것과 다르지 않다. 이런 것은 모두 배움과 즐거움의 소중한 자료들이다. 오히려 아이들이 성인들의 간섭 없이 야외에서 친구들과 자유롭게 노는 실제적인 기회를 주는 것이 더 확실한 방법이다. 수렵채집 시대의 아이들이 활과 화살이나 뒤지개를 능숙하게 사용할 필요가 있었던 것처럼 오늘날 아이들은 컴퓨터에 능숙할 필요가 있다. 그런 능력을 발달시키기 위해서 아이들에게는 오늘날 중요한 도구인 컴퓨터를 가지고 노는 자유와 기회가 필요하다. 하지만 건강한 발달을 위해서는 역시 집 밖에 있는 야외에서 다른 아이들과 노는 자유와 기회가 필요하다. 핵심어는 강압이 아닌 **자유**와 **기회**다.

장소 기반 교육의 주창자이자 **자연 어린이집과 숲 유치원**(Nature Preschool and Forest Kindergartens)의 저자인 데이비드 소벨(David Sobel)은 "그렇다, 우리는 아이들이 현대 기술사회에 적응하여 살도록 양육해야 한다. 하지만 우리는 아이들에게 우리 지구와 강한 유대감을 형성하여 생태와 기술이 균형을 취하는 방법을 가르쳐야 한다."라고 썼다.[13]

스크린은 적이 아니다. 스크린은 아이들의 미래준비를 돕는 필요한 도구다. 하지만 스크린은 견인력이 매우 강해서 특히 어린 시절의 아이들에 대해서는 관리할 필요가 있다. 우리 가정에서는 기기를 절대 금지하는 것이 아니라 더 매력적인 대안을 마련하는 것으로 해결책을 모색하고 있다.

이는 내 가족이 여름 동안 적어도 일주일에 3일 밤을 해변에서 보내는 이유다. 매년 가을 우리가 가족과 콜로라도에 가는 이유다. 학기 중에 우리 동네의 주립 국립공원에서 자연 탐사 도보여행을 계속하는 이유다. 야성+자유의 가족이 되기 위해서 우리는 익숙한 실내 생활, 기술에 끌려 가는 삶을 파괴하기 위해 끊임없이 노력해야 한다.

아이들을 야외로 내보내려면 우리가 아이를 데리고 밖으로 나가야 한다. 항상 간단하지 않다. 항상 쉬운 일이 아니다. 하지만 항상 가치 있는 일이다.

자연 교실

홈스쿨링의 아름다움은 우리만의 숲 학교나 자연 기반의 학습 환경을 꾸밀 수 있다는 점이다. 결과적으로 자연은 이상적인 교실이다.

조용하고 감각을 자극할 수 있는 다른 곳은 자연 외에 없다. 판단, 비교, 실패의 두려움이 없는 다른 곳은 없다. 상상력에 불꽃을 일으켜 한 번에 우리 모두를 경이감으로 침묵시키는 다른 곳은 없다. 자연은 단연코 지루하지 않으며 단연코 실망하지 않으며 단연코 경이로움으로 우리를 즐겁게 하느라 지치지 않는다. 우리는 노을을 본다. 우리는 개울에서 물을 튀긴다. 잠자기 전에 한 손에 든 반딧불은 경이로움과 만나는 기회를 준다.

자연은 우리가 만난 적 없는 최고의 위대한 스승이지만 오직 호기심 있는 사람만이 배울 것이다.

그렇다면 우리는 어떻게 아이들과 함께 자연에 빠지는 일을 우선할 수 있겠는가? 우리가 어느 곳에 살고 있든 모든 주변에는 숲, 공원, 정원, 개울 등 자연의 장소가 있다. 도시 환경에는 시민공원, 대화 장소가 있거나 하루 동안에 도시를 둘러볼 장소가 있다. 그곳을 찾아라. 그곳을 지도에 그려 넣어라. 아이들을 그곳으로 데려가라. 규칙을 깨고 통계를 무시하는 유년기를 아이들에게 주라. 아이들에게 그들의 미래를 위한 유년기를 주라.

"가능하다면 매일 황무지나 초원, 공원, 공유지, 혹은 해안으로 아이를 데려가라. 아이는 그곳에서 새로운 것을 찾고 조사하여 참된 지식 창고에 저장할 것이다."

– 샬럿 메이슨(CHARLOTTE MASON)

아이를 자연에 빠지게 하는 가장 간단한 방법은 그들과 동행하는 것이다. 뒷마당에서 시작하라. 집에 뒷마당이 없으면 가장 가까운 공원, 개울이나 숲을 찾아 가능할 때마다 같은 장소를 방문하라. 주변 세계를 알 수 있는 시간을 내라. 감각이 살아나면 사물에 관심을 보이기 시작할 것이다. 새가 짹짹거린다. 개구리가 개골개골 노래한다. 햇빛이 황금 검처럼 나무 사이를 뚫고 지나간다. 스컹크 냄새, 벌에 쏘인 자국, 혹은 펄럭이는 벌새의 날개.

자연 속의 시간은 자연 연구로 변하고 우리가 알기도 전에 교육의 한 부분이 된다. 하지만 이런 연습은 작은 것에서부터 시작한다는 점을 알아두라. 그것은 야외로 나가는 것에서 시작한다. 샬럿 메이슨은 "관찰력이 있는 아이는 관찰할 가치가 있는 사물의 방해를 받아야 한다."라고 썼다.

자연 일기 쓰기

자연 일기는 자연에 관한 호기심을 촉진하여 우리 지식을 심화한다. 샬럿 메이슨이 엄마와 아이들에게 똑같이 자연 일기를 권장하는 이유다. 메이슨은 "고도의 정신 훈련을 받은 자연주의자 아이가 주의력, 식별력, 끈질긴 탐구심 등 어떤 연구나 부름에도 열중하는 점을 생각하라. 아이가 성장을 거듭하면서 태양 아래 그에게 불가능한 것이 무엇이 있겠는가?"라고 썼다.[14] 이는 존 뮤어 로(John Muir Law)가 자연 일기는 "관찰, 기억, 자연과 관계를 강화하는 가장 강력하고 유일한 도구이다."라고 쓴 이유이다.[15] 우리가 지난 5년간 야성+자유의 월간 콘텐츠 번들마다 자연 일기의 사용 지침서를 제공한 이유이다.

자연 일기는 요란하게 쓸 필요 없다. 시작 단계에서 예술적 능력, 멋진 펜이나 비싼 일기장이 필요하지 않다. 우리에게 필요한 것은 충만한 호기심, 연필, 공책이다. 자연 일기, 실습 지침, 무엇이든 좋을 대로 불러라. 하지만 현장에 가서 숲속을 걷고 개울 옆에 앉아라. 듣고 관찰하고 본 것을 스케치하라. 날짜, 시간, 위치를 기록하라. 목록, 인용을 포함하고 좋아한다면 페이지를 꽃으로 장식하라. 야외에서 관찰한 것으로 채워라. 종종 자연 일기를 쓰는 습관은 아이들의 자연에 대한 사랑을 키워 준다.

살아있는 교육과정

자연은 주말 캠핑이나 아빠가 쉬는 날 떠나는 휴가가 아니라 살아있는 교육과정의 한 부분이다. 자연은 교육과정이다.

야성+자유 맘인 그레타 에스크리지(Greta Eskridge)는 "나는 결코 우리 자연의 날을 낭비로 생각한 적이 없다. 그런 사고방식은 항상 중요했다."라고 말했다.

자연 세계와의 연결에 열중하는 아이들이 보고 싶으면 항상 우리 생각이 아닌 아이들의 생각이 되어야 한다. 즉 우리는 탐험 시간과 기회를 제공하는 환경을 구축해야 한다. 우리는 기대하지 말고 본을 보여야 한다.

매년 봄이 되면 몇 주 동안 정원은 우리 교실이 된다. 작년에 내 딸 밀리는 나와 흙밭에 들어갈 시간을 기다릴 수 없었다. 우리는 정원의 모든 것이 어디에 있어야 할지 함께 계획했다. 그리고 여러 가지 씨앗을 심는 방법에 관한 책을 읽었다. 밀리는 식물의 느슨한 뿌리를 절묘하게 균형을 맞추고 구덩이를 깊게 파는 방법, 줄을 맞춰 뿌릴 씨앗, 간격을 두고 떨어뜨릴 씨앗의 종류를 알아냈다.

밀리는 밀크위드, 골든로드, 블루보넷, 로즈마리, 해바라기 등 야생화의 이름을 배웠다. 박하, 로즈마리, 바질의 낯익은 향기를 묘목 상자에서 찾았다. 오이씨를 떨어뜨리고 작은 구덩이에 당근 씨를 심고 흙으로 덮으며 다섯까지 세는 법을 배웠다. 하지만 밀리에게 가장 중요한 것은 우리 집의 뒤뜰 세계에서 경이로움을 발견하고 대지와 의미 있는 관계를 형성하고 엄마와 일하는 목적달성이었다.

내가 밀리의 참여를 골칫거리로 보았다면 어떻게 되었을까? 밀리가 우연히 줄기를 부러뜨리거나 밭고랑에 너무 많은 완두콩 씨앗을 심었을 때 꾸중했다면 어떻게 되었을까? 밀리가 벌레에 정신이 팔렸을 때 모른 체하고나 혼자 하려고 했다면 어떻게 되었을까? 만약 그렇다면? 벤자민 프랭클린(Benjamin Franklin)은 "말하면 잊는다. 가르치면 기억한다. 참여하면 배운다."라고 말했다.

자연에서 얻는 경험이 모두 교육에 관한 것일 필요는 없다. 하지만 교육은 경험을 통해서 나온다. 그래서 우리는 그것을 한 가지 추가 주제나 허드렛일로 보지 않고 아이들이 느긋한 마음으로 자연에서 기쁨을 발견하게 한다. 보수주의자인 안나 보츠포드 컴스탁(Anna Botsford Comstock)은 자신의 **자연 연구 핸드북**(Handbook of nature Study)에서 "자연 학습 때문에 아이들이 자연과 야외놀이를 꺼려하면 중단해야 한다. 자연을 가까이 만드는 대신 자연을 멀리하게 만들어 아이에게 영원한 상처를 남기지 마라."라고 촉구했다.[16]

자연과 홈스쿨링의 통합

우리는 큰 생각보다 작은 생각으로 자연과 홈스쿨링을 통합할 수 있다. 자연을 단순하게 받아들여 집 가까이 두어라. 자연은 할머니 댁이나 평생 한 번 그랜드 캐니언에 가는 동안 차창 밖에 보이는 광경이 아니라는 점을 아이들에게 증명하라.

아침에 창문을 활짝 열고 새들의 노래를 들으라. 봄비가 내리는 동안이나 내린 후 산책에 나서라. 웅덩이에서 점프하고 벌레를 구하고 빗방울을 잡아라. 인근 공원에서 한 무리의 나무를 지목하여 부러진 가지로 야생의 요새를 지으라. 샛길 틈에서 이제 막 나오는 민들레를 찾아라.

책을 안고 밖으로 나가라. 책상을 버리고 나무에 오르라. 친구들과 함께 하이킹으로 하루를 보내라. 개울로 달려가서 물의 흐름을 배우라. 더 이상으로 청소년 옥스퍼드 사전에 수록되지 않은 것들의 이름을 배우라. 우리와 우리 아이들을 위한 '야생의 삶'을 가꾸라.

정원에 식물을 심고 뒤뜰에서 자라는 모습을 관찰하라. 숲속을 걸으며 동물의 흔적을 찾아라. 암석, 들꽃, 곤충채집을 시작하라. 군주 애벌레를 기르고 우리 눈앞에서 나비로 변할 때까지 밀크위드를 먹이로 주어라. 창문 앞에 쌍안경, 노트북, 조류도감을 갖춘 탐조대를 만들라.

관리인이 우리를 한두 번이 아니라 충분히 신뢰하여 커튼을 젖히고 좋은 것을 보여줄 때까지 지역의 자연센터를 방문하라. 유선방송을 취소하고 그 돈으로 지역 동물원, 수족관, 식물원 회원권을 구매하라. 야성+자유에 가입하여 매달 가장 가까운 지점에서 만나라.

비밀 수영장을 찾아라. 뒤뜰에 나무로 만든 집을 지으라. 가족용 자전거를 마련하여 발길이 뜸한 길로 식구들과 달려라. 집 안으로 자연을 들이라. 자연을 전시하고 연구하고 예술 작품을 만들고 친구들에게 메일로 보내라. 공원의 쓰레기를 청소하라.

신발을 벗고 들판을 달려라. 장화를 신고 개울을 건너라. 내 친구 레아 보덴처럼 매일 아침 자연 산책을 하고 홈스쿨링을 시작하라. 내 친구 레이철 알즈베리처럼 뒤뜰에 진흙 부엌을 만들고 아이들이 파이를 만들게 하라.

"진흙은 세상에서 가장 시적인 것이다."

– R. H. 블라이스(R. H. Blyth)

그레타 에스크리지(Greta Eskridge)처럼 자연에 관한 책을 읽거나 크리스틴 로저스(Kristin Rogers)처럼 자연 일기를 써라. 파차 호나데이(Pacha Hornaday)와 같은 대지미술과 카트린 반 듀렌(Katrien van Deuren)과 같은 자연 공예품을 만들라.

이따금 거금을 써라. 디즈니 휴가를 취소하고 숲속 오두막을 빌려라. 내 친구 폴라 카지아노처럼 서핑하거나 나오미 오반도와 같은 국립공원을 방문하라.

하지만 무엇을 하든 자연을 위한 시간을 내라. 주중 일정에 넣어라. '중요한 일' 다음에 하는 일, 후 순위의 일이 되지 않게 하라. 그것은 유일하게 중요한 일이다. 루브가 쓴 것처럼 자연 속에 있게 되면 아이들은 "학교는 부드러운 감옥이 아니라 더 넓은 세계로 통하는 통로여야 한다는 것을 깨닫게 된다."

아이들이 루브가 말하는 특별한 장소에서 특별히 시간을 많이 보내게 하라.[17] 그곳은 숲속의 나무집, 우리가 좋아하는 해변의 비밀장소, 뒤뜰의 한 무리 덤불, 요정들이 놀기 위해 튀어나오는 바로 그 정원이나 우리 집 뒤의 언덕에 솟아있는 거대한 바위일 수 있다. 평생 기억에 남을 자연과 만남은 바로 이런 것들이다.

존경하는 엄마여, 사회가 우리 아이의 교육에 무엇이 좋은지 말하게 하지 마라. 스스로 결정하라. 그러면 야생의 평화가 우리가 속했던 바로 그곳으로 돌아오라고 우리를 부를 것이다.

18 이야기의 힘

"책이 더 좋다."라고 프린트된 티셔츠를 입는 사람이 더 많아졌으면 좋겠다. 책은 항상 더 좋다. 책장을 넘기는 촉감이 주는 느낌뿐 아니라 책이 우리에게 주는 지적, 정서적, 영적 경험. 책은 내가 좋아하는 선물이다. 내가 좋아하는 야간 데이트 장소는 서재다. 모든 책을 구매하려는 건 아니지만 내 아마존 카트에는 수천 권의 책이 들어 있다. 하지만 거기에 책이 있는 것만으로도 카타르시스를 느낀다.

당신이 우리 집을 방문하면 우리 가족이 소중히 여기는 것을 한눈에 볼 수 있을 것이다. 우리는 여행과 집 밖의 경험에 관심이 있기에 벽면 장식물은 많이 볼 수 없을 것이다. 우리는 식탁에 둘러앉은 시간보다 난로 주변에 둘러앉은 시간을 더 좋아하기 때문에 많은 주방 도구를 찾기 어려울 것이다. 내 손님들은 우리 집을 방문하면 항상 좋은 스테이크 나이프나 냄비가 부족한 점을 불평한다. 나는 한때 오븐이 망가진 채 일 년간 생활한 적이 있다. 집에서 토스트 오븐으로 닭 굽기부터 피자 만들기까지 모든 요리를 했다.

하지만 누구나 발견하는 한 가지는 책이다. 많고 많은 책. 거실의 가구 주변에 둥지를 틀고 책을 쓰고, 원고에 밑줄을 긋고 아이디어 영화 버전을 스토리보드로 만들고 있는 내 아이들을 볼 것이다.

내 셋째 아들 코디는 아직 읽고 쓰기도 못하지만 반복해서 읽어 달라고 애원하는 책 모음이 있다. 최근 그는 자기만의 짧은 이야기를 공들여 지어서 나에게 그것을 쓰라고 명령했다. 사실 며칠 전에 그는 '아직 글을 읽지 못하는 아이들이 이야기를 들을 수 있도록' 책 뒤에 각각 부착한 DVD를 가지고 싶다고 말했다.

무엇보다 당신은 우리 집의 왕관 보석을 볼 수 있을 것이다. 거실 코너에 위치한 웅장하고 아늑한 책방. 책이 마루에서 천장까지 주제별로 가지런히 정돈되고 빛 조절이 가능하며 한가운데에 편안한 소파가 놓여 있는 책방. 오는 손님마다 책을 샅샅이 뒤져 수 시간 책방에 앉아서 좋아하는 책을 읽는다.

책은 우리 가족문화의 중심이다. 우리 아이들이 작가가 되지 않으면 적어도 독서광이 될 것이다. 어느 쪽이든지 그들은 유년기의 기억이 뒤섞인 모험, 신비하고 환상적인 이야기에서 떠나지 않을 것이다.

책이 우리 홈스쿨 생활의 중심을 차지하는 데는 의미가 있다. 내가 홈스쿨러로서 무엇을 해야 할지 정확히 알기 전 나는 아이들을 거실이나 식탁에 불러 모아 엄마표 스낵을 준비하거나 뜨거운 홍차를 마시면서 책을 읽었다.

내가 꽤 많은 책을 낭독해서 아이들은 결코 엄마의 목소리와 로라 잉걸스 와일더(Laura Ingalls Wilder)나 모비딕에 나오는 이스마엘(Ishmael)의 목소리를 구분하지 못할 것이다. 아이 아빠는 매일 밤 아이들이 잠자리에 들기 전에 인물의 특징이 드러나는 아일랜드나 영국식 악센트를 고집하면서 호빗을 읽었다. 기네스북 세계기록감이다.

이야기의 힘은 아이가 처음 듣는 순간의 느낌을 훨씬 뛰어넘는다. 이야기는 아이의 마음과 정신에 깃든 상상력과 스토리텔링의 창의적 과정을 자극한다.

사라 클락슨(Sarah Clarkson)은 다음과 같이 썼다. "모든 아이의 고전을 생각해 보라. 고전을 읽는 아이들의 마음에는 수많은 버전이 있을 수 있으며 그중 어느 것도 전혀 같은 것은 없다는 사실을 발견할 수 있다. 아이의 상상력은 각각 독특하며 자기가 읽은 단어에 알맞은 새로운 이미지를 창조한다. 이는 이야기를 읽으면 아이의 마음에서 새로운 이미지가 빠르게 자라는 이유이다. 모든 책을 읽을 때마다 그런 내면의 상상력이 차곡차곡 쌓여 가기 때문에 탁월한 어린 독서가는 자기만의 독특한 풍경과 사람, 나무와 요정, 성과 산으로 가득 찬 마음을 갖게 된다."[1]

독서에서 나오는 이 모든 것은 독서에 대한 사랑이 아닌 학습에 대한 사랑이다. 사라 매켄지는 자신의 저서 **낭독하는 가족**(The read-Aloud Family)에서 "아이가 진리를 알길 원하면 진리를 말하라. 아이가 진리를 사랑하길 원하면 이야기를 들려주라."라고 말했다.[2]

이야기는 우리 마음과 정신의 틈바구니에 깊이 박혀 평생 우리와 동행하는 현명한 오랜 친구처럼 세월이 흘러도 변하지 않고 교훈을 전달한다. 위대한 이야기보다 지식을 전달하는 데 더 좋은 도구는 없다.

그런데도 나는 집에서 아이들에게 책을 읽히는 어려움을 이해한다. 우리는 지치고 힘이 빠진다. 아이들은 가만히 앉아있을 수 없다. 시간도 없다. 홈시어터 시스템은 상대하기 어려운 적수다. 많은 홈스쿨러들은 독서를 수학과 과학 공부만큼 중요하게 여기지 않는다.

독서는 체육이나 가정경제와 동등한 '가벼운 교과'로 생각하며 항상 엄연한 사실이나 진보를 평가할 방법을 제공하지 않는다. 도서관 경연대회에서 얻은 독서는 기껏해야 추가 점수로 간주한다. 하지만 증거는 결과에 있다.

나에게 사실을 가르쳐라, 그러면 나는 아마 내일이면 잊을 것이다.

나에게 이야기하라, 그러면 나는 영원히 기억할 것이다.

살아있는 책의 교육과정 구성

홈스쿨러로서 우리는 아이 교육에 교과가 아닌 실제적인 책을 사용할 수 있는 특권이 있다. 교과서는 교실에서 제한된 시간에 가르치도록 구성된 간결한 간접적인 이야기이다. 교과서는 학습 욕구를 자극하는 대신 기껏 정보를 전달하는 현대적인 편의성을 위해 만들어진 것이다.

대부분 교과에서 교과서는 사고를 가공한 음식물과 같다.

자신의 저서 **교육의 종말**(The end of education)에서 닐 포스트만(Neil Postman)은, 교과서는 "교조주의와 하찮은 배움을 고취하는 도구, 교육의 적이다."라고 썼다.[3]

반대로 살아있는 책은 인물의 삶과 이야기 줄거리를 통해 세세하게 표현된 진실을 실시간으로 말한다. 살아있는 책은 우리에게 특별한 주제를 가르치는 한편 다양한 층의 의미로 감정을 만지고 상상력을 자극한다. 또한 과학과 역사와 같은 그런 주제를 즉각 삶의 맥락으로 가져와 적용하게 한다.

샬럿 메이슨은 **살아있는 책**이라는 용어를 처음 사용하여 자기 교육철학의 한 부분으로 삼았다. 샬럿은 다른 것은 모두 '허튼소리'로 간주했다. 그녀는 "자기교육은 실제 책, 이야기, 직접 경험, 관찰을 이용하며 평생 지속하는 만족스럽고 보람이 있는 과정."이라고 썼다.

샬럿 메이슨의 가정 교육자인 레아 보든(Leah Boden)은 살아있는 책은 "이야기를 통해 아이들을 매료시키고 독자와 지속적인 관계를 유지하는 우정의 손길을 건네 아이들의 사고와 사상에 영향을 준다."라고 기술했다.

우리가 살아있는 책으로 아이를 가르칠 수 있다면 홈스쿨링은 획기적인 혁명을 맞게 될 것이다. 당신에게는 교과서가 필요 없다. 이는 매우 쉬운 선택이며 모든 기초를 총합한 범주다. 아이들은 사실의 암기나 시험 통과용으로 교과서를 사용할 수 있다. 하지만 문학이 풍성한 교육은 모든 경험을 망라한 교육과정을 통해 배움을 삶 속으로 가져온다.

내 친구 레아 버그(Rea Berg)는 살아있는 책을 이용하여 열정적으로 역사를 가르친다. 그녀는 "고대 이후 역사는 사실상 문학을 통해 가르쳐 왔으나 바로 지난 세기쯤 이 생명력이 넘치는 주제는 여기저기 널린 교과서와 인간의 결탁으로 강탈당했다."라고 썼다.

아이들에게 자연적이고 살아있는 교육을 원한다면 아이들에게 자양분이 응축된 사고의 음식물을 제공해야 한다. 아이들에게 풍부한 문학의 유산을 물려주어 평생 학습자의 열정을 길러라. 살아있는 책이 유일한 방법이다.

작가이며 교육자인 짐 트렐리즈(Jim Trelease)는 "그래서 우리는 어떻게 마음을 교육해야 하는가?"라고 묻는다. 그는 계속해서 다음과 같이 말했다. "실제적인 최선책이 있다. 문학이라는 삶의 경험과 삶의 경험에 관한 이야기. 전통적으로 위대한 설교자이며 교사인 이솝, 소크라테스, 공자, 모세, 예수는 마음과 정신 두 가지를 모두 교육할 수업 계획을 세우기 위해서 이야기를 이용했다."[4]

살아있는 책을 학습의 틀로 사용하면 교과서, 연습문제집, 형식 교육과 정조차도 필요 없다. 물론 시작 단계에서 포괄적인 프로그램을 사용해도 문제는 없다. 초심자 엄마는 종종 연구보다 발품팔기를 좋아한다. 하지만 모든 것은 단순한 안내에 불과하다는 점을 기억하라. 모든 것을 다 하는 것은 요구하지도 필요하지도 않다. 조금만 시간을 내서 연구하면 우리 자신만의 교수요목을 손쉽게 만들 수 있다.

살아있는 책은 종종 고전이지만 반드시 그것에 한정하지 않는다. 몇 가지 살아있는 책의 예를 들어보면 **블랙 뷰티**(Black Beauty), **대초원의 작은 집**(Little House on the Prairie), **톰 소여의 모험**, **빨강 머리 앤**, **나니아 연대기**, 그 밖에 **피글위글 아줌마의 말썽쟁이 길들이기**(Mrs. Piggle-Wiggle) 등이 있다.

살아있는 책을 구성하는 내용이 무엇인지 어떻게 알 수 있는가?

아이의 마음을 위한 꿀단지(Honey for a Child's Heart)의 저자인 글래디스 M 헌트(Gladys M. Hunt)는 "경이로움을 깨닫게 하는 이야기, 웃음을 터뜨리는 이야기, 진정한 용기, 사랑, 아름다움의 특성을 이해하고 사람의 마음을 휘젓는 이야기, 고도의 모험, 대담함, 단호한 결심, 끝내 위험을 이겨 내는 능력으로 사람들을 얼얼하게 만드는 이야기, 무릎을 꿇고 경의를 표하고 싶은 이야기, 즉 진정한 자비심, 강한 충성심, 선에 대한 확실한 존중감을 보여주는 이야기"가 살아있는 책의 내용이 되어야 한다고 말했다.[5]

"그리고 우리에게는 항상 책이 있다. 아이들에게 소개하고 싶은 모든 주제에 통달한 사상가들의 마음에서 나온 신선한 아이디어로 가득찬 책이 있다."

– 샬럿 메이슨(CHARLOTTE MASON)

거의 모든 주제를 포괄하는 살아있는 책들이 있다는 사실은 좋은 소식이다. 역사와 과학에서부터 지리와 수학까지. 인터넷으로 검색하면 거의 모든 주제, 장르, 시대별로 정리된 살아있는 수많은 책 목록을 금방 찾을 수 있다.

나는 오직 살아있는 책에만 의존할 때 일어날 수 있는 위험성을 안다. 우리는 여전히 아이들의 교육을 통제해야 한다는 부담이 있다. 하지만 어떤 아이를 원하는가? 떨떠름하게 정보를 암기하고 빨리 학교가 끝나기만 기다리는 아이, 혹은 배움과 사랑에 빠져 언제 학교가 끝나고 언제 인생이 시작되는지도 모르는 아이?

짐 트렐리즈가 **하루 15분 책 읽어주기의 힘**(The Read–Aloud Handbook)에서 말한 것처럼, "아이들에게 사랑하고 욕망하도록 가르치는 것은 아이들을 배우게 만드는 것보다 항상 더 중요할 것이다."

우리가 홈스쿨링 경험의 한 부분으로 북클럽을 여는 것은 이런 이유 때문이다. 우리는 고전 읽기뿐 아니라 친구들과 이야기를 나누고 느낀 감동의 되새김질을 원한다. 우리는 마 일겔스(Ma Ingalls)처럼 버터를 마구 휘젓고 톰 소여(Tom Sawyer)처럼 울타리를 희게 칠하고, 앤 셜리(Anne Shirley)처럼 교대로 시 낭송하기를 원한다.

우리가 매일 오후 거실에 옹기종기 모여 팝콘을 만들고 그린 엠버(Green Ember) 시리즈인 **반지의 제왕**, **스위스 가족 로빈슨**과 리틀 브릿치드(Little Britched) 시리즈를 읽는 것은 이런 이유 때문이다.

이는 결코 학습중단이 아니다. 수업 방해가 아니다. 학습을 중단하고 방해하는 것은 학교다.

우리가 과학, 역사, 지리, 미술, 종종 수학에서도 문학을 활용하는 것은 이런 이유 때문이다, 그렇다고 우리가 피타고라스 정리를 적용하고 구구단을 외우거나 뒤뜰에서 아르키메데스의 지렛대를 만들지 않는다는 것이 아니다. 하지만 살아있는 책은 우리가 이런 학문을 유의미하고 기억할 수 있는 이야기 맥락에 적용할 수 있게 한다.

문학은 결국 우리 배움의 든든한 지원군이다.

문학 속에 담긴 언어기술

위대한 고전 읽기만큼 언어기술을 더 잘 가르치는 방법은 없다. 우리는 탁월한 작가의 글을 읽고 더 좋은 작가가 될 수 있다. 우리는 인쇄된 글자를 보며 철자를 교정할 수 있다. 우리는 새로운 단어를 접하며 어휘를 늘릴 수 있다. 발음, 문장구조, 문법도 마찬가지다. 우리 아이들이 읽는 책의 종류는 글쓰기 방법을 결정한다.

'용감한 작가(Brave Writer)'의 설립자인 줄리 보가트는 아이의 교육에서 형식 문법과 언어기술은 고등학교의 적용 단계에 들어가기 전에 초등학교에서 한 번, 중학교에서 한 번, 총 두 번만 가르칠 것을 추천한다. 결국에는 우리에게 맞는 스타일을 발견하겠지만 주요 교수 도구인 문학의 힘을 결코 과소평가해서는 안 된다.

내가 홈스쿨링 초기에 시작한 한 가지 방법에는 '아침 일기 쓰기'가 있었다. 이처럼 처음 시작하는 글쓰기 연습에서는 아이들이 점수나 평가 없이 말하고 싶은 것을 자유롭게 표현하도록 장려한다. 물론 목적은 아이들이 글을 쓰게 하는 데 있다.

처음에는 종종 글쓰기 길잡이를 제공했다. 아이들은 어떤 때에는 창의적이나 다른 때에는 실용적이었다. 하지만 항상 자발적이었고 흥분을 가라앉히는 듯했다. 무엇을 써야 할지 질문도 없었고 쓴 글도 보여주지 않았다.

때때로 아이들은 주제가 생각나지 않는다고 말하며 과제와 씨름했다. 하지만 그들을 바라보는 빈칸과 엄마의 부드러운 격려로 그들은 항상 무엇을 써야 할지 알았다.

그들은 썼다. 지난 8년 동안 아이들은 자신들의 삶, 길거리 여행, 부모에 대한 불평, 창작시, 마인크래프트 게임상에서 건설한 세계에 대한 상세한 이야기, 셰익스피어를 싫어하는 이유, 그리고 당신이 상상하는 모든 것을 설명하며 쪽마다 빈틈없이 글로 채워 나갔다.

우리는 또한 '필사'를 시작했다. 시나 고전의 문장을 베끼면서 내 아이들은 단어가 구성되는 방법뿐 아니라 연필 끝에서 일어나는 느낌을 알았다. 모든 기술 수준에 도달하려는 야심 찬 작가들은 글쓰기 기술을 향상하기 위해 이런 연습을 이용한다. 철자법 향상은 말할 나위가 없다.

우리는 가치 있는 산문과 시 구절의 필사와 '내레이션 기술'을 동시에 연습했다. 아이들이 이야기, 구절, 혹은 책의 의미를 요약하게 되면 살아있는 책을 통해서 얻은 '마음의 양식'을 소화한다. 우리는 결코 아이들이 되돌려 줄 때까지 실제로 아이들이 무엇을 배웠는지 알지 못한다.

우리 홈스쿨에서 이런 연습을 시작할 자원은 무궁무진하다. 가장 좋은 점은 네다섯 살 정도의 어린아이일지라도 이야기, 우화, 과학 경험을 바꾸어 말할 수 있다는 것이다.

조디 모카비는 네레이션을 홈스쿨 리듬과 통합했다. 하지만 한 걸음 더 나아가 아이들이 자기만의 수업 책(lesson book)을 만들게 했다. 조디는 다음과 같이 말했다. "나는 학생들이 주요 수업 책을 통해 자기 교육과정을 만드는 발도르프 철학에서 이것을 빌려왔다. 수업 책은 교사와 공유하는 이야기를 아이들이 이야기와 삽화로 기록하도록 설계되었다."

조디는 아이들이 낭독을 듣고 무엇을 그릴지 결정하는 동안 책 구절을 소리 내서 읽기 시작한다. 아이들이 일단 주제를 선택하면 모방할 예술성이 높은 삽화를 발견한다. 조디는 아이들과 크기, 비율, 다른 세부 내용의 개선작업을 한다.

아이들이 삽화 작업을 마치면 컴퓨터 앞에 모여서 방금 들었던 내용을 이야기한다. 아이들이 이야기의 세부 내용을 설명하는 동안 조디는 타이핑을 하며 아이들의 글을 교정한다. 네레이션의 타이핑이 끝나면 아이들에게 출력물을 나눠 주고 알맞은 철자법을 사용하여 삽화 종이에 이야기를 옮기게 한다. 조디는 아이들의 네레이션을 문서 형태로 만드는 이런 연습을 '메모 책 만들기'라고 부른다.

"메모 책 만들기는 아이들에게 부지런하고 힘든 일은 보람 있고 유익한 방식으로 보상받는다는 점을 가르치는 소중한 활동이다. 우리는 아이들이 배운 것을 기록하면서 얻은 아름다운 삽화와 이야기 폴더를 책장에 잘 정돈해 두고 있다."라고 조디는 말했다.

네레이션은 구어나 문어가 아닌 다양한 형태로 만들 수 있다. 그림, 극화, 자연스러운 대화로 꾸밀 수 있다. 훗날 아이들의 글쓰기에 필요하게 될 도구를 제공하는 내레이션 연습은 좋은 활동이 틀림없지만 모든 독서 경험을 형식적인 이야기 배출구로 삼지 않도록 유의해야 한다. 우리는 책에 대한 아이의 사랑을 죽이는 것을 바라지 않는다. 많은 부분은 아이에게 개인적인 것이 되게 하라. 어떤 것은 마법에 맡겨라.

수잔 와이즈 바우어는 "아이에게 읽어 주라, 필요한 곳을 설명하고 중요하게 보이는 것은 토의하라. 하지만 모든 교재를 강의의 기회로 삼지 마라, 그렇지 않으면 아이의 관심을 잃게 된다."라고 말했다.

다른 교육과 마찬가지로 아이들이 배우는 것은 그들만의 시간에 그것을 처리할 때 일상생활에 스며들 것이다. 우리가 살아있는 학습의 라이프스타일에 집중할 때 삶은 결코 끝이 없는 이야기가 될 것이다.

소리 내어 읽기

소리 내어 읽기(낭독)는 유년기를 괴롭히는 모든 것을 치료하는 만병통치약이다. 형제나 친구 사이에서 외로워하거나 소외감을 느끼는 아이들에게, 번갈아 가며 책을 읽는 낭독은 유대감을 경험하게 한다. 이야기는 풀죽은 아이들의 근심과 걱정을 씻겨 주어 평온하고도 집중할 수 있는 시간을 준다. 어려운 시기를 겪으며 배우기 힘든 아이들에게 낭독은 풍부한 지식과 선함으로 마음을 채우는 자연스러운 문학교육을 선물한다. 아이들에게 "문학은 성인의 삶을 시작하기 전에 삶이 무엇인지에 대해 생각하게 한다."라고 수잔 셰퍼 매콜리는 썼다.[6]

책을 몹시 싫어하는 아이들에게 낭독은 스스로 열심히 노력하지 않아도 문학적 이익을 얻게 한다. 그들은 뒤에 앉아서 이야기를 듣고 열정적인 독자들이 얻을 수 있는 보람을 똑같이 즐길 수 있다.

아직 스스로 글을 읽을 수 없는 아이들에게도 마찬가지의 이익을 준다. 청각장애, 필기 장애, 난독증, ADHD 등과 같은 발달상 장애는 아이들에게 심각한 어려움을 가져온다. 하지만 낭독을 통해서 유년기를 문학에 젖게 할 수 있다. 장애아들의 능력이 또래를 따라가기 힘들다면 풍부한 이야기 경험을 놓칠 필요가 없다.

어린아이들에게 낭독은 책에 대한 깊은 사랑을 촉진하여 미래의 독서가로 성장하는 기틀을 마련한다. 짐 트렐리즈는 "성공적인 독서에서 요구되는 궁극적인 지식의 형성 과정에서 가장 중요하고 유일한 것은 낭독이다."라고 주장했다.[7]

아동 트렌드 연구소(Child Trend)에 의하면 아이들에게 책을 읽어 주면 글을 읽을 수 있기 훨씬 전부터 문해력과 언어 인식력이 발달한다고 한다. "언어발달은 모든 학습의 기초이기 때문에 어릴 때 발달한 능력은 훗날 학교 무대에서 성공하는 데 큰 힘이 될 수 있다."

이런 능력이 부족한 아이들은 학교에서 뒤떨어져서 낙오될 가능성이 더 클 것이다.

선진국의 14~15세 아이들을 대상으로 조사한 한 국제 연구에 따르면 부모가 초등학교 1학년 동안 정기적으로 책을 읽어 준 학생은 독해력 평가에서 평균 14점이 더 높은 결과가 나타났다. 더욱이 가정에서 낭독 경험을 한 아이들은 풍부한 어휘력, 높은 음운체계, 자모음 이름, 소리 인식력을 가지고 있으며 단어 해독력에서 더 좋은 결과를 나타냈다.[8]

하지만 낭독의 성공 사례는 과학 이상이다. 가족들과 책을 읽은 가정에서 성장한 아이들의 말을 들어보라. 내 친구이자 야성+자유 맘인 다니엘 존스(Danielle Jones)는 홈스쿨링을 하며 경험한 가족의 낭독을 애틋하게 기억한다.

"아이들과 좋은 책을 읽어라. 그것은 우리 문화가 경험한 가장 흥미롭고 창의적인 사람들을 아이들과 연결하는 마법의 문이다."

– 수잔 셰퍼 매콜리 (SUSAN SCHAEFFER MACAULAY)

다니엘은 다음과 같이 썼다. "홈스쿨링 학생으로서 내 어린 시절의 소중한 보물 중 하나는 엄마가 점심 식사 후 형제들과 나에게 책을 읽어 준 기억이다. 엄마는 따뜻한 차 한 잔을 따라 주곤 했다. 우리는 소파에 자리를 잡았다. 나는 마치 주인공이 된 것처럼 엄마 목소리의 힘에 따라 마치 다른 시간과 장소에 있는 느낌이 들었다. 그래서 내가 좋아하는 주인공에게 다음에 무슨 일이 일어날지 알고 싶어 조바심이 났다."

다니엘 이야기 중 가장 중요한 부분은 엄마가 아이들이 자라서 충분히 혼자 책을 읽을 수 있는데도 낭독을 중단하지 않았던 점이다. "엄마와 나의 관계는 단순히 소리 내어 읽는 것으로 더욱 발전하고 돈독하게 되었다. 일상적인 낭독은 내가 항상 기대했던 시간이었다. 낭독은 초등학교 때에서 10대까지 우리 관계를 고스란히 유지하여 소통을 지속할 수 있게 했다. 관건은 지속성이다. 낭독은 우리가 집에 있을 때 항상 내가 기대할 수 있는 그날의 버팀목 역할을 했다."라고 말했다.

낭독은 10대를 위한 영혼의 치료제다. 우리는 아이들의 마음속에서 일어나는 일을 알 수 없다. 아이들의 감정을 명확하게 알 수도 없다. 하지만 우리가 함께 모여 좋은 책을 읽으면 우리 가족은 다시 하나가 된다.

다니엘은 다음과 같이 말했다. "낭독은 다양한 책을 통해 깊은 사고를 자극하는 토론장을 조성한다. **샬롯의 거미줄**(Charlotte's Web)이 제공하는 신실한 친구가 되는 대화에서부터 **지킬 박사와 하이드 씨의 이상한 사건**이 보여주는 선과 악의 특성에 이르기까지 낭독은 중요한 문제에 관한 이야기 플랫폼을 제공한다."

낭독은 단순히 아이들에게 고전 이야기를 하는 그 이상이다. 낭독은 아이들에게 책에 대한 사랑을 심어 주고 의미 있는 관계를 형성하여 문해력을 증진한다.

망설이는 독자에게 영감 주기

망설이는 독자라면 용기를 내라. 목적은 아이들이 독서를 좋아하게 만드는 것이 아닌 이야기와 사랑에 빠지게 하는 데 있다. 교재 자체는 영향력이 없다. 오히려 이야기의 영향력이 더 크다. 책은 선량함의 보물창고, 언어의 찬양, 이야기의 수호자이다. 하지만 보물은 목적이 아닌 방법이다. 우리는 이야기가 구어의 전통에서 시작한다는 사실을 잊어서는 안 된다. 모든 책이 사라지면 이야기만 남을 것이다.

우리는 아이들이 독서를 사랑하길 희망하면서 그 과정은 각자의 시간에서 펼쳐지게 해야 한다. 그동안 주저하는 독자들에게 이야기 사랑에 대한 영감을 주기 위해서 몇 가지를 제안한다.

다른 장르로 실험하라

내 아이들이 어렸을 때 결코 나는 아이들의 마음을 사로잡을 책이 무엇인지 알지 못했다. 큰아들 와이어트는 픽션과 판타지를 좋아했다. 그에게 논픽션을 읽히기란 쉽지 않았다. 와이어트가 하디 보이즈(Hardy Boys) 시리즈 책을 모두 읽었던 적이 있었다. 아마 그 책은 샬럿 메이슨의 삶에 관한 서술은 아닐 수 있었지만 그를 기쁘게 했다. 그래서 나는 헌책을 찾느라 2년을 보냈고 그는 꾸준한 독서 습관을 유지할 수 있었다.

내 둘째 아들 딜런은 사회극 이야기, 만화책, 만화소설을 좋아했기 때문에 그에게 소설을 읽히기는 힘든 일이었다. 하지만 적어도 지금은 읽고 있다(작년에 총 두 권을 읽은 것 같다). 내 셋째 아들 코디는 생물 이야기, 역사소설, 논픽션을 좋아한다, 특히 자연재해에 관한 책을 좋아한다. 내 딸 에니는 마음을 울리는 이야기, 부모 없이 비극적인 환경에서 살아가는 아이들, 집으로 돌아가려고 애쓰는 길 잃은 동물의 이야기를 좋아한다.

오디오 북을 소개하라

오디오 북은 책을 읽지 않는 독자들에게 매우 효과적이다. 하지만 책을 읽지 못해도 이야기의 힘이 영혼 속으로 스며들기 때문에 망설이는 독자들에게는 놀랄 정도로 효과적이다. 우리는 점심시간, 비가 내리는 오후, 혹은 차 안에서 오디오 북을 자주 듣는다. 내 아이들이 아주 어렸을 때 우리는 차 안에서 **레모니 스니켓의 불행한 사건 시리즈**(Lemony Snicket's A Series of Unfortunate Event)를 들었다. 한 편이 끝날 때까지 차에서 내리는 사람은 없었다. 독자든 아니든 아이들은 이야기에 홀렸다.

시리즈를 발견하고 독서 의욕을 돋우라

우리 생각에 아이가 흥미 있을 것 같은 시리즈를 골라 한 권을 소리를 내서 읽어라. 마력이 있다면 얼마 지나지 않아서 스스로 나머지 시리즈를 거침없이 읽어 나갈 것이다. 내 큰아이가 8살 때 읽은 시리즈는 **작은 집**(Little House)이었다. 둘째 아이는 12살 때 **헝거 게임**(The Hunger Game)을 읽었다.

먼저 영화를 보라

책을 두 번 읽은 적이 있는가? 나는 공감할 수 있다. 내 아이에게 묻는다면 그들은 모두 책을 읽기 전에 영화를 보면 내 잔소리가 이만저만이 아니었다고 말할 것이다. **반지의 제왕**이든 **해리 포터**든 나는 항상 아이들이 책을 다 읽기를 기다렸다가 가족 전체가 영화를 보게 했다. 하지만 예외를 만들어도 괜찮다. 그 이유는 이렇다. 우리 뇌는 단어보다 이미지를 더 빨리 처리할 수 있다. 정확히 말하면 실제로 6만 배 정도 더 빠르다.[9] 그래서 주저하는 독자는 책에 끌리기 전에 이야기에 끌릴 필요가 있다.

작년에 나는 내 규칙을 깨고 가족과 함께 **원더**(Wonder)라는 영화를 보았다. 딜런은 매우 감동한 나머지 즉각 서가에서 책을 꺼내 3일 만에 다 읽어 치웠다. 그는 책을 읽고 난 후 책벌레 동생에게 다음에 꼭 읽어 보라고 추천했다.

딜런의 관심을 사로잡는 책을 발견하는 것은 어려웠으나 그는 자신에게 맞는 방법을 찾아가고 있다. 나는 주저하는 모든 독자에게도 역시 같을 거라고 믿는다.

좋아하는 책

E. B. 화이트, 샬롯의 거미줄

요한나 슈피리, 하이디

에디스 네스빗, 기찻길의 아이들

아스트리드 린드그렌, 말괄량이 삐삐

매들렌 렝글, 시간의 주름

로알드 달, 찰리와 초콜릿 공장

프랜시스 호지슨 버넷, 소공녀

마저리 키넌 롤링스, 한 살 배기(The Yearling)

루이자 메이 올컷, 작은 아씨들

루이자 메이 올컷, 작은 신사들

좋아하는 시리즈 책

손턴 버지스, 손턴 버지스 동물 이야기

로라스 잉걸스, 작은 집

거트루드 챈들러 워너, 더 박스카 칠드런

C. S. 루이스, 나니아 연대기

J. R. R. 톨킨, 반지의 제왕 3부작

랠프 무디, 어린 영국인 시리즈

J. K. 롤링, 해리포터 시리즈

S. D. 스미스, 그린 엠버 시리즈

트렌톤 리 스튜어트, 베네딕트 비밀클럽

좋아하는 그림책

앨리스 맥레런, 록사복센

로버트 맥컬스키, 블루베리를 따는 샐

엘사 베스코우, 숲의 작은 아이들

잰 브렛, 애니와 야생 동물

바버러 쿠니, 미스 럼피우스

아놀드 로벨, 개구리와 두꺼비

잉그리와 에드거 파린 드 아울레르, 북극광 아이들

독서 사랑의 증진

독서 사랑을 증진하기 위해서 보상과 벌 체계를 사용하여 아이들의 동기를 자극하는 방법은 매우 매력적으로 보인다. 하지만 그런 방법을 사용하게 되면 아이들의 내적 동기를 모두 죽이게 된다. **교육 연구의 저널**에 실린 한 논문은 "독서가 강제로 읽어야 하는 것으로 생각되면 자유 시간이 주어져도 학생들이 참여하고 싶은 그런 활동이 아니라는 결론을 얻었다."라고 보고했다.[10]

에리카 리스처(Erica Reischer)는 자신의 저서 **위대한 부모는 무엇을 해야 하는가**(What Great Parents Do)에서 "아이들에게 독서를 강요하면 중요한 독서 능력이 향상할 수 있다. 하지만 강제적인 독서는 아이들이 자발적으로 선택한 독서만큼 효과적이지 않다. 최악의 경우 독서에 대한 흥미가 모두 사라질 수 있다."라고 썼다.[11]

많은 연구는 아이들이 평생 독서가가 될지는 독서에 대한 사랑에 달려 있다고 주장한다.[12] 더욱이 즐겁게 독서하는 아이들은 학업에서도 뛰어난 성적을 올린다.[13] 리스처는 "즐겁게 독서를 하는 독자들은 높은 성취를 나타내고 경제적으로 더 큰 성공을 거두며 더 높은 시민 의식을 나타낸다."라고 주장했다.

그렇다면 우리는 어떻게 집에서 독서 사랑을 증진할 수 있겠는가? 어떻게 우리 홈스쿨을 교과서 중심 교실에서 문해가 풍성한 학습 환경으로 바꿀 수 있겠는가?

첫째, 우리가 일상에서 독서 사랑의 모델이 되어야 한다. 나는 항상 가방, 차, 혹은 침실용 탁자 어디에든 책을 두고 책과 가까이 살았다고 고백한다. 매일 그리고 잠자리에 들기 전에 아이들에게 책을 읽어 주었다. 아이들은 내가 책을 사랑하는 이야기를 듣고 자랐다. 나는 항상 손에 고전을 들고 읽고 또 읽었다. 글래디 M 헌트(Gladys M. Hunt)는 "10살에 읽을 가치가 있는 책은 50살에도 읽을 가치가 있다."라고 말했다. 나는 이 말에 동의한다.

책을 읽는 부모를 보고 자란 아이들은 책을 더 많이 읽을 더 가능성이 클 것이다.

둘째, 우리 일상을 책과 관련된 것으로 채워야 한다. 우리는 거의 매주 도서관이나 서점을 방문한다. 스크린을 제한하고 온종일 독서로 '낭비'하는 것을 축하한다. 라이브 독서회, 고전 연극 상연, 모든 책 전람회에 빠짐없이 참석한다.

또한 우리는 친구들과 북클럽을 연다. 아이들은 또래들이 그런 일을 하는 것을 알면 뭔가 하고 싶은 일에 더 흥분하게 된다. 10대가 있다면 스스로 북클럽을 열게 하라. 책에 관해서 이야기를 나누는 한 그들이 무엇을 하든 누가 걱정하겠는가?

셋째, 우리는 아이들의 관심에 불꽃이 튀게 하고 상상력을 자극하는 책을 꾸준히 찾아야 한다. 나는 책을 읽으라고 강요한 적이 결코 없다. 하지만 의도적으로 아이들 손에 책을 건네지 않았다는 말은 아니다. 종종 나는 아이들에게 새로운 주제의 책을 소개하고 처참한 패배를 경험한다. 하지만 포기하지 않았다. 아이들의 관심을 사로잡을 책을 계속 검색했다. 나는 "독서가 싫다면 좋은 책을 발견하지 못한 것이다."라고 말한 마야 안젤로(Maya Angelou)의 신념을 공유한다.

독서 문화의 창조

교과서 중심 교육과 풍부한 문해 교육은 아이들에게 큰 차이가 있다. 사람들의 집을 방문해 보면 금세 그 차이를 느낄 수 있다. 벽에 붙어 있는 성적 기록표, 높이 쌓인 교과서, 이 모든 것을 잘 해낼지 걱정하는 엄마.

반대로 문해가 풍성한 교육은 아이들이 배우도록 초대하는 장소, 환영하는 분위기이다. 거실 주변에 흥미로운 책들이 흩어져 있고, 집안의 구석구석에는 아늑한 독서 공간이 있으며 하루 생활 중 많은 독서 시간을 가장 중요시 한다.

우리가 우리 홈스쿨을 어떻게 구성하는지에 따라 내 아이의 독서에 대한 사랑이 결정된다. 목적은 겹겹이 책을 쌓아 두는 것이 아니다. 실속 없는 산만함을 느리고 꾸준한 라이프스타일의 사고방식으로 대체하여 이야기에 몰입하는 것이다. 사라 매켄지가 쓴 것처럼, "우리는 상상력을 기르고 배회하고 발전하고 성장하는 기쁨의 독서를 하든, 아니면 아이들의 타고난 문어에 대한 사랑을 죽이든 둘 중 하나의 공간을 창조한다."[14]

일상은 매일 우리 집에서 가족 독서 문화를 창조하는 기회를 제공한다. 흩뿌리기 기술을 연습하라. 아이들이 발견하도록 집 안의 구석구석에 책을 놓아두라. 매주 도서관에서 책을 빌려와서 눈에 잘 보이는 곳에 두라. 픽션과 그림책에서부터 논픽션과 만화책까지 다양한 독서 자료를 공급하고 있는지 확인하라. 함께 낭독하라. 친구들과 북클럽을 열어라. 아이들의 관심을 끌지 못한다고 포기하거나 위축되지 마라. 아이들이 거부하는 책에는 모두 관심을 사로잡는 또 다른 것이 들어 있다.

처음 시작할 때 독서의 종류는 독서에 대한 사랑만큼 중요하지 않다. 목적은 아이들이 책을 읽는 것이다. 아이가 항상 살아있는 책을 읽지 않는다고 걱정하지 마라. 그런 책은 다른 책보다 여러 가지 면에서 더 우수하지만, 일부 아이들에게 항상 당연한 출발은 아니다. 짐 트렐리즈는 "설령 성인의 높은 기준에 미치지 못해도 아이들이 스스로 읽고 싶어 하는 책을 선택하도록 하라."라고 말했다.

우리가 아이들이 문학과 사랑에 빠지도록 도와준다면, 아이들은 결코 영원히 변하지 않을 것이다.

19 놀이 교육

어린 시절의 놀이에 문제가 있다. 오, 우리는 할 일을 마치거나 아이의 학업성취에 지장이 없는 한 놀이에 반대하지 않는다. 우리는 아이의 시험 성적에 영향이 없는 한 놀이를 환영한다. 그렇다, 아이들의 교육이 최우선이라면 놀이는 괜찮다.

우리는 유년기에 무엇을 했는가?

냄비 속의 개구리가 서서히 올라가는 온도를 감지하지 못하는 것처럼 우리는 학교 교육이 아이들에게 가하는 압박감에 매우 둔감하다. 우리는 러닝 머신 위에서 시간을 늘리거나 작업장에서 더 엄격한 기준을 적용하는 것과 똑같은 방식으로 아이들의 유년기를 압박한다. 어느새 아이들의 유년기가 사라지고 있다.

데이비드 소벨(David Sobel)은 다음과 같이 썼다. "우리는 아이들이 진흙 웅덩이에서 첨벙거리기를 바란다. 하지만 역시 우리는 아이들이 1학년 입학시험에서 좋은 점수를 받기를 원한다. 마음속 깊은 곳에서는 아이들이 좋은 대학에 가기를 바란다. 그러므로 아이들을 올바른 길로 가게 하는 것은 결코 너무 이르지 않다."[1]

아이의 사회 정서적 준비도가 미래에 더 좋은 학업성취를 가져온다는 연구 결과는 별로 중요하게 받아들이지 않는다. 실제로 노스 플로리다 대학의 연구 결과는 학업 중심 유아 학교의 아이들이 놀이 중심 유아 학교의 아이들보다 4학년에서 더 낮은 성취를 나타냈다.[2]

결과적으로 연구자들은 아이들에게 발달 단계에 앞서 조기교육을 제공하면 "실제로 학습 속도가 느려질 수 있다는 결과"를 밝혀냈다. 다시 말하면 진흙 웅덩이로 돌아가라! 그것은 우리 생각보다 아이의 발달에 더 중요하다.

우리의 머릿속에는 놀이는 공부와 다르기 때문에 놀이가 공부라는 주장은 전혀 생산성이 없을 것이라는 생각이 깊숙이 박혀 있다. 하지만 놀이가 아이의 성공적인 학업성취를 위한 필수 준비과정이라면 어떻게 하겠는가? 자유에 대한 아이의 욕구가 잠재력 개발의 결정적 요인이라면 어떻게 하겠는가?

웬디 밴닝(Wendy Banning)과, 지니 설리번(Ginny Sullivan)은 자신들의 저서 **야외학습의 렌즈**(Lens on Outdoor Learning)에서 "아이들이 주도하는 바깥 놀이는 학업성취의 기초가 되는 주도성, 인내심, 발명, 문제해결력의 발달 기회를 제공한다."라고 썼다.[3]

나는 충분히 공감한다. 아이를 아이답게 되게 기르는 양육을 반생산적으로 여기는 경향이 강하다. 특히 아이를 종일 유치원과 명문 학교에 보내고 고급 수학, 외국어, 테니스 개인 교습으로 꽉 찬 시간표를 엄격히 지키는 사람들일수록 더욱 그렇다.

하지만 더 많이 할수록 더 좋다는 어리석은 사고방식에 속지 마라.

아이들에게 놀이가 충만한 유년기를 주게 되면 더 빨리 더 멀리 난다.

빈스 고우먼(Vince Gowmon)은 "놀이를 신뢰하게 되면 아이의 발달을 그만큼 통제할 필요성이 없어진다. 놀이는 우리가 상상할 수 없는 방식으로 아이를 양육한다."라고 썼다.[4]

피터 그레이도 이 점에 동의했다. 그는 다음과 같이 썼다. "놀이는 아이들이 자기 문제를 해결하고 자기 충동을 억제하고 자기 행동을 조정하고 다른 사람의 시각에서 자기를 판단하고 다른 의견을 협상하고 다른 사람과 평등하게 되는 방법을 가르치는 자연의 방식이다. 이런 능력을 배우는 방법으로 놀이를 대체할 것은 없으며 결코 학교에서 가르칠 수 없다. 실제 세계에서 평생 배우는 이런 개인의 책임, 자기통제, 사회성은 학교에서 배우는 어떤 교육보다 훨씬 더 중요하다."[5]

"우리가 벽을 제거하면 아이들은 벽에서 튕겨 나올 수 없다."

– 에린 케니(ERIN KENNY)

놀이가 아이들에게 유익하다는 깨달음은 참으로 중요하다. 넘치는 자유 시간, 지루함조차 아이들을 미래에 준비하게 한다. 계획도 없이, 시간표도 없이, 혼자 꿈꾸고 탐험하는 시간은 자기 인격을 형성하고 자신을 더 훌륭한 성인으로 만든다.

유년기여 영원하길.

빠른 것보다 늦은 것이 더 좋다

아이들이 가능한 한 빨리 더 잘하고, 더 성취하고, 더 배우도록 쉴새 없이 가하는 압박은 대부분 아이가 순종하기 때문에 매력적이다. 그들의 시계는 '11시까지' 버틴다. 하지만 아이들에게 좋은 일은 아니다. 아이들은 마치 양계장의 닭처럼 같은 먹이로 대량으로 기르고 같은 시간표를 지키고 같은 '결과'를 기대하는 인위적인 환경에 갇혀 지내는 존재가 아니다. 그들은 탐험하고 발견하고 놀아야 하는 엄청난 학습 능력을 타고난 존재이다.

내 아이들을 놓아주어라.

현대판 유년기의 문제는 성인의 생활방식을 너무 심하게 닮아서 놀이를 희생한 점이다. 유년기를 원래 상태 회복하기 위해서는 양심적인 공동체가 필요하다. 이런 회복은 우리의 이기적인 야심을 파괴하고 조기교육의 속도를 늦추고 놀이를 아이들 생활의 중심 역할로 되돌리는 일이다.

낸시 칼슨 페이지(Nancy Carlsson-Paige)는 매사추세츠 케임브리지의 레슬리 대학교에서 30년간 교사들을 가르친 아동 발달 전문가이며 **어린 시절로 돌아가기**(Taking Back Childhood)의 저자이다. 낸시는 어린아이의 가장 중요한 역량은 이미 우리가 의심하고 있는 것처럼 결코 시험으로 검증될 수 없다는 사실을 상기시키며 아동 발달에서 놀이의 중요한 역할을 재확인해 준다.

"아이가 되려면 오랜 시간이 필요하다."

– 파블로 피카소(PABLO PICASO)

낸시는 "우리는 아동 발달과 신경과학을 수십 년간 연구한 결과 아이들은 놀고 활동하면서 배우는 사실을 알아냈다. 아이들은 움직이고 감각을 사용하고 직접 해 보고 친구나 교사와 상호작용하고 만들고 발명한다."라고 썼다.

낸시는 계속해서 다음과 같이 말했다. "놀이는 인간 성장의 중요한 엔진이다. 말하고 걷는 것처럼 보편적이다. 놀이는 아이들이 아이디어를 짜내고 자기 경험을 이해하고 안전감을 느끼는 방법이다. 유치원 아이들의 혼란스러운 교실에서 일어나는 수학 개념을 모두 살피라. 아니면 무서운 사건을 목격한 후 망토를 두르고 슈퍼맨의 흉내를 내는 4살 난 아이를 지켜보라. 하지만 놀이는 교실에서 사라지고 있다. 우리는 어린아이들의 학습이 놀이라는 사실을 알고 있으나 학업 지도와 '엄격함'의 공간을 만들기 위해 그것을 밀어내야 할 것으로 생각한다."

에드워드 밀러(Edward Miller)와 조안 알몬(Joan Almon)은 자신들의 저서인 **유치원의 위기**(Crisis in the Kindergarten)에서 다음과 같이 썼다. "아이들이 발음과 문자인식 등 읽기의 기본요소를 더 빨리 배울수록 학업 성공의 가능성이 더 크다는 가정이 널리 퍼지면서 놀이 가치에 대한 회의주의가 더 악화했다. 그래서 유치원 교육은 문해와 학문 능력을 가르치는 데 더 집중하게 되었고 유아 학교도 이런 추세를 바쁘게 따르고 있다."[7]

하지만 많은 연구 결과는 이런 사회적 통념을 크게 반박한다. 독일에서 수행한 한 유치원에 관한 연구는 15개의 놀이 중심 수업과 15개의 조기 학습센터를 비교했다. 그 결과 놀이 중심 유치원 아이들은 읽기와 수학에서 다른 아이들보다 더 우수했으며 사회 정서적인 면에서 학교에 더 잘 적응하는 사실을 밝혀냈다. 이 아이들은 창의성, 지능, 언어표현, 근면성에서도 역시 우수한 결과를 나타냈다.[8]

뉴질랜드에서 수행한 한 연구는 늦게 글을 깨친 아이들은 4~5살부터 읽기 시작한 아이들을 따라잡았으며 독해력이 더 뛰어나고 즐거운 마음으로 책을 읽는 동기 수준도 더 높은 결과를 보여주었다.[9]

또한 이 연구는 핀란드와 스웨덴 같은 나라들은 7살까지 아이들의 취학을 금지하는데도 불구하고 학업성취와 아이들의 행복감이 더 높다고 보고했다.[10]

놀이 시간은 더 높은 성취, 더 뛰어난 능력, 더 잘 적응하는 아이와 비례

한다.

케임브리지 대학의 인지발달 심리학자인 데이비드 화이트 브레드(David Whitebread)는 "놀이는 아이의 뇌를 형성한다. 아이들이 두려움 없이 스스로 학습과 감정을 실험하는 능력을 강화한다. 인간 창의성의 기초다."라고 말했다.[11]

이미 알려진 것처럼 아이들에게는 유년기가 필요하다.

샬럿 메이슨은 유년기를 '조용히 성장하는 시기'라고 말했다. 우리가 아이들에게 제공했던 것처럼 들리는가? 그러나 형식교육은 기다려야 한다고 믿었던 유일한 교육자는 메이슨만이 아니다. 마리아 몬테소리, 발도르프 슈타이너 그리고 오늘날 많은 주요 심리학자들은 모두 7살까지는 형식교육을 기다려야 한다고 주장한다.

우리가 야성+자유 인스타그램에서 받은 질문 중 1위는 학교생활에 대비해 아이에게 무엇을 준비시켜야 할지 잘 모르는 2~5살 아이를 둔 젊은 엄마들에게서 나왔다. 비록 외교술이기는 하지만 내 대답은 항상 아무것도 하지 말라는 것이다. 아이들과 함께 읽어라, 아이들과 함께 시간을 보내라, 그리고 아이들과 놀아라.

아이들과 탐험하라.

아이들과 발견하라.

아이들이 유년기를 즐기게 하라.

놀이 같은 공부

일반적인 인식과 달리 아이들은 공부를 전혀 경멸하지 않는다. 전혀 그렇지 않다. 그들은 문제를 해결하고 비판적으로 생각하고 정보를 기억하는 힘든 일을 기꺼이 한다. 하지만 단 한 가지 조건이 따른다. 유의미할 것. 질문거리가 많은가? 목적에 부합하는가? 적합한가? 그런 것은 우리 직장이나 집에서나 요구하는 것과 다르지 않다.

나는 아이들에게 일방적으로 책을 주면 아이들이 책에 대해 투덜거리고 불평만 하는 경험을 수없이 많이 했다. 그 이유는 아이들이 하고 싶어 하지 않는 일을 강요하기 때문이라고 생각한다. 하지만 나는 그것이 대부분 홈스쿨링에 내재하는 죄의식, 즉 우리는 충분하지 않다고 말하는 내면의 목소리를 조금이나마 줄여 보려는 우리의 술수가 아닌지 의심한다. 이런 이유로 우리는 단지 우리 자신이 덜 불편하게 느낄 요량으로 생각 없는 암기와 반복적인 베끼기 작업을 계속 시킨다.

수잔 셰퍼 매콜리는 "학교는 시간 낭비에 탁월하다. 시간은 자산이다. 시간을 묻히는 것은 잘못이다. 아이들은 바쁜 일로 지친다. 관심이 흐트러질 때까지 항상 지시와 명령 속에서 시달린다. 아마 24시간 중 9~10시간은 낭비일 것이다."라고 말했다.[12]

나는 내 큰아이가 공립학교에 다닐 때 이 사실을 직접 목격했다. 훌륭한 교사와 재미있는 주제에도 불구하고 내 아이는 방해하는 친구를 기다리고, 줄 서서 기다리고, 중요한 일을 위해 기다리면서 보내는 시간 때문에 지루해서 거의 미칠 지경이었다. 마찬가지로 나도 그 점은 분명히 교사를 좌절시키리라 확신한다. 하지만 교사들은 교실에서 1 대 30의 비율의 아이들을 상대하기 때문에 속수무책이다. 비록 하루 중 짧게 반짝이는 시간일지라도 집이라면 순간을 의미 있게 만들어 아이들이 의도하는 일을 할 기회를 제공할 수 있다.

공부가 재미없을 때 가르치는 일은 고역일 뿐 아니라 배움도 일어나지 않는다. 그런 공부는 부모의 권위 속에서 벌어지는 의지력의 싸움이며 승자가 없는 헛된 일이다. 한 발 물러서서 무엇이 중요한지 우리의 교육 활동을 평가해 보면 어떻겠는가?

헬렌 켈러가 선천적인 시각과 청각장애를 극복하여 대학을 졸업한 후 자신이 사랑했던 앤 설리번 선생님의 지혜와 의도를 회상했다.

> "내가 즐겁게 배울 수 있었던 이유는 선생님이 지식을 전달할 적절한 순간을 포착했기 때문이었다. 선생님은 아이들의 마음이 얕은 개울과 같아서 교육의 돌멩이 사이를 굽이굽이 돌아 즐겁게 춤추고 여기에 꽃, 저기에 덤불, 저편에 둥둥 떠가는 양털 구름을 비추는 것을 알고 내 마음을 그 길로 인도하려고 했다. 선생님은 아이들은 개울처럼 계곡의 시냇물과 풀숲의 샘물을 마시고 자라서 더 깊은 강으로 뻗어 나가며 주변의 잔잔한 표면, 무성한 언덕, 선명한 나무들의 그림자와 푸른 하늘, 그리고 작은 꽃의 달콤한 얼굴을 비추는 것을 알고 있었다."[13]

설리번은 배울 때와 물러설 때를 알았다. 길을 갈 때와 돌아올 때를 알았다. 설리번은 학습경험을 통제하려 하지 않았다. 그것에 따랐다. 펼쳐진 결과는 배움과 헬렌의 열정을 연결하는 살아있는 자연 교육이었다.

홈스쿨링 맘에게 이는 배움을 의미 있게 만드는 기회이며 의무이다. 배움은 모든 아이의 자연스러운 욕망이다. 우리는 오직 아이들의 관심과 배우려는 능력의 충돌을 알아듣는 시간이 필요하다.

아이들은 우리에게 가야 할 길을 보여줄 것이다.

의미 있는 일 만들기

의미 있는 일은 아이들이 배우고 있는 것에 침잠하게 될 때 일어난다. 이는 '가르침'을 넘어 자기 주도적 학습으로 이동한다. 의미 없는 일은 수업이 끝나거나 학기가 끝나면 멈춘다. 하지만 의미 있는 일은 호기심과 발견의 출발점이다.

의미 있는 일을 하는 아이들은 탐험을 멈추지 않는다. 이런 아이는 피아노가 생기면 스스로 피아노를 배우고 연습하며 많은 시간을 보내는 아이다. 현미경을 가지고 새로운 표본을 연구하기 위한 질문을 멈출 수 없는 아이다. 특별한 책을 받아 읽은 후 나머지 시리즈를 읽어 달라고 조르는 아이다.

어린 시절의 놀이는 아이들에게 의미 있는 일이다. 흔히 아이들은 우리가 비생산적으로 생각하는 그런 일을 하면서 문제해결력, 눈과 손과 협응, 생생한 상상력을 발달시킨다. 나는 그 점을 충분히 이해한다. 우리 아이가 다른 아이보다 앞서기를 바라는 것은 부모의 한결같은 마음이다. 우리는 아이들이 빨리 배우는 것을 알면 그들의 능력을 최대한 이용할 수 있는 과제를 잔뜩 부과한다.

로리 피커트는 다음과 같이 썼다. "아주 어린 아이일지라도 창의적인 사고방식과 결정적 행동 능력이 있다. 그들에게는 가치 있는 아이디어가 있다. 그들은 지각적인 연결을 한다. 그들은 일단의 독특한 관심, 재능, 선호를 가지고 태어난 개인이다. 그들에게는 공헌할 것이 있다. 그들은 주변 환경의 한 부분이 되길 바란다."

하지만 독특한 개인으로 발전하는 과정에서 아이들은 무엇을 어떻게 수행할지 모른다. 그들은 학습자가 되는 법을 배워야 한다. 우리는 아이들이 필경 그 방법을 이해하리라고 가정하기보다 그들을 지원해야 한다.

피커트는 "아이들에게 자신의 창의성을 표현하고 광범위하게 탐험하고 자신의 의미 있는 일과 연결할 기회 제공은 우리에게 달려 있다."라고 썼다. 이는 단순히 아이들의 교육을 통해 얻을 수 있는 능력이 아니다. 우리 목적은 "아이들이 배움과 행함의 삶을 살도록 돕는 일"이다.[14]

"나는 학생들을 가르치지 않는다. 오직 배울 수 있는 환경을 제공할 뿐이다."

– 알베르트 아인슈타인(ALBERT EINSTEIN)

기회를 주게 되면 아이들은 의미 있는 프로젝트를 찾아 참여하게 될 것이다. 하지만 우리는 아이들을 가르치는 방법을 통해 의미 있는 일을 촉진할 수 있다. 아이들에게 자기교육을 형성할 기회를 제공하고 그것을 건강한 습관으로 발달하도록 돕고 답을 찾는 법을 보여준다면 아이들은 아름다움을 창조하고 좀처럼 물러서지 않는 태도로 주제에 몰입할 것이다.

아이들이 자라면서 다른 일에 관심을 보이게 되면 나이에 맞는 새로운 도전에 응할 기회에 접근시킬 수 있다. 우리가 알기 전에 아이들은 자신의 학습 여행을 시작할 것이다. 우리는 그냥 거기서 아이들을 격려하고 안내만 할 것이다.

의미 없는 바쁜 일을 하게 하려는 얄팍한 유혹을 물리치고 대신 평생 지속될 의미 있는 일을 하는 방법을 아이들에게 보여줄 때 그들은 엄청난 성취를 이루게 될 것이다.

숙련 놀이

아이들이 적절한 열정과 실천 의지를 갖추게 되면 자기 연구 분야의 전문가가 될 수 있다. 아이들은 놀이라는 복잡한 과정을 통해 발명가와 수학자의 일에 열중한다. 그것을 '숙련 놀이'라고 부르자.

아마 수년간 관찰을 통해 알 수 있는 것처럼 놀이의 유형에는 수많은 인지 놀이와 사회 놀이가 있다. 몇 가지 예를 들면 감각 놀이, 상상 놀이, 가장 놀이, 사회극 놀이, 규칙에 따르는 게임 등이 있다. 피아제는 아이들은 끊임없이 관찰하고 실험하고 주변 세계와 상호작용하는 꼬마 과학자라고 주장했다. 부모인 우리는 아이들에게 놀 기회를 제공하여 지능을 향상할 수 있다.

아이가 학생이 되면 아이들의 독특한 재능과 열정의 불꽃을 볼 수 있을 것이다. 이미 아이들은 이것을 시작하는 방법에 관한 훌륭한 아이디어를 많이 가지고 있지만 숙련 놀이를 촉진하는 여러 방법이 있다. 수학 조작 활동, 감각 활동, 총체적인 운동부터 보드게임, 카드 게임, 그리기, 음악, 바깥 놀이까지 매우 다양하다. 약간의 연구와 창의성을 제외하면 놀이 중심 교육과정의 구성에 방해가 되는 것은 없다.

수공예

아이들이 일에 능숙하게 만드는 다른 놀라운 방법은 수작업이다. 샬럿 메이슨은 이것을 수공예라고 말했다. 발도르프 교육학에서는 **수공예, 수작업, 공예** 등의 의미로 사용한다. 각각 기술 수준에 따라 조금씩 달리 부르는 경향이 있다.

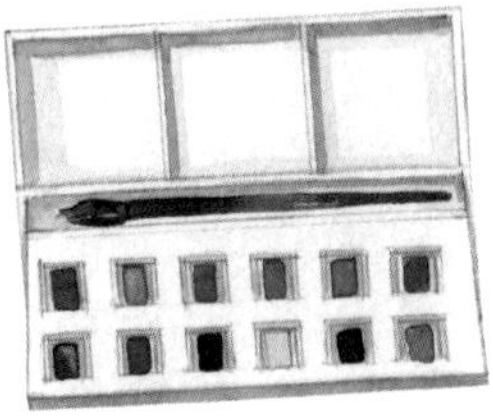

무엇으로 부르든 이런 종류의 일은 손을 사용하여 배운 기술을 필요로 하며 아이들이 최고의 작품을 만들도록 촉진하여 유용한 최종 결과물을 얻을 수 있는 생산활동이다. 유용성의 개념은 가족에 따라서 각각 다를 수 있으나 프로젝트에서 기쁨을 빼앗는 정의에 집착해서는 안 된다.

놀이 공간 만들기

어린아이

연극 — 접시와 은그릇, 인형, 인형의 집, 인형 옷, 찻잔, 놀이용 음식, 놀이, 놀이 비단, 판지 집, 전통 의상.

공학 — 나무 벽돌, 나무 기차 세트, 나무 공예 도구(자동차, 비행기, 등), 아이용 의자와 도구.

미술 — 이젤, 페인트, 붓, 기다란 셔츠, 캔버스, 파스텔, 종이, 가위, 접착제, 창문용 크레온, 보도 분필, 찰흙, 밀랍 인형

수학 게임과 조작 — 이야기 육면체, 보드게임, 카드 게임.

과학 — 현미경, 망원경, 자연 은신처, 확대경, 호기심 캐비닛, 패트리 접시와 시험관, 아동용 실험 책, 자석, 테라리엄, 수족관, 과학과 발견 센터.

체육 — 자연 놀이터, 나무 그루터기, 평균대, 훌라후프, 밧줄, 놀이용 끈, 나무집, 사다리, 텀블링 매트.

읽기와 쓰기 — 책, 타이핑 기기, 종이와 연필, 레코드플레이어, 아이패드, 오디오북 청취 이어폰, 쓰기와 그림책.

큰아이

창작공간 — 나무 조각, 판지 상자, 금속 조각, 음료수병, 납땜 도구, 보석 만들기 재료, PVC 파이프, 미술책, 시가 상자.

음악센터 — 악기, 마이크, 녹음 장비.

쓰기 공간 — 책꽂이, 양질의 종이, 펜, 인용문, 신문, 잡지.

기술센터 — 컴퓨터, 아이패드, 기기, 드론, 회로, 태양전지판.

공예의 예

- 서예
- 목공
- 보석 만들기
- 가죽 손질하기
- 도자기 만들기
- 꽃꽂이
- 금속 조각상 만들기
- 퀼팅
- 코바늘 뜨개질
- 손바느질

- 수채화
- 나뭇가지 장식
- 종이 만들기
- 손가락 뜨개질
- 페그 인형 만들기
- 종이 구슬 만들기
- 나무 그을리기
- 스크랩북
- 코바늘 뜨개질
- 바느질

나는 결코 내 아이에게 수작업을 강요한 적이 없다. 하지만 나는 몇 달에 한 번씩 새로운 프로젝트를 소개하여 오후에 함께 작업한다. 내가 낭독할 때 아이들이 지루해하거나 손을 바쁘게 할 뭔가가 필요할 경우, 종종 공예 프로젝트를 제안한다. 하지만 전반적인 새로운 기술의 진도는 아이들이 결정하게 한다. 최종적으로 내 아이들은 양초 만들기, 나무 깎기, 손 뜨개질의 방법을 배웠다. 공예작업은 어떤 특별한 기술은 아니지만 새로운 것을 배울 때 묘한 자신감을 준다.

9살 난 코디는 린넨 캐비닛에서 찾은 낡은 재봉틀을 사용하고 싶다고 수년간 나에게 간청했다. 나는 나이에 맞지 않은 활동이라고 생각해서 금지했다. 하지만 어느 날 앞으로 코디가 요청할 기회가 갑자기 사라질 수 있고 그렇게 되면 새로운 것을 시도할 좋은 기회를 박탈하게 될 수 있겠다는 생각이 들었다. 내 승낙을 가로막은 가장 큰 장벽은 다름이 아닌 내 서투른 바느질 솜씨라는 점을 깨달았다.

그래서 나는 즉시 재봉틀을 가지고 내려와 코디에게 작동해 보게 했다. 우리는 이웃집 재봉사를 초청하여 코디에게 기본기술을 보여주도록 요청했다. 그녀는 기꺼이 승낙했다.

나는 코디의 관심이 얼마나 지속할지 혹은 이 새로운 욕구를 얼마나 멀리까지 이어갈지 모른다. 하지만 이런 것은 아이에게 자신감을 길러 주고 호기심을 촉진하고 새로운 창의성의 모험을 탐구하는 일종의 좋은 경험이 될 수 있다. 부모인 우리는 아이들에게 모든 경험을 다 가르칠 수 없다. 하지만 자원을 제공하고 아이들을 자기 흐름 속에 놔 주어 스스로 이루는 창조를 축하해 줄 수 있다.

나는 실제적인 일은 놀이로 시작하는 사실을 말로써 충분히 할 수 없다.

아이들이 놀이에 열중할 때를 관찰하라. 그것은 모두 우리가 위대한 일을 하는데 필요한 정신이다. 아이들에게서 그것을 억압하지 않고 조력할 방법을 찾는 데 유의하라. 우리는 아이들이 모든 주제에 같은 열정을 보여주기를 원할지 모른다. 하지만 그들은 평생 다른 것들을 성취하는 데 필요한 노동관을 발달시키고 있으니 안심하라.

놀이가 먼저다

나는 우리 홈스쿨에서 실행했던 것이 혹시 공부가 아닌 것처럼 보였을까 걱정하곤 했다. 이제는 그렇지 않다. 나는 부모들이 아이들이 밤에 숙제하느라 오랜 시간이 걸렸다고 말할 때 불안감을 느끼곤 했다. 지금 나는 그들을 안타깝게 생각한다. 아이들의 놀이가 더 많이 배우려는 욕구와 교차하여 이해를 심화해 갈 때 그것이 공부이다.

며칠 전에 큰아들은 내가 그만두라고 말했는데도 노트북을 만지작거리며 애니메이션 작업을 계속했다. 그는 지금 거기서 그런 작업을 할 시간이 아니었다.

"하지만 엄마도 컴퓨터를 하고 있지 않아요."라고 말했다.

"나는 일하고 있어."라고 대답했다.

그는 곧 터질 것처럼 입술을 씰룩거렸다.

"하지만 나도 그래요!"라고 분통을 터트렸다.

나는 잠시 멈추고 한순간 아이의 눈빛을 바라보았다. 아이가 열중하고 있었던 것은 진실이었다. 내가 이 글을 쓰는 중요성이 당시 다른 활동보다 먼저라고 생각했던 것과 마찬가지로 큰아이도 자기 연구에 대해 같은 생각을 했을 것이다. 그가 옳았다. 그가 하고 있었던 것은 공부와 같이 보이지 않았을 수 있으나 그가 공부하지 않았던 것은 아니다. 나는 큰아이가 캐릭터들을 정리하면서 동작을 더 자연스럽게 보이도록 애쓰는 광경을 보았다. 그가 전문가들을 연구하고 그들의 기술을 자기 프로젝트에 적용하려고 노력하는 것을 알았다. 그런 작업은 놀이처럼 보였다. 하지만 나는 큰아이가 실제로 공부를 하고 있었던 사실을 인정해야 했다.

꼭 필요하다면 교육과정을 구매하라. 마음이 편안한 일정표를 만들어라. 하지만 관계를 증진하고 자연스러운 주거환경에서 아이들과 유대감을 강화하여 아이들의 호기심과 경이로움을 자극하는 일은 우리가 알 수 있는 것보다 더 중요하다는 사실을 기억하라.

놀이 시간을 만들어라.

여유가 있을 때마다 항상 지구가 선물한 자연 놀이터, 야외에서 시간을 보내라. 쓰러진 나무, 비바람에 씻겨 반들반들해진 바위, 갈라진 개울은 아이들에게 풍성한 놀이를 허용하여 발견의 시간을 제공한다.

도서관에 가서 아이들이 좋아하는 책이면 무한정 사 주겠다고 공표하라. 물론 책은 모두 대여할 것이다. 하지만 아이들이 좋아하는 약탈의 경이로움을 즐겨라.

좋은 책을 함께 읽어라. 하지만 그들의 넋을 빼앗으려는 노력은 잊어라. 책을 읽는 동안 아이들에게 손에 닿는 감각 활동과 시간을 주어라. 아이들이 놀이에 넋을 잃게 하라.

오후 시간에 친구들과 과학실험을 하게 한 후 슬그머니 사라져 무계획적인 활동을 하게 하라. 아이들이 꼬리잡기 놀이를 하고 언덕을 오르고 내리며 서로 쫓게 하고 하루를 낭비했다는 생각을 단 1분도 하지 마라. 그들은 중요한 놀이인 공부를 하고 있다.

집에서 만든 놀이용 반죽, 수채화, 달 모래, 나뭇잎을 밤에 테이블 위에 준비해 두고 아침에 이런 것들의 기쁨을 깨닫게 하라. 재미있는 것으로 아이들을 놀라게 하라.

콩, 조개, 암석을 다른 용기에 분리하고 조직 상태를 유지하는지 걱정하지 마라. 아이들이 엉망으로 만들어 놓고 만족을 느끼게 하라.

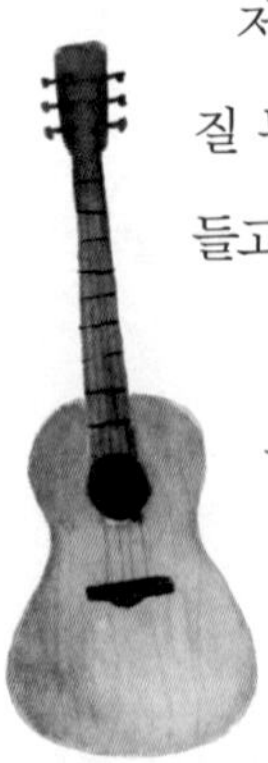

저녁 식사 후에 아이들을 메이슨 항아리로 놀라게 해 주고 해가 질 무렵에 모든 반딧불이를 잡는 도전을 하게 하라. 요정의 집을 만들고 새집을 짓고 진흙 부엌을 만들라.

연주하라. 실제로 자기 악기를 만들라. 집 주위에 있는 재료를 사용하여 누가 가장 광적이고 예상치 못한 악기를 만들 수 있는지 지켜보라.

창문 앞에 탐조대를 설치하라. 필요한 조류도감과 쌍안경을 준비하라, 하지만 새의 도착을 축하하는 커주 피리와 파티용 폭죽을 잊지 마라.

예쁜 돌에 생각하고 상기할 만한 훌륭한 교훈을 새겨라. 배를 만들어 비가 오는 날 배수로 아래로 띄워 보내라. 손 뜨개질이나 바느질을 배우라.

군주 애벌레를 기르고 변태를 축하하는 파티를 열어라.

홈스쿨 동안 중요한 휴일을 축하하라. 중요하지 않은 날을 축하하면 안 될 이유라도 있는가? 전국 도넛의 날은 하루를 가장 즐겁게 보내는 날이다.

집 안을 어지럽게 만들어 놓고 재미있게 청소하자. 함께 빵을 굽고 함께 실험하고 완벽하지 않다고 걱정하지 마라. 무엇이든 가지고 그림을 그리자.

현장 견학, 도로 여행, 재미 삼아 즉흥 여행을 떠나라. 나무에 오르고 하이킹하고 지팡이를 장식하라. 다른 아이들이 학교에 있을 때 지역 자연센터, 동물원, 수족관을 방문하라.

가족과 함께 저녁을 먹고 산책하라. 소원을 빌고 기도하라. 긴 찬사를 늘어놓고 긴 행운을 빌어라.

잠자리에서 이야기를 들려주라. 잠자리 농담을 즐겨라. 함께 웃어라. 함께 있어라. 감사의 항아리를 만들고 축복을 세라. 집에서 음악을 틀어라. 함께 노래하고 춤춰라.

기쁨으로 하루를 시작하라. 진지함을 금하라.

우리 집은 함께 노는 곳임을 알게 하라.

20 호기심의 교육과정

아이들의 학업과 관심 간에는 엄청난 차이가 있다. 이는 헤비메탈 밴드가 학교 없는 여름 방학의 곡을 만들어 인기 노래 순위 1위에 오른 이유이며 악동 페리스 뷸러(Ferris Bueller)가 학교를 마음대로 빼먹을 수 있고 수많은 사람이 그에 관한 영화 페리스의 해방(Ferris Bueller's Day Off)을 보러 가는 이유다.

존경받는 교사라면 관심과 학업의 차이를 해소하기 위해 노력할 것이다. 올해의 교사상은 이 차이를 줄이는 교사에게 주어진다. 하지만 실제로 아이들에게 자유를 줄 수 있는 사람은 교사가 아닌 홈스쿨링 맘이다. 전통적인 학교 시스템은 아이들의 관심을 고려하기는커녕 모든 아이에게 오직 한 가지 학습과정을 제공하여 결국 표준화 교육과정에만 책임을 다할 뿐이다.

하지만 홈스쿨에서 아이의 호기심은 실제적인 교육과정이 될 수 있다. 우리는 아이들과 함께 배우며 관심을 사로잡는 교육 방법을 개발하여 더 효과적으로 배울 수 있다. 그렇지만 불행하게도 홈스쿨러들도 교과 과정의 의무화 함정에 빠져 아이들의 관심과 충돌하는 경우가 많다. 우리는 도움을 위해 홈스쿨링 방식에 매달리지만 그런 것은 거의 항상 아이가 아닌 **우리**가 좋아하는 방식이다.

아이들에게는 삶에서 나오는 자기만의 학습 방법이 있다. 말로 표현할 수 없을지라도 아이들은 자기가 배울 필요가 있는 주제에 무지하지 않다. 그들에게는 자기만의 독특한 개성, 관심, 학습 방식이 있다. 우리가 그것을 발견하고 아동 주도적인 교육과정을 개발하여 학습에 관한 아이들의 관심과 참여를 꾸준히 유지하는 데는 시간이 걸린다.

이것은 홈스쿨링의 아름다운 스캔들이다. 우리는 우리가 좋아하는 것을 배워야 한다.

"우리는 학생들에게 하루에 한 가지씩 가르친다. 하지만 호기심을 유발하여 배우도록 가르친다면 배움은 평생 계속될 것이다."

– 클레이. P. 베드포드(CLAY. P. BEDFORD)

예일대학이든 요커스 지역사회 대학이든 어떤 교육에도 차이가 있다. 실제로 텍사스주 교육위원회는 최근 텍사스 학교 아이들의 마음속에서 헬렌 켈러와 존 핸콕(John Hancock)을 지우기 위해 필수교과에서 그런 인물들을 삭제하기로 결정했다.[1]

홈스쿨러로서 우리도 차이를 선택하는 특권을 얻거나 적어도 우리는 큰 실수 없이 은혜 안에서 쉴 수 있다. 우리가 필수교과의 목록보다 학습 사랑을 배양하는 데 전념하면 아이들이 집을 떠나서도 교육은 결코 끝나지 않을 것이다.

호기심은 아이들의 배움을 유인한다. 아이들은 관심이 없으면 배우지 않는다. 그들은 배운 것을 확실히 암기하여 시험에 통과하는 방법은 이해하지만 실제로 배우지는 않는다. 호기심은 아이에게 친숙한 교육과정을 형성하게 한다. 실제로 아이들의 호기심은 교육과정이 된다.

호기심 배양

왜 우리는 아이들이 오직 7개 특정 교과에만 신경을 쓰고 그런 교과 영역만 평가하는가? 아이들은 자기만의 관심거리가 있다. 그것을 알아내려면 다른 것보다 시간이 걸리겠지만 그것을 발견하도록 돕는 일이 우리 과업이다.

열정의 발견은 아이들의 필생사업이 되어야 한다.

아이들이 집에 있는 동안 그것은 우리 과업이 되어야 한다.

우리는 전통적인 학교 환경에서 일어나는 꼬리표와 집단괴롭힘이 없는 안전한 양육 환경을 조성하고 아이들이 그 안에서 자신의 장점과 재능을 발견하여 최고의 자질을 끌어내도록 조력하는 훌륭하지만 힘든 일을 하고 있다. 우리는 아이들에게 붙는 부정적 고정 관념에서 벗어나 아이들이 관심 영역을 좁혀서 초점을 명확히 하는 데 도움을 줄 수 있다.

하지만 아이들을 신나게 만드는 것은 반드시 우리 관심이 아닐 수 있다. 우리가 우리 아이, 특히 10대들이 우리가 좋아하는 것에 관심이 있기를 바란다면 우리가 먼저 **아이들이** 좋아하는 것에 관심을 가져야 한다.

이것을 이해하는 4가지 과정이 있다. 다음 4가지 단어, **촉진**, **발견**, **격려**, **투자**를 기억하라.

첫 번째 과정은 우리가 아이들에게 새로운 주제, 활동, 영역을 노출하여 호기심을 촉진하는 일이다.

우리 집은 아이들이 결과물 없이 자기 열정을 자유롭게 탐험하는 연구실이 될 수 있다.

우리는 알베르트 아인슈타인이 아이였을 때 어떤 학습 환경에서 자랐는지 정확한 상황을 알 수 없다. 하지만 그의 회고에 비추어 보면 아인슈타인의 집에는 생각할 시간, 풍부한 책, 개인의 관심을 탐험하고 발견할 엄청난 자유가 있었을 것으로 추측할 수 있다. 그는 끊임없이 학교생활에서 벗어나 자유롭게 생각하고 꿈꾸고 책을 읽으며 자연에서 보낼 궁리만 했다. 간단히 말해서 그는 자기만의 야성+자유를 창조했다.

사이먼 니콜슨(Simon Nicholson)은 1971년에 "아이들을 속이지 않는 방법: 개방적 놀이 재료 이론(How NOT to Cheat children: The theory of Loose Parts)"이라는 제목의 기사를 썼다. 이런 것은 돌, 도토리, 판지, 나무와 같은 자연물이나 재활용 자료부터 음악, 중력, 카드놀이와 같은 추상적 개념까지 매우 광범위하다.[2]

사이먼은 "어떤 환경에서도 발명과 창의성, 발견 가능성은 모두 그 안에 있는 변수의 수와 종류에 정비례한다."라고 썼다.[3]

이런 변수에는 재봉틀, 목공 도구, 숫자 맞추기 퍼즐 게임 책, 타자기, 악기 등이 있다. 아이들에게 '개방적 놀이 재료'를 주어 탐험하게 하면 좋아하는 것, 싫어하는 것, 탁월한 것을 알 수 있다.

내가 지금껏 우리 홈스쿨링에서 창안한 것 중 가장 뛰어난 것은 개방적 놀이 재료 모음이다. 나는 중고 할인점에서 발견하고, 자연 산책길에서 줍고, 집 주변에서 발견한 물건을 이용하여 이 모음을 만들었다. 나는 그런 것을 작업실의 선반에 보관해 두었다가 아이들이 손으로 그것을 탐색하고 상상력의 자극에 필요할 때 꺼내서 사용한다. 우리는 그런 것들을 밀차에 보관하고, 선반에 전시해 두거나 아이들이 필요할 때 꺼내서 사용하도록 캐비닛에 넣어 둔다.

개방적 놀이재료의 수집 목록

자연물

도토리
돌
조개
막대
표류목
나뭇가지
솔방울

집안용품

와인병 뚜껑
PVC 파이프 조각
판지
화장지
종이 수건
달걀 상자
나무 수저

음악 코너

계란 분쇄기
냄비(드럼으로 변신)
천둥소리 막대
키보드
나무 그루터기(무대)

창의성 촉진

나무 구슬
유리구슬
너트와 볼트
낡은 열쇠
나무 인형
단추
리본
줄과 로프
목재 주방 식기

실용적 용기

양동이
궤짝
판지 상자
꽃병
얼음통
머핀통
나무 그릇
쟁반

아이들은 나이와 성향에 따라 유년기 내내 갑자기 이 관심에서 저 관심으로 껑충 뛰어 이동한다. 하지만 아이들의 진정한 관심이 떠올라 강해지기 시작하면 종종 다른 것은 멀어지고 특정 관심이 더 분명히 드러나게 된다.

우리 아이들이 좋아하는 것을 찾는 두 번째 과정은 열정에 불을 댕기는 것을 발견하도록 지원하는 일이다.

우리가 아이들에게 제공하는 개방적 놀이 재료에서 아이들은 특정 분야의 열정과 가능성을 보일 것이다. 내 아들 딜런에게 아이패드를 사 주었을 때 음악이 들어간 짧은 비디오를 제작할 줄은 꿈에도 생각하지 못했다. 비디오를 더 쉽게 제작하도록 작은 전자 키보드를 사 주었을 때 피아노 연주를 좋아하게 될 줄은 전혀 예상하지 못했다.

하지만 그는 음악에 흠뻑 젖어 연주법을 귀로 듣고 배우고 유튜브에서 노래를 복사했다. 우리는 딜런의 음악적 소질을 깨닫고 재능을 개발하기 위해 음악 개인교습소에 등록했다. 그는 거실의 작은 그랜드 피아노 앞에 앉지 않았던 날이 거의 없을 정도로 열심히 연습했다.

세 번째 과정은 아이들에게 놀이를 장려하여 아이들이 꾸준히 자기 발전을 이어 가도록 촉진하는 일이다. 놀이는 아이들이 하는 것을 더 잘하게 만든다.

네 번째 과정은 아이들의 미래에 투자하는 일이다.

우리는 아이들의 재능이나 관심을 알기 어려우나 그들의 열정을 지지하는 후견인이 될 수 있다. 부모인 우리는 시간, 돈, 에너지 자원을 어떻게 사용할지 결정해야 한다. 그런 자원 중 얼마나 많은 부분을 우리 아이들의 미래에 투자할 것인가?

홈스쿨링 맘인 타라 스코겐(Tara Skogen)은 한번 나에게 자기 아들이 어떻게 양봉가가 되었는지 말했다. 아이는 우연히 벌에 관한 책을 읽고 빠지게 되었다. 타라는 다음과 같이 말했다.

"아이의 호기심은 전에 없던 깊은 관심으로 변했다. 당신은 그가 배우고 있었던 것에 흥미를 느낄 것이다. 종종 그는 나에게 다가와 벌에 관한 새로운 지식을 이야기했다. 계획에서 연구까지 그다지 오랜 시간이 걸리지 않았다. 우리는 벌을 기를 위치, 만들려는 벌통 모양, 실제적인 제작, 기르려는 벌의 개체 수, 벌꿀을 얻을지(일부만 완성한 벌통) 등등을 결정했다."

계획을 끝낸 수주 후 그들은 필요한 모든 물품을 구매했다. 아이의 관심을 촉진하기 위해서 그렇게까지 하는 가족은 그리 많지 않을 것이다. 특히 뒤뜰에 벌통을 놓는 일은 더욱 그럴 것이다. 하지만 이런 일은 아이들이 필요로 할 때 곧바로 슬쩍 밀어주는 법이다.

"홈스쿨링은 속도를 줄이고 새로운 것을 시도할 기회를 준다. 우리 관심을 탐험하고 관심에 대해 더 많이 배울 수 있는 시간을 준다. 우리가 원하는 만큼 앉아서 책을 읽을 수 있는 시간을 준다. 이는 벌에 대한 이런 사랑이 아이에게서 시작하는 바로 그 방법이다."라고 타라는 말했다.

우리는 아이들의 호기심, 열정, 재능에 투자하면 어떤 결과를 얻을지 정확히 알 수 없지만 한 가지만은 확신할 수 있다. 그것은 결코 시간 낭비가 아닐 것이다.

아이들은 전문가가 될 수 있다.

유년기는 경박함, 미성숙, 순수함, 무지의 시기로 널리 알려져 있다. 아이들이 전문가가 될 수 있다고 깨닫는 경우는 결코 없으나 이는 사실이다. 아이들은 의미 있는 프로젝트를 수행하고 중요한 능력을 개발하고, 성인 못지않게 중요한 개념을 이해할 수 있다. 유년기에는 더 좋은 인간관계가 필요하며 홈스쿨링 맘은 그것을 제공하는 중요한 사람이다.

"놀이는 아이들과 창조적인 직업을 잇는 지름길이다."

– 비인체 고우먼(ViINCE GOWMON)

물론 우리는 아이들을 전문가로 가르칠 수 없다. 전문성은 아이들 자신의 상황에서 나와야 한다. 우리가 아이들에게 자기 관심 분야의 지식을 추구하고 그들을 당황하게 만드는 질문에 대한 답을 찾고 그들에게 중요한 것을 창조할 기회를 주게 되면 그것을 자기 것으로 만든다.

호기심의 배양이 교육에 매우 중요한 이유는 이 점 때문이다. 아이들이 종일 자율적으로 실험하고 충분히 탐구하고 외부 간섭 없이 자기 관심을 추구할 시간을 갖게 되면 자기 일에 더 능숙하게 된다. 아이들은 전문가가 된다.

로리 피커는 다음과 같이 썼다. "창의적인 작업은 계획하지 않은 많은 시간이 필요하다. 탐험하고 다른 것을 시도하고 그냥 생각하고 상상하는 자유가 필요하다. 느긋한 사고방식이 필요하다. 우리가 시간 부족이나 누군가의 기대로 인해 압박감을 느낀다면 시간을 내서 다양한 방법으로 아이디어를 탐험하기는 불가능할 것이다."[4]

이런 것은 아이들의 어린 시절에 우리가 그들에게 길러 주는 독립심에서 출발한다. 하지만 어둠 속에서 혼자 울게 두거나 상처를 입었을 때 강해지라고 말하는 일종의 그런 독립심이 아니다. 독립심은 3살 난 밀리가 해변에서 "나는 멀리까지 달릴 거야. 내가 달리는 것을 보면 엄마는 기분이 좋을 거야."라고 말하는 것처럼, 어깨너머로 뒤를 내보이고 나에게서 멀리 달아나는 것처럼 아이들의 안전한 느낌에서 나온다. 아이들은 순간마다 우리가 보호하는 마음을 알 필요가 있다.

이는 애지중지하는 엄마의 무미건조한 논리가 아니라 과학적 연구의 결과이다.

폴 터프(Paul Tough)는 자신의 저서 **아이들은 어떻게 성공하는가**(How Children Succeed)에서 다음과 같이 썼다. "생후 처음 1개월 동안 아이의 울음소리에 즉각 반응하는 엄마의 아기는 1년 동안 울음소리를 무시한 엄마의 아기보다 더 독립적이고 더 두려움을 몰랐다. 그런 모습은 유아 학교에도 계속되었다. 영아 때 아이의 정서적 욕구에 매우 민감하게 반응했던 엄마의 아이들은 독립심이 매우 높았다. 부모의 따뜻하고 민감한 돌봄(연구)은 아이가 세계를 탐험하는 '안전 기지'를 만든다고 주장한다."[5]

우리가 아이의 발달기에 필요한 능력을 가르치거나 가르치지 않았다면 성장 과정에서 당연히 차이가 날 것이다. 터프는 "아이 발달에서 가장 중요한 것은 처음 몇 해 동안 아이의 뇌에 얼마나 많은 정보를 채울 수 있는지가 아니라 아이가 매우 다양한 특질을 발달시키도록 얼마나 조력할 수 있는지이다. 이런 목록에는 인내심, 자기 통제력, 호기심, 성실성, 재능, 자신감 등이 있다."라고 썼다.[6]

독립심의 고취는 10대 때 훨씬 더 중요하다.

나는 10대의 엄마가 되는 것을 좋아한다. 항상 내 절친한 동료, 오랜 영혼, 멋진 선생님인 담황색 머리털의 내 귀여운 아이는 생각만 해도 너무 기쁘다. 그가 좋아하는 것과 잘하는 것을 지켜보면 모두 변변찮고 신나는 것들이다.

내가 배운 것 중 하나는 10대는 열정이 생기면 무엇이든 필요한 것에 열중한다는 것이다. 10대들에게 자기 관심을 추구할 자유와 그것이 무엇인지 이해할 시간을 주면 성공으로 이끌 수 있다. 우리의 경험, 예술, 책, 우리 말에 담긴 아이디어, 집, 생활방식에서 풍성한 결과가 흘러나온다.

아인슈타인의 전기작가인 월터 이삭슨(Walter Issacson)은 말년에 다음과 같은 편지를 친구에게 보냈다. "알베르트 아인슈타인은 평생 직관과 아이에 대한 경외심을 간직했다. 그는 자기장, 중력, 관성, 가속도, 광선 등 성인들이 그냥 지나쳐 버리는 자연 현상의 마법에 대한 경이로움을 잃은 적이 없었다. 그는 근본적인 통합의 기미를 알았을 때 경탄하고 갈등을 빚을 때 당황하며 마음속에 두 가지를 동시에 결합하는 능력을 보유했다. 결코 '당신과 나 같은 사람은 늙지 않는다. 우리가 태어난 위대한 신비 앞에 우리는 호기심 많은 아이처럼 넋 놓고 서 있다.'"[7]

우리는 아이들 안에 살아있는 유년기를 영원히 유지할 것이다.

호기심의 교육과정 구성

아이들은 아름다움에 대한 욕망, 선에 대한 이해, 어려운 일을 하려는 능력이 있다. 하지만 우리가 교육하는 방법은 바로 아이들의 잠재력을 망칠 수 있다.

내 안의 창의력을 깨우는 일곱 가지 법칙(Out of Our Minds: Learning to Be Creative)의 저자인 켄 로빈슨은, 실제로 아이들은 98% 수준의 확산적 사고의 천재성을 가지고 학교에 오지만 이 능력은 5년간의 형식적 학교 교육 후 거의 절반 수준으로 떨어지고 10년 후에는 더 현저히 사라진다고 말했다.[8]

엄마인 우리는 내 아이의 천재성을 되찾을 수 있다. 우리는 아이들에게 가치 있는 노력을 추구하고, 자연, 예술, 공예에 접근하고, 책, 음악, 그림, 시, 연극, 춤 등 광범위한 예술의 요소에 노출할 기회를 제공할 수 있다.

이는 오직 자유시간을 낭비 시간으로, 자기 주도 학습을 비생산적인 관심으로, 놀이 시간을 사소한 활동이라고 생각하지 않을 때만 그렇다. 아이가 갖는 호기심의 주제는 '선택과목'이나 '특별활동'이 아닌 그들 교육의 기초다.

홈스쿨링의 아름다움은 공교육에서는 오직 특별한 소수만이 가능한 우리 자신만의 영재 프로그램과 마그넷 스쿨을 만들 수 있다는 점이다. 물론 우리는 주 정부의 요구 사항을 충족하는 중요한 교과목을 준수해야 하지만 모든 교과에 포함된 호기심의 탐험이 가능하다.

우리는 과학에서 원소 주기율표를 배울 수 있으나 주방 조리대에서 기체가 생성되는 과정을 보여주는 실험을 할 수 있다. 우리는 수학에서 구구단을 배울 수 있으나 솔방울이나 도토리로 살아있는 주판을 만들 수 있다.

우리는 홈스쿨링에서 작은 호기심 교육과정에서부터 천천히 시작하여 놀이 교과로 발전시킬 수 있다. 우리는 최종적으로 암기 연습장을 끊고 의미 있는 수업으로 바꿀 수 있다. 우리는 강한 교육을 선택하여 관련이 없는 것을 제외함으로써 아이들에게 학습 선택권을 줄 수 있다.

우리는 아이들이 자기 관심을 추구하고 전문가가 될 때까지 파고 또 파는 협력적이고 창조적인 환경을 조성할 수 있다. 우리는 집에서 아이들이 새로운 것을 시도하도록 손짓하는 책과 자원을 제공할 수 있다.

우리는 아이들의 장점과 열정을 발견하여 자원을 집중투자하고 탐험할 적절한 시간을 제공하여 아이들의 발달을 촉진할 수 있다. 아이들이 기술을 연마하고 자기 관심을 조사하고 새로운 것을 실험하는 도구를 제공할 수 있다.

아이들의 호기심, 심지어 지루함까지도 촉진할 수 있다.

홈스쿨을 매혹적으로 만들 수 있다.

21 경이감의 마법

아이들은 경이감, 호기심, 모험심 등 평생 필요하게 될 모든 감각을 가지고 태어났다. 우리가 아이들에게 이런 재능을 주는 것은 불가능하다. 우리는 아이들이 번성할 환경을 제공할 뿐이다. 우리는 유년기의 보존운동가들이다.

2011년 나는 주류적인 학교 시스템에서 결코 얻을 수 없는 것, 유년기를 아이들에게 줄 수 있다고 믿으며 내 아들 와이어트와 홈스쿨링을 시작했다. 오늘날 유년기의 경이로움에 대한 내 신념은 어느 때보다 더 강하다.

아마 "경이로움은 무엇인가?"라고 질문할 것이다. 메리엄-웹스터 온라인 사전에 의하면 경이로움은 "무서울 정도로 신비하거나 자기 경험에 비추어 새로운 것을 보고 깜짝 놀람"이다.

경이로움은 우리가 할 수 있다면 아이들에게 주고 싶은 고상한 생각이다. 세계를 둘러보고 탐험하고 싶은 생각은 타고난 본성이다. 경이로움은 아름다움, 새로운 발견, 상상에서 시작한다. 아이들은 끊임없는 경이로움의 상태에서 산다. 그들은 항상 새로운 것을 배우고, 탐험하고, 발견하고 있다.

지난해 여름 나는 집으로 가는 길에 뭔가 죽어 있는 고통스러운 광경을 보고 걸음을 멈췄다. 어린 새 한 마리가 힘없이 길 위에 누워 있었다. 나는 슬픈 마음을 느끼지 않고 불필요한 오후의 고통을 면하기 위해 내 딸 아이에게 그 광경을 숨기고 싶었다. 하지만 대신 자연의 생생한 현실을 경험하게 했다.

두 살 난 딸 아이는 토실토실한 작은 손으로 갓 부화한 새를 계속 쥐고 있다가 땅에 묻어 주는 방법이 최선이라고 생각했다. 내 딸은 우리 오두막 뒤에 있는 장례식장 옆에 서서 작은 생명체를 위해 통곡했다. 아이에 대한 내 마음은 무거웠다. 하지만 내 딸의 위대한 경이로움의 선물을 없앨 수 없었다. 나는 아이에게 적자생존이나 생명의 주기를 가르치려고 하지 않았다. 그저 아이가 이해하거나 알지 못하는 상태에 있도록 내버려 두었다.

그리고 나는 아이와 함께 우는 것을 선택했다.

"내가 모든 아이의 세례식을 주관하는 착한 요정에게 부탁할 수 있다면, 그녀가 이 세상의 아이에게 주는 각각의 선물은 파괴가 불가능하여 평생 지속하는 경이감이어야 한다고 말할 것이다."

– 레이철 카슨(RACHEL CARSON)

경이로움은 모든 아이가 누리는 생득권이며 아이맥스 영화, 월식, 크리스마스 장식 전등으로 한정할 수 없다. 경이로움은 반짝이는 눈과 경험하고 배우고 탐험하려는 욕구를 통해 세계를 바라보는 일상적인 경향이다.

G. K. 체스터턴(G. K. Chesterton)은 **피고인**(The Defendant)이라는 자신의 에세이 선집에서 다음과 같이 말했다. "아이들의 매력은 여기에 있다.

즉 아이들 하나하나가 모여 아이 안에서 세상이 다시 만들어지고 심지어 우주까지도 다시 시험대에 오른다. 길을 걷다 우연히 우리 밑에서 몸에 비해 세 배나 크고 둥글납작하고 귀여운 인간 버섯 모양의 머리들을 볼 때 우리는 항상 이 머리 하나하나에 마치 일곱째 날에 창조된 것 같은 새로운 우주가 들어 있는 것을 기억해야 한다. 각각의 머리 안에는 새로운 별, 들풀, 도시, 바다가 들어 있다."

그렇다면 우리는 어떻게 경이로움을 잃고 있는가?

경이감의 상실

모든 사람과 만물은 경이로움을 파괴하는 데 열중한다. 학교는 아이들을 평가하여 순위를 매기느라 정신이 없다. 놀이 시간은 휴식 시간과 같은 것이고 배움과 놀이는 분리된 것으로 가르치며 놀이에는 도통 관심을 보이지 않는다.

머지않아 경이로움은 바로 아이들에게서 배우게 된다.

2016년 과학 교사인 맷 프리처드(Matt Pritchard)는 '경이로움의 양자 상태'라는 주제로 테드 강연을 했다. 그는 경이로움이 확률과 가능성의 영역에 속하는 점을 들어 경이감을 양자 물리학에 비유했다. 그는 경이감이 '오!'에서 '어떻게'로 이어지는 방법을 공유하며 아이들이 그런 중간 상태에 맴돌도록 허용할 것을 주장했다.

프리처드는 교육 도구로서 "경이감은 우리에게 다가와서 '궁금해! …라면 어떻게 될까?'라고 속삭이기 때문에 경이감, 진지한 놀이에는 힘이 있다."라고 말했다.

그는 아이들에게 정답을 주어 경이감의 기회를 사라지게 하면 무심코 배우려는 내적 동기를 빼앗게 되어 결국 아이들을 외적 동기인 "당근과 채찍"으로 바꾸어 놓는다고 말한다. 즉 아이들에게서 마법, 알지 못하는 학습 경험을 강탈한다는 것이다.

"교육은 답을 주는 것이 아니다. 교육은 다른 것과 새로운 것을 통합하는 관계를 발견하는 것이다. 교육은 밖으로 나가 스스로 세계를 탐험하는 자신감과 능력을 길러 주는 것이다."라고 그는 주장한다.

모든 배움을 경이로움에서 시작하면 아이들의 교육 방법이 바뀔 것이다. 우리가 아이들을 가두지 않고 계속 하늘을 나는 방법을 찾게 하려면 우리 무기는 메이슨 항아리보다 더 신기한 마법의 지팡이 역할을 해야 한다. 우리는 상품 제조가 아닌 전인을 육성하기 위해서 여기 있다. 어느 날 아이들은 어른이 될 것이다. 그리고 의심의 여지 없이 그들을 미래에 존재하게 했던 유년기를 잊고 더 구체적인 현실에 자신을 내맡길 것이다. 하지만 현재 잃어버린 것의 회복은 엄마인 우리에게 달려 있다.

유년기의 경이로움을 탈환하는 것은 당신과 나에게 달려 있다.

나는 지금 당신이 무엇을 생각하는지 안다. 짜증, 끝없는 논쟁, 언짢은 기분 속에서 아이들마저 따라주지 않을 때 경이로움을 되찾는 책임을 다하기는 어려울 것이다. 홈스쿨링 맘들처럼 우리는 모두 도전의 순간에 와 있다. 잘되는 것은 아무것도 없는 것처럼 생각되는 날이 있다. 어렵고 힘들지만 우리는 평범한 일상에서 경이로움을 추구하는 삶으로 바꿀 수 있다.

들판에 핀 작은 야생화, 정원에 나는 나비, 혹은 바람에 흔들리는 나뭇잎처럼 삶을 경험한다는 것이 어떤 것인지 마지막으로 상상했던 때는 언제였는가?

아이들은 내내 이런 경험을 한다. 그 이유는 배우려는 잠재성이 무한하기 때문이다. 이는 아이들이 상상력으로 세상을 바꿀 수 있는 바로 그 이유다. 알베르트 아인슈타인이 거듭 자신의 위대한 발견을, 성인이 되어도 변함없었던 어린아이 같은 생각 덕분으로 공을 돌린 이유다.

아인슈타인은 다음과 같이 썼다. "우리가 경험할 수 있는 가장 아름다운 것은 신비다. 그것은 모든 진정한 예술과 과학의 근원이다. 생경한 감정에 접한 사람, 더 이상으로 궁금증을 참지 못하고 놀라는 사람을 향하여 눈을 감고 있다면 그는 죽은 것이나 다름없다."

아이로서 삶의 경험이 어떠했는지 마지막으로 상상했던 때는 언제였는가?

우리가 그와 같이 한다면 우리 홈스쿨이 어떤 모습일지 궁금하다.

경이로움이 있는 곳

경이로움은 맹렬히 돌진하는 교육과정과 학습과정에서 찾을 수 없다. 칠판이나 점검표에서도 찾을 수 없다. 아이들이 엄청난 양의 사실과 날짜를 암기할 때 우리는 이런 대담한 홈스쿨을 결정하여 아이들의 삶을 완전히 망치지 않았다는 두려움을 떨쳐 내고 한 시즌 동안 가슴이 뿌듯할 것이다. 하지만 그것으로는 결코 경이로움을 회복하지 못한다.

"아무리 심오한 학파나 현자도 생후 3개월 된 아기 눈에 머무는 엄숙함에 도달하지 못한다. 그것은 우주에 대한 경악의 엄숙함이고 우주에 대한 경악은 신비론이 아니라 초월적인 상식이다."

– G. H. 체서튼(G. H. CHESERTON)

현재의 교육지표는 주 정부의 요구사항을 충족하고 홈스쿨에 대한 할아버지와 식품 가게 사람들의 비판을 예방하는 데 도움이 될 수 있다. 그것은 아이들이 집에서 학교 방식의 공부를 해도 왠지 더 나아질 것이라는 희망을 줄 수 있다. 하지만 그것은 결코 유년기를 회복하지 못할 것이다.

경이로움은 오직 아이가 될 수 있는 시간과 자유의 넓은 목초지에서만 찾을 수 있다. 즉 상상력이 붙잡힐 염려 없이 질주하고 진보와 성취의 개념이 순간과 추억으로 바뀌는 지구상의 마지막 남은 곳.

왜 우리는 아이들이 아이가 되는 것을 두려워하는가? 옥스퍼드 대학의 로즈 장학생은 3학년(또는 9학년)에서 만들어지지 않는다. 소설가와 노벨 수상자는 교육과정에서 탄생하지 않는다. 아이들의 미래는 훨씬 더 개인적인 것에서 비롯한다. 자아 인식, 학습에 대한 사랑, 자기 관심을 열정적으로 추구하는 자유에서 나온다.

아이들을 해방하여 원래 속했던 야생지로 돌려보내자. 아이가 되는 시간을 준다고 아이들의 잠재력이 손상되지 않는다. 오히려 아이들이 깊은 지식의 샘물을 마실 수 있는 근원을 제공한다. 즉 성취도 검사가 보여주는 그런 종류의 지식이 아닌 아이들의 미래를 형성하여 세계에서 사라지지 않는 흔적을 남기는 종류의 지식.

유년기를 완전히 실현하고 성인이 되면 그 결과는 불가능을 모르는 건강함과 의도적으로 현상 유지를 거부하는 사람을 탄생시킨다.

아이들이 자라서 성인처럼 행동할 때까지 얼마나 오랜 시간이 걸릴지 두려워 마라. 아이들의 성숙은 늦어지는 법이 없다. 한 번 오면 결코 되돌릴 수 없게 된다. 유년기는 옛날부터 우리 젊은 시절의 한 부분이었으나 지금은 단지 희미한 기억 속에서만 존재하는 다락방과 나무 요새로 남아있다.

내 막내아들이 난독증과 누나에게 추궁당할 두려움 때문에 읽기와 쓰기를 배우려고 분투할 때, 나는 아이의 절망에 마음이 몹시 아팠다. 내 아이가 거리 표지판을 보고 읽을 수 없거나 주변 동료들과 책을 읽고 이야기하는 대열에 합류할 수 없을 때 불안해하며 비통해했다.

하지만 내 아이의 인생을 전혀 걱정하지 않았다. 유년기를 압박하여 나이보다 앞서게 하려고 내몰지 않았다. 아이의 시간은 올 것이다. 아이 능력은 나이를 따라잡을 것이다. 창의력은 계속 번성할 것이다. 그동안에 내가 할 일은 아이에게 평생 샘솟을 풍성하고 비옥한 유년기를 선물하는 것이다.

카렌 안드레올라는 "식물은 내부로부터 꽃을 피운다. 식물은 살아있기 때문에 적절한 환경에서 번성한다."라고 말했다.

지루함의 이점

아이들은 종종 무한한 경이로움을 경험할 시간과 공간을 대하면 지루하다고 말할 것이다. 하지만 지루함에는 이점이 있다. 아침부터 저녁까지 예정된 일정이 없는 하루는 비생산적인 아이가 아닌 오히려 행복한 아이, 스스로 계획을 세우는 아이를 만든다.

지루함의 문제는 바깥에서 보면 마치 활동하지 않는 것처럼 보인다. 하지만 안에서 보면 지루함은 모든 위대한 착상, 꿈, 새로운 창조의 인큐베이터이다. 지루함은 모든 예술가, 발명가, 탐험가가 새로운 세계에 들어가기 위해서 통과해야 하는 옷장이다. 아이들이 상상 속에서 번성할 수 있기 전에 지급해야 하는 통행료다.

지루함의 해소

야외활동

- 뒷마당 물건 찾기(색깔, 주제, 혹은 무작위)
- 울타리 페인트칠하기- 물 양동이와 페인트칠 붓
- 뒤뜰 부메랑 놀이
- 물로켓
- 화산 만들기(식초, 베이킹소다)
- 테이프로 울타리 길이 재기

실내활동

- 아트 카트(Art Cart)
- 나무로 만든 사탕
- 뜨개바늘과 실
- 보도 분필
- 창문용 마커
- 벌집 모델
- 고물 라디오와 카메라 분해
- 회로 조립
- 고장 난 물건 수선
- 그림이 그려진 작은 돌 모음(Story Rock)
- 단어 찾기
- 엄마를 도와서 요리와 청소하기
- 새로운 레시피 만들기
- 오디오 책 듣기
- 물 구슬
- 나무의 모양 그리기
- 공예품 가게의 미술도구
- "개방적 놀이 재료"

부모로서 우리의 도전은 피하기보다 아이들이 도전을 헤쳐나가도록 조력하는 일이다. 아이들에게 전자기기를 사 주고, 시간을 채워 주고, 가벼운 가려움을 긁어 주고서 우리 할 일을 다 했다는 착각에 빠지기 쉽다. 이는 아이들의 창의력과 상상력을 촉진하는 깊은 영혼의 책무를 건너뛰는 일이다. 아이들의 불평을 억누르게 되면 우리는 지루한 순간을 귀중한 시간으로 바꿀 아이들의 능력을 봉쇄한다. 실제로 우리는 아이들의 창조적인 성장을 방해한다.

"이런 삶의 즐거움은 결코 작은 일이 아니다. 오늘날 경이로움의 요소는 세계의 소란스러운 미디어와 기기들의 맹공으로 거의 사라져 가고 있다. 아이가 경이로움을 잃게 되면 최고의 삶이 무엇인지 알지 못한다."

– 글래디스 헌트(GLADYS M. HUNT)

이 글을 쓰고 있는 지금 내 12살 난 아이는 판지로 곰 의상을 만들어 움직이는 관절, 완장, 움직이는 손가락을 완성하고 있다. 왜 만드냐고 물어도 될까? 누가 알겠는가? 하지만 내가 볼 때 그것은 지루함의 결과물이다. 영감의 힘과 생명을 불어넣을 수 있다는 아이의 신념은 24시간 내내 작업을 계속하게 했다.

하지만 오, 내 부엌. 엉망진창이다. 마루에서 천장까지 뜨거운 접착제의 가닥들이 덕지덕지 붙어 있다. 잘라 낸 판지와 종이 쪼가리가 마루에 널려 있다. 페인트는 모든 벽면으로 튀었다. 매일 밤 잠자리에 들기 전 녀석들이 어지른 것을 치웠는데도 다음 날 아침이면 완전히 새로운 작업공간이 생겨 난다.

나는 실용성을 선택하여 아이들을 이길 수 있다. 창작물을 다른 방으로 보내는 것이 합리적이라고 고집하고 부엌은 공예 작업의 장소가 아니라고 단호하게 말하면서 책임감은 곧 질서정연함이라고 선언한다. 하지만 그렇다면 아이는 어디로 가야 하는가? 미술 시간뿐 아니라 역사 시간 역시 안 된다면 홈스쿨링이란 무엇인가? 자기 주도 학습이 생활 속의 실험이 아니라면 무엇인가?

경이로움의 인큐베이터가 아니라면 이런 라이프스타일은 무엇인가?

조직적인 활동이 없는데도 오후 시간을 채울 줄 아는 아이가 있다면 나에게 보여주라. 그러면 나는 평생 지루함을 걱정하지 않을 아이를 보여줄 것이다. 무에서 유를 창조할 수 있는 놀라운 아이를 보여줄 것이다.

경이감의 실제

경이로움은 배양과 관계없이 존재한다. 그것은 우리의 깊은 영혼 속에 있다. 불씨가 완전히 꺼지지 않았다면 불꽃을 되살리는 데 많은 시간이 걸리지 않을 것이다. 경이로움을 육성하는 가장 확실한 방법은 자연에서 노는 시간이다. 아이들은 매혹적인 벌새의 비행에서부터 특이한 자객 벌레의 정체까지 신비로움의 마법에 매료된다.

교육과 경이로움은 반대가 아니다. 제대로 된 교육이라면 새로운 것을 발견하려는 아이의 타고난 경이감을 활용하여 더 많은 경이로움으로 거듭 채울 것이다.

테스토스테론의 문제(The Trouble with Testosterone)의 저자인 로버트 사폴스키(Robert Sapolsky)는 "과학의 목적은 신비로움과 경이로움의 치유가 아닌 끊임없이 재발견하고 새 힘을 공급하는 것이다."라고 썼다.[1]

경이로움은 호기심을 자극한다. 호기심은 탐구에서 나온다. 탐구는 항상 발견으로 이어진다. 아이를 위대한 발견자로 만들려면 자연 현상에 과다하게 노출하라. 기후 유형의 도표 그리기와 광합성 연구에서부터 중력 시험까지 경이로움에 대한 의도적인 접근은 아이들의 호기심을 지식의 탐구로 바꾸게 할 것이다.

다음 주제의 책을 읽어라. 승마센터에서 **블랙 뷰티**(Black Beauty), 뒤뜰의 나무집에서 **스위스 가족 로빈슨**(The Swiss Family Robinson), 가까운 강둑에서 **보물섬**(Treasure Island)을 읽어라. 처음 숲에 매혹되었던 때처럼 좋은 책에 푹 빠져라.

자연 산책을 하며 표본을 모으고 당신이 발견한 것으로 공예품을 만들라. 집 안에 '아늑한 자연 모퉁이'나 '호기심 캐비닛'을 만들어 신성한 선반에 최고의 발견물을 보관하라. 겨울의 고드름, 여름의 매미 허물, 가을의 송이 옥수수와 같이 특정 계절에만 발견하는 물건 찾기 게임을 고안하라.

자연 일기를 쓰고 예술적 재능보다 경험이 더 중요하다고 가르쳐라. 버섯, 벌집, 새 둥지 그림을 연습하여 그것들이 만들어진 방법의 차이를 알게 하라. 천연소재를 모아 우리만의 둥지를 만들어 깃털이 달린 친구들이 필요한 것을 더 잘 이해하라.

수학 문제집을 건너뛰고 숫자를 자연으로 가져가라. 우유량과 인근 농장의 에이커당 울타리 길이를 계산하라. 과학 시간에 버터 만드는 방법을 관찰하고 체육 시간에 건초더미에 올라라. 다른 반쪽과 비슷한 잎을 찾아 대칭을 연구하라.

천체력에 눈을 고정하고 망원경을 꺼내거나 밤하늘의 별자리 무리를 관찰하는 앱을 내려받아라. 쿠키로 달 모습을 만들거나 못과 끈으로 별자리를 꾸며라. 양봉가가 되는 데 필요한 것을 찾고 닭을 기르고 친커티크(Chincoteague) 섬의 야생 조랑말을 찾아라. 배움이 당신의 손 안에서 살아나게 하라.

음악을 크게 틀어놓고 부엌에서 댄스파티를 열어라. 어수선한 옷장을 정리하여 비밀놀이 장소로 만들라. 창문 앞에 선반을 만들고 벤치를 놓고 아이들이 문학세계로 도피하는 아늑한 책방을 만들라. 시큼한 맛이 나는 빵 만드는 법을 배워라. 엄마표 아이스크림, 휴대 식품, 호박 빵, 사과 버터를 만들라.

봄에는 비커에 빗방울을 모아서 각 빗방울을 기록하라. 개울로 달려 나가 첨벙거리며 보도에 널려 있는 벌레를 구하라. 구름이 드리운 하늘, 초록색 장화, 거추장스러운 우산을 수채화로 그려라. 비가 내릴 때 동물이 어디로 가는지 이야기하고 젖은 옷을 보고 함께 웃어라.

거실의 가구를 밀어내고 마루에 담요와 베개를 쌓고 낭독 시간을 파티장으로 바꿔라. 비가 오는 날을 최대한 이용하여 밖으로 뛰어나가 얼굴 위에 떨어지는 비의 감촉을 느껴라. 우리만의 해시계, 빗물받이 또는 풍력 터빈을 설치하여 마음껏 작동하라.

중고품 가게를 방문하여 패션을 찾고 우리 아이만의 패션 작품을 만들라. 벌새 모이통을 매달아 꿀을 채우고 작은 놀라움을 기다려라. 이웃에 사는 야생동물의 종류를 찾아보고 진흙탕이 된 날 밖으로 나가 발자국을 찾아라.

도서관을 방문하지만 단순한 고객이 되지 마라. 듀이 분류법의 기능을 배우고 사서가 반환된 책을 제자리에 꽂는 것을 도와라. 방문 작가들에게 배우고 워크숍에 한두 번 참석하거나, 자신만의 전문 분야 강좌를 이어 가라.

집에서 수분 거리에 있는 가장 외딴곳을 찾아가 늑대처럼 울부짖어라. 나비를 쫓고 야생화를 뽑되 꺾지 말고 구하라. 책 속에 넣고 눌러 두어라. 사진틀에 넣어라. 여러 가지를 배워라. 학명을 암기하라.

우리 집 환경에 잘 적응할 수 있는 가장 이국적인 식물을 길러라. 창턱에 토마토 씨앗을 심고 화분에서 크게 자라면 정원에 옮겨 심어라.

미술 전시회, 과학 박람회, 창작 시장, 혹은 자연 페스티벌을 열어라. 가장 좋은 숲을 발견하고 먼 곳에 있는 누군가와 대화를 나눠라. 소규모 사업을 시작하여 도움이 필요한 사람에게 수익금을 기부하라. 제본하고 장식을 달거나 웹사이트에 입력하는 법을 배우라.

촛불을 켜거나 불을 지펴 놓고 온종일 담요를 쓰고 책을 읽어라. 시가 주는 순순한 기쁨을 즐기며 낭송하라. 친구들과 밤에 뒤뜰에서 셰익스피어의 밤을 계획하라. 이웃을 초대하여 우리가 좋아하는 최근 이야기를 인기 많은 음유시인이 재연하게 하라.

잔디에 누워 대지의 숨소리를 느껴라. 어둠이 오면 밖으로 나가 별들로 가득 찬 하늘을 향해 팔을 들어 올려라. 차를 몰고 개간지로 달려가서 떠오르는 지평선의 보름달을 보아라. 신선한 가루로 눈 천사를 만들라. 혀끝으로 눈꽃을 붙잡아라. 가을날 뭉게뭉게 피어오르는 구름을 찾아라. 땅거미가 지고 동트는 새벽녘에 반딧불이를 잡아라.

지역사회 수족관의 회원이 돼라. 박물관을 방문하라. 조수 웅덩이를 탐험하라. 겨울에 고래관찰을 떠나라. 한밤중에 올빼미를 찾아라. 고향의 관광객이 돼라.

창밖으로, 뒤뜰로, 길을 따라 내려가는 아이들의 백일몽을 좇아라. 아이들의 상상이 배회할 때 기회를 붙잡아 그것을 추적하는 자유를 주어라. 책과 프로젝트는 항상 열려 있다. 문제는 당신?

세계는 당신의 교실이다. 당신의 호기심은 교육과정이다. 당신이 흥미 있는 인생 수업의 학위를 따서 당신이 일군 업적을 인정하는 당신만의 졸업장을 인쇄하라.

경이로움이 기다린다.

후기

내가 홈스쿨링을 결정했을 때 내 아이들에게 처음 읽어 준 책은 잭 런던(Jack London)의 야성의 부름(The Call of the Wild)이었다. 당시 내가 왜 고작 2살, 5살, 7살인 세 명의 아이에게 이 책을 낭독했는지 모른다. 하지만 세월이 흐르면서 그것은 우리 홈스쿨링 경험의 축가가 되었다.

아시다시피 이 이야기는 벅(Buck)이라는 개에게서 시작한다. 벅은 캘리포니아 농장에서 사랑을 독차지하며 살다가 갑자기 집에서 납치를 당한다. 그 후 알래스카로 끌려가 골드러시가 한창일 때 클론다이크에서 강제로 썰매를 끌었다.

벅은 우두머리가 되기 위해 다른 개들과 생사를 걸고 피투성이 싸움을 했다. 그는 이 주인에서 저 주인의 손으로 넘겨지며 큰 고통을 당했으나 다행히 자상한 주인에게 입양되어 본래의 자신으로 돌아갈 수 있었다.

런던은 "사랑, 진정으로 열정적인 사랑은 그에게 처음이었다."라고 썼다.

벅은 바로 그 순간에 야성의 부름을 들었다.

런던은 다음과 같이 썼다. "숲속 깊은 곳에서 부르는 소리가 들렸다. 벅은 이 부름 소리를 들을 때마다 신비롭게 떨리는 유혹을 느끼고 모닥불과 그 주변의 다져진 흙에서 등을 돌려 숲속으로 뛰어들고 싶었다. 그 소리가 어디에서 오는지 왜 들리는지를 그는 알지 못했지만 야성의 부름은 계속되었다. 숲속 깊은 곳으로부터 들리는 정체절명의 소리였기에 그는 어디서 그리고 왜라는 물음이 궁금하지 않았다."

이 새로 찾은 야생의 자유에서 벅은 자기가 있어야 할 진정한 곳을 발견했다. 벅은 농가를 오갈 때마다 근처 늑대들과 친하게 지냈다. 그는 점점 더 길고 더 오랜 시간 집을 떠났다가 가끔 사랑하는 주인을 보기 위해 집으로 돌아오기를 여러 번 반복했다. 하지만 결국 야성+자유의 늑대들과 완전히 함께 살게 되었다.

나는 내 아이들을 보면서 9년간 홈스쿨링을 하며 보낸 세월에 놀랄 때가 많다. 우리가 살며 배워온 방식은 대부분 사람의 방식과 너무 달라서 내가 뭔가 잘못하고 있는지 공황 상태를 경험하곤 했다. 하지만 해가 지나면서 우리가 내린 결정에서 평온한 마음을 찾고 안심했다. 사회는 학교 교육이 확실한 방법이라고 말하겠지만 우리 가족에게 맞는다는 의미는 아니다.

나는 지난 수십 년간 내 아이들이 자라온 방식을 보고 놀랐다. 그들이 진정 누구인지를 발견한 것은 자유와 야생의 평화에 있었다.

어느 날 내 아이들은 자신들만의 희미한 부름의 소리를 들으며 정든 집을 떠나 모험에 나설 것이다. 그들은 자기 길을 발견할 때까지 자기 능력, 독립심, 세상 경험을 얻기 위해 점점 더 길고 더 오랜 시간 집을 떠날 것이다.

나는 그들이 할 수 있는 한 사랑하는 엄마를 보기 위해 집에 들일 것으로 믿지만 그들은 끝내 나를 떠나 그들만의 집을 짓고 그들만의 부름에 대답할 것이다…

야성+자유의 부름.

우리의 신념

우리는 유년기는 놀이와 탐험을 통해
경이로움, 창의성, 발견을 촉진하는 시기라고 믿는다.

우리는 아이들은 강요가 아니라 원하기 때문에 배운다고 믿는다.

우리는 아이들은 자기 속도에 따라 배워야 한다고 믿는다.

우리는 아이들에게 풍성한 기회, 시간을 제공하여 미술, 음악, 문학, 자연,
자기 상상력 등 아름다움에 접근할 수 있어야 한다고 믿는다.

우리는 이 길은 단지 어린 시절만이 아니라 자기 관심을 추구하며 종소리가 아닌
삶에 반응하고 완벽함이 아닌 목적에 기반한 삶을 구축하는 평생을 위한 길이라는
사실을 믿는다.

우리는 부적응자, 이탈자다.
둥근 구멍 속의 네모난 못이다.

하지만 혼자가 아니다. 우리에게는 서로가 있다.

우리는 한 배를 타고 있다.

더 읽어보기

For the Children's Sake: Foundations of Education for Home and School by Susan Schaeffer Macaulay

The Brave Learner: Finding Everyday Magic in Homeschool, Learning, and Life by Julie Bogart

The Read-Aloud Family: Making Meaningful and Lasting Connections with Your Kids by Sarah Mackenzie

Rethinking School: How to Take Charge of Your Child's Education by Susan Wise Bauer

A Gracious Space: Daily Reflections to Sustain Your Homeschooling Commitment by Julie Bogart

Teaching from Rest: A Homeschooler's Guide to Unshakable Peace by Sarah Mackenzie

Free to Learn: Why Unleashing the Instinct to Play Will Make Our Children Happier, More Self-Reliant, and Better Students for Life by Peter Gray

Last Child in the Woods: Saving Our Children from NatureDeficit Disorder by Richard Louv

How to Raise a Wild Child: The Art and Science of Falling in Love with Nature by Scott D. Sampson

Home Grown: Adventures in Parenting off the Beaten Path, Unschooling, and Reconnecting with the Natural World by Ben Hewitt

Project–Based Homeschooling: Mentoring Self–Directed Learners by Lori Pickert

Let's Play Math: How Families Can Learn Math Together—and Enjoy It by Denise Gaskins

The Art of Self–Directed Learning: 23 Tips for Giving Yourself an Unconventional Education by Blake Boles

Gifts Differing: Understanding Personality Type by Isabel Briggs Meyers and Peter B. Myers

감사의 말

나는 책을 쓰는 일이 외롭고 힘들다는 말을 수없이 들어왔습니다. 이 말의 의미를 실감하고 있으나 사랑하는 공동체의 사람들과 함께 할 수 있어서 너무 행복합니다.

내 남편 벤: 당신은 내가 나를 믿기보다 더 나를 믿어주었습니다. 당신이 보여준 그런 성원과 사랑은 말로 표현할 수 없습니다. 당신은 이 책의 출판을 당신 것처럼 사랑했습니다. 당신이 없었다면 이 책은 존재하지 않았을 것입니다. 당신은 내가 가장 좋아하는 이야기이고 나의 영원한 사랑입니다.

내 아이들 와이어트, 딜런, 코디, 애니, 밀리: 너희들은 내 심장이며 내 모든 것이고 내가 가장 좋아하는 사람들이란다. 내 큰 기쁨은 너희들의 엄마가 되는 일이며 내가 누리는 가장 큰 특권은 너희들의 성장을 지켜보는 일이란다.

야성+자유 공동체: 부름에 응답한 유일한 사람들. 나는 여러분을 만나 유년기의 경이로움을 함께 되찾을 수 있어서 매우 행복합니다.

내 대리인 알렉스 필드: 당신은 홈스쿨링 맘을 위한 책을 출판하자는 아이디어를 내고 그 일을 기어이 실현했습니다. 당신의 침착함, 꾸준한 지원은 모두 나에게 꼭 필요했던 것들입니다.

케이티 해밀턴: 당신은 처음부터 이 책을 믿어주었습니다. 탁월한 편집자

로서 당신의 사려 깊은 배려가 이 아름다운 책을 탄생시켰습니다.

주디스 커, 레이나, 하퍼원 팀원들: 여러분은 내 상상을 넘는 좋은 책을 만들었습니다.

수잔 셰퍼 매콜리: 당신의 통찰력 넘치는 저서는 내가 갓 모성 여행을 시작했을 때 내 마음의 소망을 잘 대변했습니다. 현세대의 어머니, 우리 아이, 우리 아이들의 아이를 대신하여: 삶의 부름에 응답해 주셔서 감사합니다.

아버지: 아버지는 내가 한낱 애송이였을 때 항상 내 생각과 의견을 소중히 여기고 존중하여 내가 아는 것보다 더 많은 것을 알게 해 주었습니다.

어머니: 무슨 말을 더 할 수 있겠어요? 나는 항상 엄마와 함께 있습니다.

제니퍼 나라키: 당신은 종종 나를 "용감한 사람"이라고 불렀습니다. 나는 이 책을 쓰는 데 당신이 큰 도움을 주었다고 고백합니다. 친구여, 당신이 그립습니다. 당신의 사랑은 영원합니다.

끝으로 사랑하는 친구들: 여러분은 누구보다 자신을 잘 압니다. 지난 한 해 동안 여러분이 보내준 응원, 통찰력, 성원이 나를 여기까지 오게 했습니다. 내 삶은 여러분으로 인해 더 행복해졌습니다.

주

Chapter 1: 아이의 눈빛이 달라졌다

1. "Teens More Stressed–Out than Adults, Survey Shows," NBC News, February 11, 2014, https://www.nbcnews.com/health/kids–health/teens–more–stressed–out–adults–survey–shows–n26921.
2. John Holt, *Learning All the Time* (New York: Perseus Books, 1989), 110.
3. Susan Wise Bauer, *Rethinking School: How to Take Charge of Your Child's Education* (New York: W. W. Norton, 2018), 112.

Chapter 2: 모성 회복

1. There is no right way to homeschool our children, and the main educator will vary from family to family. I know homeschooling mothers of all kinds—those who stay at home full–time, some who work from home, and others who work away from home. And I know wonderful fathers who do the same, joining the homeschooling efforts full–time, part–time, or not at all.
2. *Penelope Trunk*, "Moms Do Most of the Homeschooling Because Duh," Penelope Trunk (blog), September 27, 2016, http://education.penelopetrunk.com/2016/09/27/moms–do–most–of–the–homeschooling–because–duh.
3. Jeff Green, "Men Stillo Outnumber Women 2–to–1 as Speakers at Conferences," *Bloomberg News*, November 1, 2018, https://www.bloomberg.com/news/articles/2021–11–01/men–still–outnumber–

women-2-to-1-as-speakers-at-conferences.

4. Wild+Free(@wildandfree.co), Instagram post, n.d., https://www.instagram.com/p/BmBOXzgdLQ/.

Chapter 3: 홈스쿨링 초대

1. Ryan P. Denee. "Making the Most of Family Time." *Real Truth*, n.d., https://rch.org/realtruth/articles/070629-001-mtmoft.html.
2. Ken Robinson, *The Element: How Finding Your Passion Changes Everything* (New York: Penguin Books, 2009), 238.
3. Jean Piaget and Peter H. Wolff, *Play and Development. A Symposium with Contributions by Jean Piaget, Peter H. Wolff, René A. Spitz, Konrad Lorenz, Lois Barclay Murphy, and Erik H. Erikson*, ed Maria W. Piers et al. (New York: W. W. Norton, 1972), 27.
4. Piaget and Wolff, *Play and Development,* 27.
5. Peter Gray, "Kids Learn Math Easily When They Control Their Own Learning," *Psychology Today* (blog), April 15, 2010, https://www.psychologytoday.com/us/blog/freedom-learn/201004/kids-learn-math-easily-when-they-control-their-own-learning.

Chapter 4: 여행을 떠날 채비

1. Mariam Issimdar, "Homeschooling in the UK Increases 40% over Three Years," BBC News, April 26, 2018, https://www.bbc.com/news/uk-england-42624220.
2. Nikki Moore(@moorelittlemen), Instagram post, n.d., https://www.instagram.com/p/BsdnWjFi4W/.

Chapter 5: 야성+자유의 길

1. Peter Gray, *Free to Learn: Why Unleashing the Instinct to Play Will Make Our Children Happier, More Self-Reliant, and Better Students for Life* (New York: Basic Books, 2013), 5.
2. Susan Schaeffer Macaulay, *For the Children's Sake: Foundations of Education for Home and School* (Wheaton, IL: Crossway Books, 1984), 90.

3. A. C. H. Smith, *Jim Henson's Labyrinth: The Novelization* (LosAngeles: Archaia, 2014), 89.

Chapter 6: 홈스쿨링의 반대 근거

1. Mahita Gajanan, "The Cost of Raising a Child Jumps to $233,610," Money, January 9, 2017, http://time.com/money/4629700/child−raising−cost−department−of−agriculture−report/.
2. Brian D. Ray, "Homeschooling Growing: Multiple Data Points Show Increase 2012 to 2016 and Later," NHERI (National Home Education Research Institute) (blog), April 20, 2018, https://www.nheri.org/homeschool−population−size−growing/.

Chapter 7: 사회화의 신화

1. Elisa Meyer, "Homeschooling Parents Stop Teaching Because the Rapture Is Coming," World Religion News (blog), November 15, 2015, https://www.worldreligionnews.com/religion−news/christianity/homeschooling−parents−stop−teaching because−the−rapture−is−coming.
2. Haley Potter, "Do Home−Schoolers Do Better in College than Traditional Students?," *USA Today*, February 18, 2012, http://college.usatoday.com/2012/02/18/do−home−schoolers−do−better−in−college−than−traditional−students/.
3. Potter, "Do Home−Schoolers Do Better?"
4. Not the child's real name.
5. Isabel Shaw, "Social Skills and Homeschooling: Myths and Facts," FamilyEducation.com, n.d., https://www.familyeducation.com/school/homeschooling−socialization/social−skills−homeschooling−myths−facts.
6. Peter Gray, *Free to Learn: Why Unleashing the Instinct to Play Will Make Our Children Happier, More Self−Reliant, and Better Students for Life* (New York: Basic Books, 2013).
7. Gray, *Free to Learn*, 197.
8. Gray, *Free to Learn*, 197.

9. Gray, *Free to Learn*, 203.
10. Gray, *Free to Learn*, 203.

Chapter 8: 자격증의 신화

1. John Holt, *How Children Learn* (Boston: Da Capo Press, 1983), 105.
2. Susan Wise Bauer, "A Homeschooling Conversation with Susan Wise Bauer: Advice for Newbies, Curriculum, and Terrible, No Good Days," *Keeper of the Home* (blog), May 14, 2012, https:// keeperofthehome.org/a–homeschooling–conversation–with–susan–wise–bauer–advice–for–newbies–curriculum–and–terrible–no–good-days/.

Chapter 9: 학습 신화

1. William Torrey Harris. *The Philosophy of Education* (New York: D. Appleton, 1906).
2. Henry Beston. *The Best of Beston: A Selection from the Natural World of Henry Beston from Cape Cod to the St. Lawrence*, ed. Elizabeth Jane Coatsworth (New York: David R. Godine, 2001). 83.
3. Friedrich Froebel. *The Education of Man*, trans. W. N. Hailmann (New York: D. Appleton and Co., 1892), 1–2.
4. David Elkind, "The Price of Hurrying Children," *Psychology Today* (blog), June 27, 2008, https://www.psychologytoday.com/us/blog/digital–children/200806/the–price–hurrying–children.
5. John Holt, *How Children Learn* (Boston: Da Capo Press, 1983), 50.
6. Holt, *How Children Learn*, 50–51.
7. Susan Wise Bauer, *Rethinking School: How to Take Charge of Your Child's Education* (New York: W.W. Norton, 2018).
8. Marion Brady, "What Do Standardized Tests Actually Test?," *Washington Post*, August 1, 2014, https://www.washingtonpost.com/news/answer–sheet/wp/2014/08/01/what–do–standardized–tests–actually–test/?utm_term=.lcc60e87d618.
9. Julie Bogart, "It All Adds Up," Brave Writer, February 10, 2014, http://blog.bravewriter.com/2014/02/10/homeschool–advice–it–all–adds–up/.

10. Julie Bogart with Ainsley Arment, "Practical Tips for Natural Learning," *Wild+Free* podcast, Episode 33, April 8, 2018, https://soundcloud.com/bewildandfree/episode33.

Chapter 10: 엄격성의 신화

1. Joseph Mercola, "Hydrogen Peroxide or Soap and Water to Clean Your Wound?" Mercola.com, June 11, 2016, https://articles.mercola.com/sites/articles/archive/2016/06/11/hydrogen-peroxide-wound-cleaning.aspx.
2. Susan Schaeffer Macaulay, *For the Children's Sake: Foundations of Education for Home and School* (Wheaton, IL: Crossway Books, 1984), 89.
3. Lori McWilliam Pickert, *Project-Based Homeschooling: Mentoring Self-Directed Learners* (North Charleston, SC: CreateSpace, 2012), 11.
4. Sarah Mackenzie, *Teaching from Rest: A Homeschooler's Guide to Unshakable Peace* (Camp Hill, PA: Classical Academic Press, 2015), 4.

Chapter 11: 대학 진학의 신화

1. Blake Boles, "11 Great Reasons to Skip College," *Blake Boles dot com* (blog), n.d., https://www.blakeboles.com/2011/05/11-great-reasons-to-skip-college/.
2. Kelsey Sheehy, "Home-Schooled Teens Ripe for College," *U.S. News & World Report*, June 1, 2012, https://www.usnews.com/education/high-schools/articles/2012/06/01/home-schooled-teens-ripe-for-college.
3. Sheehy, "Home-Schooled Teens Ripe for College."
4. Haley Potter, "Do Home-Schoolers Do Better in College than Traditional Students?," *USA Today*, February 18, 2012, http://college.usatoday.com/2012/02/18/do-home-schoolers-do-better-in-college-than-traditional-students/.
5. Princeton University Undergraduate Admission, n.d., https://admission.princeton.edu/how-apply/home-schooled-students.
6. Jennifer Gonzalez, "Three Reasons Students Don't Get into Top Colleges," *Cult of Pedagogy* podcast, Episode 69 transcript, n.d., https://www.cultofpedagogy.com/episode-69). 7. Boles, "11 Great Reasons to

Skip College."

Chapter 13: 홈스쿨링의 다양한 접근

1. CIRCE Institute, "Definitions of Terms," n.d., https://www.circeinstitute.org/resources-what-classical-education/definitions-terms.
2. Susan Wise Bauer, "What Is Classical Education?," WellTrainedMind.com, last updated June 3, 2009, https://welltrainedmind.com/a/classical-education/.
3. CIRCE Institute, "Definitions of Terms."
4. "Fast Facts," Classical Conversations, n.d., https://members classical conversations.com/christian/about/fast-facts.
5. Leigh A. Bortins, *The Question: Teaching Your Child the Essentials of Classical Education* (Southern Pines, NC: Classical Conversations Books, 2013).
6. Dorothy Sayers, *The Lost Tools of Learning* (Louisville, KY: GLH, 2016), 23.
7. Andrew Kern. "Why Latin, Pars Quattuor: Civilization," CiRCE Institute, May 25, 2012, https://www.circeinstitute.org/2012/05/why-latin-pars-quinta-civilization.
8. Author interview with Elsie ludicello, March 27-31, 2019.
9. "the Montessori Approach," Small World Montessori School, n.d., http://swmschool.org/programs/the-montessori-approach/.
10. Valeria Maltoni, "Women of Impact: Maria Montessori, Broke Gender Barriers," n.d., https://italianstyle.me/women-of-impact-maria-montessori-broke-gender-barriers).
11. Susan Schaeffer Macaulay, *For the Children's Sake: Foundations of Education for Home and School* (Wheaton, IL: Crossway Books, 1984), 86.
12. "Waldorf 101: The Art of Waldorf Education," Whidbey Island WaldorfSchool, n.d., http://www.wiws.org/about-waldorf-education/waldorf-faq/.
13. Robert Mays and Sune Nordwall, "What Is Waldorf Education?," n.d., https://waldorfanswers.org/Waldorf.htm.

14. *Oxford English Dictionary,* s.v. "anthroposphy, noun [mass noun]," accessed May 1, 2019, https://en.oxforddictionaries.com/definition/anthroposophy.
15. LeadTogether, "Core Principles of Waldorf Education from the Pedagogical Section Council of North America," amended August 2014, http://leadtogether.org/core-principles-waldorf-education-psc-2014/.
16. Carolyn Edwards, Lella Gandini, and George Forman, eds., *The Hundred Languages of Children: The Reggio Emilia Approach to Early Childhood Education* (Norwood, NJ: Ablex, 1993), 79.
17. Louise Boyd Cadwell, *Bringing Reggio Emilia Home: An Innovative Approach to Early Childhood Education* (New York: Teachers College Press, 1997), 52.
18. Edwards et al., *Hundred Languages of Children,* 71.
19. Patrick Farenga, "The Foundations of Unschooling" (revised version of keynote speech to the Irish Unschooling Conference, May 2016), *John Holt GWS* (blog), https://www.johnholtgws.com/the-foundations-of-unschooling.
20. Paraphrased from Pam Sorooshian, "Principles of Unschooling." http://sandradodd.com/pam/principles.html.
21. Stephanie Hanes, "Free-Range Education: Why the Unschooling Movement Is Growing," *Christian Science Monitor,* February 14, 2016, https://www.csmonitor.com/USA/Education/2016/0214/Free-range-education-Why-the-unschooling-movement-is-growing,
22. Farenga, "Foundations of Unschooling."
23. Edwards et al., *Hundred Languages of Children*, xii.

Chapter 15: 가족문화의 창조

1. Lawrence J. Cohen, *Playful Parenting: An Exciting New Approach to Raising Children That Will Help You Nurture Close Connections, Solve Behavior Problems, and Encourage Confidence* (New York: Ballantine Books, 2001), 5.
2. Cohen, *Playful Parenting,* 142.

Chapter 17: 자연학교

1. Scott D. Sampson, *How to Raise a Wild Child: The Art and Science of Falling in Love with Nature* (New York: Mariner Books, 2016), 14.
2. Susan Schaeffer Macaulay, *For the Children's Sake: Foundations of Education for Home and School* (Wheaton, IL: Crossway Books, 1984), 156.
3. Victoria L. Dunckley, "Nature's Rx: Green–Time's Effects on ADHD," *Psychology Today* (blog), June 20, 2013, https://www.psychologytoday.com/us/blog/mental–wealth/201306/natures–rx–green–times–effects–adhd.
4. Sampson, *How to Raise a Wild Child*, 37.
5. Richard Louv, *Last Child in the Woods: Saving Our Children from Nature–Deficit Disorder* (Chapel Hill, NC: Algonquin Books of Chapel Hill, 2008), 47-48.
6. Cecilie Cronwald, "Free Play More Important than Organised Sport," *Science Nordic*, December 28, 2011, http://sciencenordic.com/free–play–more–important–organised–sport.
7. Linda Åkeson McGurk, *There's No Such Thing as Bad Weather: A Scandinavian Mom's Secrets for Raising Healthy, Resilient, and Confident Kids (from Friluftsliv to Hygge)* (New York: Touchstone, 2017).
8. Louv, *Last Child in the Woods*, 7.
9. Josée Bergeron, "Positive Ways to Talk to Kids About the Weather," *Backwoods Mama* (blog), January 13, 2019, https://www.backwoodsmama.com/2019/01/positive–ways–to–talk–to–kids–about–the–weather.html.
10. Bergeron, "Positive Ways to Talk to Kids."
11. David Sobel, *Nature Preschools and Forest Kindergartens: The Handbook for Outdoor Learning* (St. Paul, MN: Redleaf Press. 2016), 109.
12. Alison Flood, "Oxford Junior Dictionary's Replacement of 'Natural' Words with 21st–Century Terms Sparks Outcry." *The Guardian*, January 13, 2015, https://www.theguardian.com/books/2015/jan/13/oxford–junior–dictionary–replacement–natural–words.

13. Peter Gray, *Free to Learn: Why Unleashing the Instinct to Play Will "Make Our Children Happier, More Self–Reliant, and Better Students for Life* (New York: Basic Books, 2013), 180.
14. Charlotte M. Mason, *Home Education*, Charlotte Mason Home Education Series, Bk. 1 (Jilliby, New South Wales: Living Book Press, 2017), 61.
15. Erica Beck Spencer, "Nature Journaling with Expert John Muir Laws: Not Just for Nature–Loving Teachers!," Delta Education, March 7, 2017, https://www.deltaeducation.com/resources/blog/mar–2017/nature–journaling–with–expert–john–muir–laws.
16. Anna Botsford Comstock, *Handbook of Nature Study* (Oxford: Benediction Classics, 2009), 2.
17. Louv, *Last Child in the Woods,* 226, 173.

Chapter 18: 이야기의 힘

1. Sarah Clarkson, *Caught Up in a Story: Fostering a Storyformed Life of Great Books and Imagination with Your Children* (Monument, CO: Storyformed Press, 2013), 25.
2. Sarah Mackenzie, *The Read–Aloud Family: Making Meaningful and Lasting Connections with Your Kids* (Grand Rapids, MI: Zondervan, 2018), 51.
3. Neil Postman, *The End of Education: Redefining the Value of School* (New York: Vintage Books, 1995), 116.
4. Jim Trelease, *The Read–Aloud Handbook* (New York: Penguin Books, 2013), 45.
5. Gladys M. Hunt, *Honey for a Child's Heart: The Imaginativ, Use of Books in Family Life* (Grand Rapids, MI: Zondervan, 2002). 27, 30.
6. Susan Schaeffer Macaulay, *For the Children's Sake: Foundations of Education for Home and School* (Wheaton, IL: Crossway Books, 1984), 115.
7. Trelease, *Read–Aloud Handbook,* 4.
8. Child Trends, "Reading to Young Children," updated Febuary 2013, https://www.childtrends.org/wp–content/uploads/2015/06/indicator_1434077726.6918.html.

9. Harris Eisenberg, "Humans Process Visual Data Better," Thermopylae Sciences and Technology, September 15, 2014, http://www.t-sciences.com/news/humans-process-visual-data-better
10. Erica Reischer, "Can Reading Logs Ruin Reading for Kids? " *The Atlantic*, June 3, 2016, https://www.theatlantic.com/education/archive/2016/06/are-reading-logs-ruining-reading/485372.
11. Reischer, "Can Reading Logs Ruin Reading for Kids?"
12. Christina Clark and Kate Rumbold, National Literacy Trust. "Reading for Pleasure: A Research Overview," November 2006, https://files.eric.ed.gov/fulltext/ED496343.pdf.
13. Stephen Krashen, "Free Voluntary Reading: New Research, Applications, and Controversies" (paper presented at RELC Conference, Singapore, April 2004), http://www.sdkrashen.com/content/articles/singapore.pdf.
14. Sarah Mackenzie, *The Read-Aloud Family: Making Meaningful and Lasting Connections with Your Kids* (Grand Rapids, MI: Zondervan, 2018), 93.

Chapter 19: 놀이 교육

1. David Sobel, *Nature Preschools and Forest Kindergartens: The Handbook for Outdoor Learning* (St. Paul, MN: Redleaf Press, 2016), 63.
2. Victoria Clayton, "Should Preschools Teach All Work and No Play?," NBCNEWS.com, updated August 6, 2007, http://www.nbcnews.com/id/20056147/ns/health-childrens health/t/should-preschools-teach-all-work-no-play/#.XF96HC2ZMnU.
3. Sobel, *Nature Preschools and Forest Kindergartens,* 41.
4. Vince Gowmon, "Inspiring Quotes on Child Learning and Development," VinceGowmon.com, https://www.vincegowmon.com/inspiring-quotes-on-child-learning-and-development/.
5. Peter Gray Free to Learn: *Why Unleashing the Instinct to Play Will Make Our Children Happier, More Self-Reliant, and Better Students for Life* (New York: Basic Books, 2013), 175.
6. Valerie Strauss, "How 'Twisted' Early Childhood Education Has Become-from a Child Development Expert," *Washington Post.*

November 24, 2015, https://www.washingtonpost.com/news/answer-sheet/wp/2015/11/24/how-twisted-early Childhood-education-has-become-from-a-child-development-expert/?noredirect=on&utm_term=90b96c5f0afi.
7. Edward Miller and Joan Almon, *Crisis in the Kindergarten: Why Children Need to Play in School* (College Park, MD: Alliance for Childhood, 2009), 7.
8. Sobel, *Nature Preschools and Forest Kindergartens* (Saint Paul, MN: Redleaf Press, 2016), 84.
9. University of Otago, New Zealand, "Research Finds No Advantage in Learning to Read from Age Five," December 21, 2009, https://www.otago.ac.nz/news/news/otago006408.html.
10. David Whitebread and Sue Bingham, "Too Much, Too Young: Should Schooling Start at Age 7?," *New Scientist*, November 13, 2013, https://www.newscientist.com/article/mg22029435-000-too-much-too-young-should-schooling-start-at-age-7.
11. Whitebread quoted in Priya Mahtani, "School Starting Age," http://www.stpaulssteinerschool.org/wp-content/uploads/2015/12/school_strating_age.pdf.
12. Susan Schaeffer Macaulay, *For the Children's Sake: Foundations of Education for Home and School* (Wheaton, IL: Crossway Books, 1984), 126.
13. Helen Keller, *The Story of My Life* (New York: Dover, 1996), 22.
14. Lori McWilliam Pickert, *Project-Based Homeschooling: Mentoring Self Directed Learners* (North Charleston, SC: CreateSpace, 2012), 131.

Chapter 20: 호기심의 교육과정

1. Lauren McGaughy, "Who's 'Essential'? See How Historical Figures Are Ranked as Texas Trims What It Teaches," *Dallas News*, updated September 24, 2018, https://www.dallasnews.com/news/education/2018/09/20/hillary-clinton-helen-keller-could-cut-history-classes-texas-else-could-get-ax.

2. Juliet Robertson, "Simon Nicholson and the Theory of Loose Parts–1 Million Thanks," Creative Star Learning, December 8, 2017, https://creativestarlearning.co.uk/early–years–outdoors/simon–nicholson–and–the–theory–of–loose–parts–1–million–thanks.
3. Simon Nicholson, "How NOT to Cheat Children: The Theory of Loose Parts," *Landscape Architecture* 62 (October 1971): 30–34, https://media.kaboom.org/docs/documents/pdf/ip/Imagination–Playground–Theory–of–Loose–Parts–Simon–Nicholson.pdf.
4. Lori McWilliam Pickert, *Project–Based Homeschooling: Mentoring Self–Directed Learners* (North Charleston, SC: CreateSpace, 2012), 108.
5. Paul Tough, *How Children Succeed: Grit, Curiosity, and the Hidden Power of Character* (New York: Houghton Mifflin Harcourt, 2012), 33-34.
6. Tough, *How Children Succeed,* xv.
7. Walter Isaacson, *Einstein: His Life and Universe* (New York: Simon & Schuster, 2007), 14–15.
8. George Lucas Educational Foundation, "Sir Ken Robinson on the Power of the Imaginative Mind (Part Two)," *Edutopia* (blog), October 15, 2008, https://www.edutopia.org/video/sir–ken–robinson–power–imaginative–mind–part–two.

Chapter 21: 경이감의 마법

1. Maria Popova, "Robert Sapolsky on Science and Wonder," *Brain Pickings* (blog), n.d., https://www.brainpickings.org/2012/08/28/robert–sapolsky–on–science–and–wonder/.

저자 소개

아인슬리 아멘트(Ainsley Armment)는 Wild+Free의 창립자이며 Wild+Free 팟캐스트의 공동 진행자이다. 그녀와 남편 벤은 버지니아주 버지니아 비치에서 와이어트, 딜런, 코디, 애니, 밀리 등 5명의 아이를 홈스쿨링으로 양육하고 있다. Wild+Free 공동체를 축으로 새로운 홈스쿨링 운동을 전개하면서 가정교육에 큰 영향을 미치고 있다.

역자 소개

황기우는 고려대학교 대학원에서 교육사회학을 공부했다. 고려대학교교육문제연구소 연구교수로 일한 적이 있다. 총신대학교 기독교교육과 교수로 재직하다 정년퇴직했다. 현재는 한국 언스쿨링 연구소 소장으로 일하고 있다.

주요 저역서에는 『언스쿨링』, 『Gen Z 100년 교육, 언스쿨링이 온다』, 『교육의 오류』, 『교사 리더십』, 『공교육의 미래』, 『교사의 권력』, 『21세기 교사의 역할』, 『영감을 주는 교사』, 『통합사회의 한국 교육』 등이 있다.

아이의 경이감을 되찾는 홈&언스쿨링
야성과 자유의 부름

초판발행 2022년 4월 15일

지은이 Ainsley Arment
옮긴이 황기우
펴낸이 노 현

편 집 박송이
기획/마케팅 정연환
표지디자인 이영경
제 작 고철민·조영환

펴낸곳 ㈜피와이메이트
서울특별시 금천구 가산디지털2로 53, 210호(가산동, 한라시그마밸리)
등록 1959.3.11. 제300-1959-1호(倫)
전 화 02)733-6771
f a x 02)736-4818
e-mail pys@pybook.co.kr
homepage www.pybook.co.kr
ISBN 979-11-6519-176-4 03370

* 파본은 구입하신 곳에서 교환해 드립니다. 본서의 무단복제행위를 금합니다.
* 역자와 협의하여 인지첩부를 생략합니다.

정 가 24,000원

박영스토리는 박영사와 함께하는 브랜드입니다.